끈기보다
끊기

지금까지는 '끈기'가 옳다도 해석되었지만
지금부터는 '끊기'가 진정한 옳음도 작용합니다.
'끈기'로 버티는 '성장'을 추구하다 시기를 놓쳐
그만두지 못하는 당신에게,
'끊기'가 만들어가는 행복한 '성숙'을
선물로 드립니다?

우
2023. 5. 저녁생태학자 유영만

GRIT

끈기보다 끊기

성장보다 성숙이 필요한 당신에게

———— 유영만 지음

QUIT

지금, 낯선 위기 앞에서 절실한 것은
간신히 절벽에 매달리기보다
과감히 바닥을 치고 다시 솟구치는 힘!

문예춘추사

건장한 젊은이가 다리를 건너다 물에 빠졌다.

그는 수영을 할 줄 몰랐다.

죽을 둥 살 둥 허우적대는데, 백발노인이 다가오는 게 보였다.

그런데 노인은 물에 빠진 젊은이를 외면한 채 지나치는 것이었다.

"어르신, 저 좀 살려주세요."

노인은 몇 걸음 더 가다가 돌아보더니 말했다.

"겁먹지 말고 밑을 보게."

젊은이가 밑을 보니 바닥이 보였다.

그는 물속으로 들어가 바닥을 차고 솟구쳐서 나왔다.

구겨진 종이비행기가
멀리 날아가는
까닭은?

　올라가는 긴장감이 성취감을 주는 순간, 사람은 자만과 오만의 친구가 된다. 자기도 모르게 자아도취에 빠지는 건 시간문제다. 온 세상이 다 나를 위해 존재하며 노래하고 춤추는 줄 착각이 들 정도다.

　무릇 성공은 언제나 냉정한 자기반성을 외면한다. 대신에 일찍 샴페인을 터트리며 축제를 도모하는 기운을 북돋운다. 하지만 경기침체가 생각보다 심각해지면서 가파른 상승 곡선은 더 가파르게 직선으로 곤두박질치는 경제 위기로 돌변하기 시작한다. 도처에 늘 널려 있던 행운의 여신도 빠른 속도로 자취를 감추기 시작한다. 겨울옷도 준비하지 않았는데 초가을의 따뜻한 햇살이 갑자기 초겨울 철모르는 매서운 한파로 돌변한 격이다. 사실 이미 예년 날씨와 다른 이상 기후가 자주 나타났었지만 단지 체감하지 못했을 뿐이다.

바람이 분다. 다르게 살아야겠다

어느 목욕탕 간판에 쓰여 있는 말이 주목을 끈다.

"사람은 다 때가 있는 법이다."

때가 되면 곧 경기가 풀릴 것이고 한파도 따듯한 봄기운에 밀려날 것이다. 그렇게 막연한 기대감에 젖어 막연하게 시간을 보낸다. 하지만 막연한 시간에 기대는 순간 반전의 때는 오지 않는다. 오늘보다 더 심각한 때가 시시각각으로 출몰할 뿐이다. 뒤늦게 상황의 심각성을 감지한 사람은 그나마 다행이다. 그런 사람에게는 그래도 온몸에서 위기의 촉수가 자라기 시작한다. 마치 김주대 시인이 '진화론'에서 말한 것처럼.

"벼랑 끝에 이른 삶은 허공에서 길을 찾는다 / 그때 몸 전체가 허공을 만지는 눈이어야 한다 … 아무도 가지 않은 길을 가는 공포가 생을 전향시킨다 / 눈이 없던 곳에서 눈이 생기고 / 온몸에 발이 자란다."

하지만 문제는 상황이 반전될 기미만 기다리고 근본적인 방향전환을 하지 않는 사람들에게 발생한다. 이들은 기약할 수 없는 경제빙하기를 겪으며 생존 자체가 불확실해지는 위험에 휩싸이기 시작한다. 하던대로(大路)가 이들이 걸어온 인생행로(行路)다. 하던대로에는 그동안 걸림돌도 장애물도 없었다. 관성이 시키는 대로 하면 될 뿐, 새로운 관점은 필요 없었다. 타성에 젖어 살아온 지 너무 오래되어 습관이 뒤집혀 하나의 틀에 박힌 관습으로 자리를 잡았어도, 그것을 모르고 살아왔다.

거기에는 언제나 원래, 물론, 당연이라는 세 명의 친구가 생각의 교도소에 갇혀, 바깥세상의 심각한 변화를 늘 원래 그런 거고 물론 그런 거며 당연한 현상이라고 습관적으로 생각하며 살아왔다. 그런데 이제 이들에게도 심상치 않은 변화가 몸으로 감지되기 시작했다. 난생 처음 겪어보는 전대미문 위기의 실상이 매일 눈앞에 나타나 시야를 어지럽히기 때문이다.

"새로운 바람은 새로운 감각을 불러온다. 그 감각을 통해 우리의 몸과 세계는 동시에 태어난다."[1]

김연수의 《이토록 평범한 미래》에 나오는 말이다. 바람이 위로 불어주어서 올라갈 때는 순풍에 돛을 단 듯했다. 이제 올라가는 데도 역풍이 불어서 힘들지만, 더욱 심각한 문제는 내려가는 길목에서 부는 역풍을 딛고 안전하게 내려가야 한다는 것이다. 한번도 경험해보지 못한 역풍의 위기가 새로운 감각적 깨달음을 몸에 아로새긴다. 이렇게 내려가다가 죽을 수 있다는 위기의식이다. 올라

---

1   김연수(2022), 《이토록 평범한 미래》, 108쪽, 문학동네

가는 길이 막혔다는 이야기는 이제 우리 삶이 완전히 끝났다는 이야기가 아니다. 이제까지와는 전혀 다른 방향과 방법으로 살아가야 한다는 의미다. 방향도 바꿔야 하고 살아가는 방법도 바꿔야 한다는 신호다. 올라가는 길이 막혔다는 절망에 좌절하고 한탄할 것이 아니라, 이제 내려가야 살 수 있다는 희망과 함께 그나마 다행이라는 자세를 갖는 일이 중요하다.

이제 목적지에 도달하는 일보다 방향 설정이 중요하다

여기서 중요한 삶의 자세는 도착지가 아니라 방향을 선택하는 일이다. 우리는 지금까지 목적지에 가급적 빨리 도착해야 한다는 강박관념에 젖어 살아왔다. 내가 거기에 왜 도달해야 하는지 이유는 중요하지 않다. 이미 정해진 목적지는 우리 모두가 도달해야 할 인생의 종착역이기 때문이다. 하지만 종착역은 또 다른 종착역으로 출발하기 위한 간이역에 불과하다. 영원한 종착역은 죽어서 가는 무덤일 뿐이다. 이제 위로 올라가는 목적지를 찾기보다 어디로 내려가야 할지 방향을 설정하는 일이 중요한 때다. 방향 설정이 잘못된 상태에서 열심히 노력을 거듭할수록 설상가상으로 위기는 더 심각한 난국으로 빠져들 뿐이다.

지금까지 무슨 노력을 했는지는 전혀 중요하지 않다. 진짜 중요한 것은 지금부터 다른 방향을 선택하고 다른 삶을 살아가는 일이다. 그리고 방향이 바뀌면 오늘의 나를 전혀 다른 삶의 패러다임으로 바꿔야 한다. 그것도 목표를 달성하는 '오름 패러다임'이 아니라 생존을 확보하는 '내려감 패러다임'이라면 근본적인 변화를 각오해야 한다. 지금과 다른 방향 설정은 지금까지와는 근본적으로 다른 삶이 시작된다는 의미이기 때문이다.

방향만 찾을 수 있어도 불안감이 가중되고 불확실성이 난무하는 세상에서 희망의 끈이라도 잡을 수 있다. 삶의 패러다임을 바꿔 그동안의 목표달성과 성공에 도취된 과거의 삶을 기꺼이 버리고 내려가기로 방향을 정한 사람들에게는 당분간 괴로움이 엄습하고 허탈감에 젖어 적응하기 어려울 것이다. 하지만 지금은 자세를 낮추고 내려가려는 사람만이 추락을 면할 수 있다는 믿음, 이런 때일수록 희망의 연대감으로 손잡고 함께 난국을 극복하는 노력에서 살아가는 의미를 깨달을 수 있다는 신념을 함께 공유할 필요가 있다.

잘나가던 내가 왜 내려가야 하는지 '이유'를 묻지 말고, 내가 지금 내려가지 않으면 안 되는 상황을 '이해'하려는 노력이 필요하다. "이유를 알아내기 위한 시도는 헛될 수 있지만 이해하려고 애쓰는 마음에는 패배한 이후에도 새로운 바람이 불어오기 때문이다."[2]

---

2 김연수(2022), 같은 책, 266쪽

역시 김연수의 《이토록 평범한 미래》의 해설, 박혜진의 '바람이 불어온다는 말'에 나오는 문장이다. 이유를 찾는 사람은 핑계와 자기 합리화 노선을 선택하지만 이해를 추구하는 사람은 이전과 다른 결단과 행동을 선택할 것이다. 이유는 논리적 설명으로 풀어낼 수 있지만, 이해는 다르다. 그것은 밑바닥 현실에 몸을 던지지 않고서는 알 수 없는 미지의 세계나 나와 입장이 다른 사람의 의중을 파고들어 그 근본을 알아내고자 노력하려는 안간힘이다.

상황에 대한 올바른 이해는 올바른 행동으로 이어진다. 올바른 이해는 이전과 다른 해석을 불러오기 때문이다. 동일한 상황도 사람들의 이해 방식에 따라 전혀 다른 해석을 낳는다. 해석이 바뀌면 우리가 직면한 경제 빙하기 문제도 완벽하게 해결(solution)되지는 않겠지만 어느 정도 해소(resolution)될 수는 있다. 해결은 과학적 판단의 문제로 100퍼센트 가능성을 가정하지만, 해소는 합의를 통해 심리적 만족의 정도를 결정한다.

경제 빙하기 문제는 완벽히 해결될 수 없다. 다만 우리가 직면한 문제 상황을 정확하게 이해하고 무엇을 어떻게 바꿔야 경제 빙하기 터널을 빠져나갈 수 있는지에 대한 대안을 모색하다 보면 심각한 난국도 돌파하고, 문제로 생긴 불안감도 어느 정도 해소될 수 있을 것이다. 그래서 지금은 왜 내려가야 하는지 이유를 묻지 말고, 내가 처한 상황을 정확히 이해하고 바닥으로 내려가는 방향을 선택하는 일이 중요하다.

끈기로 버티다가 끊을 수 있는 시기를 놓치지 말자

하던 일을 그만두는 사람을 우리 사회는 뭔가 부족한 사람, 패배자로 여겨 부정적인 낙인을 찍는 성향이 강하다. 많은 사람들이 자연스럽게 믿었던 신념을 대변하는 대표적인 잠언이 "설내로 포기하지 마라"였던 이유도 이런 사회적 통념을 반영한 결과다. 하지만 세상에서 가장 불행한 사람은, 자신이 좋아하는 일이기에 잘할 수 없음에도 불구하고 이미 시작했다는 이유로 절대로 포기하지 않고 끝까지 가는 사람이다. 포기는 마치 모든 걸 그만두고 인생의 낙오자로 가는 지름길이라는 사실을 사회가 암묵적으로 강요해온 탓이다.

이제 이런 사회적 통념을 의심을 넘어 의문의 시선으로 바라보고, 그것이 지금 여기서도 여전히 통용되는 삶의 교훈인지를 되새겨볼 필요가 있다. 한번 시작하면 중도에 그만두지 않고 끝까지 가는 사람을 분야에 관계없이 도전을 통해 성공하는 사람이라고 가정해왔다. 하지만 이제 '버티는 끈기'보다 적확한 판단으로 '버리는 끊기'가 필요하다. 이를 통해 선택과 집중의 방향을 재조정하는 전략적 선택이 무엇보다도 중요해지고 있다. 끊기는 의지가 약한 사람이 중도에 포기하면서 어쩔 수 없이 선택하는 수동적이고 소극적인 전략이 아니다. 이는 보다 나은 삶의 방향으로 선회하기 위해 무의미하거나 무리가 간다고 판단되는 일을 그만두는 능동적이고 적극적인 전략이다.

늦었다고 생각할 때 이미 늦은 것은 사실이다. 하지만 그래도 더 늦기 전에, 더 늙기 전에, 아니 아주 죽기 전에 끈기로 버티며 허비했던 인생은 이 책을 잡는 순간 그 막을 내리게 될 것이다. 지금까지는 '끈기'가 용기로 해석되었다면, 지금부터는 '끊기'가 진정한 용기로 작동할 것이다. 내가 먼저 하던 일을 선제적으로 끊지 않으면 영원히 끊어진다. 마치 쉬지 않으면 영원히 쉬게 되는 것처럼 말이다. 끈기로 버티는 용기보다 끊기로 그만두는 용기가 진정한 용기다.

이제 '끈기'로 이어지는 성장은 여기서 멈추고, '끊기'로 이어가는 행복한 성숙을 만들어가야 할 때다. 과거와 다르게 생각보다 오랫동안 지속되는 경제 빙하기에 오랫동안 습관처럼 해오던 삶의 타성에서 벗어나 새로운 삶의 희망찬가를 울리면서 기쁨의 탄성을 내기 위해서는 끈기를 버리고 끊기로 다시 시작하는 결단이 필요하다.

제일 센 힘은 바닥을 칠 때 나온다

내려가서 절치부심하다 보면 다시 솟구쳐오를 생각도 잉태된다. "생애에서 제일 센 힘은 바닥을 칠 때 나온다." 배한봉의

'육탁'이라는 시의 일부다. 어시장에서 생선이 바닥을 치는 모습을 목격한 시인이 마지막 몸부림치는 생선의 위력을 시적 상상력으로 담아낸 것이다. 생선은 생의 마지막이라는 위기 감지와 함께 난생 처음 맞이하는 물이 없는 바닥에 자기 몸이 닿는 순간, 가장 센 힘으로 살고자 하는 욕망을 표출한다. 여기가 마지막이라고 생각하는 순간, 더 이상 내려갈 곳이 없다고 판단하는 순간, 김주대 시인이 '진화론'에서 말한 것처럼 온몸에서 눈이 자라고 발이 자란다는 사실을 지금 생선은 눈앞에서 실증하고 있는 것이다.

"아래로 내려간 사람들만이 위로 올라가는 것이 무엇임을 이해한다. 아래로 떨어진, 그것도 잘 떨어진 사람들이 위로 올라갈 수 있고 그 '위'를 오용하지 않을 수 있는 유일한 사람들이다."[3]

리처드 로어의 《위쪽으로 떨어지다》에 나오는 말이다. 자전거 타기도 마찬가지다. 자전거를 익숙하게 타는 가장 효과적인 방법은 스스로 넘어지는 것이다. 넘어지지 않고 넘어서는 방법은 없다. 넘어지지 않고 자전거를 빨리 타는 매뉴얼은 존재해도 실제로 그대로 따라한다고 해서 넘어지지 않고 자전거를 탈 수 있는 방법은 없다. 오로지 넘어지는 방법을 통해서만이 넘어지지 않고 자전거를 타는 방법을 체득할 수 있다. 자세를 가급적 낮추고 무게 중심을 잡는 요령을 몸으로 터득해야 한다.

---

3   리처드 로어, 이현주 옮김(2018), 《위쪽으로 떨어지다》, 27쪽, 국민북스

넘어져봐야 다시 일어서는 방법도 깨달을 수 있다. 앞으로 엎어지고 뒤로 자빠져보며 옆으로 쓰러지는 경험이 넘어져도 다시 일어서는 노하우를 지혜로 남겨준다. 넘어지면 다시 일어설 수 있지만 무너지면 다시 일어날 수 없다. 아주 무너지기 전에 우리는 여러 번 넘어져봐야 치명적인 실패를 사전에 방지할 수 있다. 아이들도 여러 번 시행착오도 겪어보고 처절하게 무너져봐야 스스로 일어서는 방법과 능력을 체득할 수 있다.

우리들 삶에 내려가서 넘어지는 일은 일상다반사다. 거기에 인생의 희로애락이 있고 배움이 있고 다시 일어설 방법과 용기가 숨어 있다. 사람은 넘어졌다 일어서면서 자신도 모르게 인생의 내공이 생긴다. 바닥을 치면서 생긴 힘이 축적될 때 더 힘든 상황도 이겨낼 수 있는, 차원이 다른 힘도 생기는 법이다.

내려가는 마음은 겸손한 마음이자 초보자의 마음이다

우린 그동안 모두 '에스컬레이터'나 '엘리베이터'를 타고 정상에 이르는 방법을 배우고 실천하는 삶을 살아왔다. 그렇게 앞만 보고 달리던 '질주'가 '탈주'로 바뀌고, '탈주'는 이제 '탈선'의 운명에 직면했다.

지금까지는 올라가는 길에 성공이 기다리고 있고 그 길에서

부와 명예가 주어진다고 생각해왔다. 먼저 올라가야만 살아남을 수 있는 세상이라고 배웠다. 성취 중독증이며 '성'공만능주의에 '취'한 자들의 성공복음이다. 남들보다 빠르게 오르는 것이 최고의 가치였으니, 위로 오르는 것에만 익숙해진 삶의 습관과 성향이 나도 모르게 스스로를 악화일로로 내몰았다. 우리 사고를 지배해온 언어도 속도와 효율, 목표와 성과라는 말이었다. 하지만 이제는 '엘리베이터'보다 '내리베이터', '에스컬레이터'보다 '내리컬레이터'를 타야 할 때다.

"오르고 또 오르면 못 오를 리 없다"는 말도 맞지만, 지금은 아니다. 지금은 "오르고 다시 오르려면 일단 내려와야 한다!"

'오름'이 '옳음'을 동반하지 않으면 심각한 후유증이 생기고 회복하기 어려운 치명적인 손상을 입는다. 지금은 내려가야 다시 비상할 수 있는 힘을 비축할 수 있다. '내려가기'는 또 다른 '올라가기'다. '내려감'은 더 높이 올라가기 위한 도약의 서곡이다. '내려가기'는 스스로 바닥으로 향하는 '겸손한 마음'이자 '초보자의 마음'이다. '내려가기'는 근본(根本)과 기본(基本)을 다지기 위해 밑바닥에서 용틀임을 준비하는 활동이다. '내려가는 연습'은 '물리적 위치이동'만을 의미하지 않고 '심리적 위치이동'도 포함한다. 내려가는 연습은 올라가본 사람만이 하는 것이 아니다. 그것은 지위고하를 막론하고 누구나 스스로를 어딘가에 비추어보고 부끄러워할 줄 아는 의도적 노력이다.

거울에 비추어보는 자기반성을 생활화하기 위해서는 우선 가장 낮은 곳으로 내려가 내가 서 있는 위치를 점검해야 한다. 바다가 가장 낮은 곳으로 내려가 절치부심한 다음 수증기로 변신하여 가장 높은 곳으로 올라가는 이치다. 고 신영복 교수에 따르면, 바다가 바다인 이유는 세상의 모든 아픔을 다 받아주기 때문이라고 한다. 우리가 바다를 배워야 하는 이유도 바다가 낮은 곳에 있기 때문이라고 한다. 삶의 밑바닥을 경험한 사람일수록 시련과 역경을 견뎌낼 수 있는 탄탄한 기반을 갖고 있다. 법(法)이라는 한자도 물수(氵)변에 멈출 거(去)자의 합성어다. 물이 멈추는 곳은 높은 곳이 아니라 낮은 곳이다. 여기에도 세상의 이치와 자연의 순리가 들어 있지 않은가. 아래로 내려가 멈춰야 세상을 움직이는 법칙(法則)과 원리(原理)를 찾아낼 수 있다는 의미다.

흔들려본 사람만이 세상을 뒤흔들 수 있다

"삶의 가장 밑바닥이 인생을 새로 세울 수 있는 가장 단단한 기반이다. 실패가 삶에서 불필요한 것들을 제거해주기 때문이다. 나는 스스로를 기만하는 것을 그만두고, 내 모든 에너지를 가장 중요한 일에 쏟기 시작했다."

해리포터 작가, 조앤 롤링이 하버드 대학 졸업식 축사에서 했던 연설의 일부다. 바닥은 사람을 겸손하게 만든다. 최악의 조건이지만 삶의 거품을 걷어내고 내 이름 석 자로 버틸 수 있는 나력(裸力, Naked Strength)[4]을 키울 수 있는 절호의 찬스다. 나력은 지금껏 자신을 수식하는, 또는 수식했던 모든 형용사의 거품을 걷어내고, 지금 오롯이 자기 이름 석 자로 버틸 수 있는 경쟁력이다. 나력은 성공가도를 달릴 때는 알아채지 못한다. 처절하게 망해본 사람, 가장 밑바닥에서 절치부심의 시기를 겪어본 사람만이 자기 몸에 아로새겨진 나력의 의미와 가치를 느낄 수 있다.

자세를 낮추는 것은 비굴해지는 것이 아니다. 그냥 힘없이 주저앉는 것이 아니다. 내려갈 수 있는 바닥까지 내려가는 것이다. 바닥에 가봐야 올라갈 수 있는 방향을 잡을 수 있고, 지금 내가 어디에 있는지를 알 수 있다. 이것이 바로 근본에서 다시 생각하는 원점사고이자 초심으로 돌아가서 생각하는 초짜사고다. 지금 바닥을 흔들어야 나의 뿌리와 정체성을 알 수 있다. 똑같은 힘을 위에서 가하면 무너지지 않지만 바닥을 흔들면 무너진다. 내가 근거하고 있는 바닥의 신념이 무엇인지를 알아보려면 밑바닥에 내려가서 내 삶의 존재기반을 흔들어봐야 한다.

흔들려본 사람만이 세상을 뒤흔들 수 있다. '바닥'은 '신념'이다. '신념'을 흔들어야 사람이 바뀐다. 관념은 머리에서 자라지만 신념은 삶의 밑바닥에서 경험한 교훈을 토대로 자란다. 그 신

---

4   유영만(2021), 《유라투스트라는 이렇게 말한다》, 모루

념도 자주 흔들어봐야 그것이 허공에 매달린 관념인지 아닌지를 구분해낼 수 있다.

싸움소는 머리를 상대 소보다 최대한 낮춰야 이길 수 있다. 진짜 고수는 이기기 위해 자세를 먼저 낮추고 아래로 내려간다. 거기서 흔들리지 않는 중심을 잡고 상대의 허점을 간파한다. 씨름선수도 상대선수보다 몸을 최대한 낮추는 이유다. 자세를 높일수록 상대방 공격에 순식간에 무너질 수 있다. 수동적으로 웅크리고 있다가 목숨까지 잃을 수 있다. 웅크리고 위축되지 말고 자세를 낮추고 최대한 적극적으로 납작 엎드려야 도약의 발판을 마련할 수 있다. 끊임없이 낮춘 자세는 기회를 잡고 무섭게 파고들 수 있는 튼실한 기반이 된다.

낮추면 기회가 보인다. 지금은 성장이 아닌 성숙을 지향할 때다. 성장은 완성된 목표를 향한 일사분란한 행진곡을 지향하지만, 성숙은 끊임없는 자기반성과 성찰을 통해 오늘과 다른 내일의 모습으로 변신을 거듭하는 미완성의 교향곡이나 변주곡을 지향한다.

"개울 바닥에 돌이 없다면 시냇물은 노래를 부르지 않을 것이다." 미국의 싱어송라이터, 칼 퍼킨스의 말이다.

개울 바닥에서 돌에 부딪친 시냇물만이 삶의 희로애락이 담긴 노래를 부를 수 있다. 허공을 날아가는 새들이 알 수 없는 밑바닥 진실은 바닥을 기어본 사람만이 몸으로 감지할 수 있다. 몸으로 감지한 감각적 경험과 깨달음은 깊은 사유의 시간을 통해 숙성되어간다. 거기서 성장일변도로 달려간 사람은 가질 수 없는 성숙한 인간의 내면적 아름다움이 만들어진다. 울퉁불퉁한 밑바닥을 훑고 살아가는 시냇물에게는 그 누구도 가질 수 없는 나양한 인생의 수름이 있다. 그 주름에 시냇물의 자기 정체성을 드러내는 이름값이 고스란히 새겨진다.

세월의 주름이 세상을 살아가는 밑거름이 된다

철학자 들뢰즈는 이런 인생의 다양한 경험을 통해서 내 몸에 생기는 다양한 주름을 다중체(multiplicity)라고 했다. 다중체는 말 그대로 다양한(multiple) 주름(pli)이 축적되어서 생긴 한 사람의 정체성(multiplicity)이다. 여기서 말하는 주름은 사건과 사고를 겪으면서 나도 모르게 내 몸에 각인된 직간접적인 경험의 흔적들이다. 넘어지고 일어서면서 내 몸에 남겨진 얼룩과 무늬가 다양한 주름, 다중체다. 다중체는 인생의 시기별로 그 색깔과 모습이 다양하다. 내리막길을 많이 걸었던 인생 시기가 있는가 하면, 오르막길에서 성공했던 즐거운 체험이 많은 시기도 있는 법이다. 어쨌든 사람에겐 오르락내리락하는 경험을 통해 생기는 다중체가 정체성의 씨앗으로 자리 잡는다.

그 사람이 누구인지를 알아보는 방법은 그 사람이 살아오면서 겪은 다양한 삶의 희로애락(喜怒哀樂)에 담긴 사연을 알아보는 것이다. 한 사람의 이름에는 그가 살아오면서 겪어낸 몸부림과 안간힘의 흔적이 주름으로 함께한다. '이름'이 '주름'이 되는 이유다.

박지성이라는 이름에는 운동장에서 축구하면서 생긴 주름이 있고, 박태환은 수영장에서 물살을 가르며 생긴 주름을 갖고 있다. 김연아는 스케이트장에서 무수히 넘어지고 자빠지면서 생긴 얼룩과 무늬가 주름으로 축적되어 있고, 안산 양궁 선수에겐 활시위를 무수히 당기면서 날아가는 화살을 정조준하는 주름이 온몸에 아로새겨 있을 것이다. 저마다의 주름이 그 사람의 이름값을 한다. 박지성에게는 축구하는 다중체가 생겼고, 박태환에게는 수영하는 다중체가 생겼다. 박지성과 박태환의 주름은 그동안 자신들이 서 있던 무대 위에서 씨름한 정도만큼 생긴다. 물론 박지성에게 수영하는 주름은 없고, 박태환에게 축구하는 주름은 없다.

저마다의 다양체가 저마다의 고유함을 드러내는 정체성으로 형성된다. 사람은 구겨진 종이와 같다. 힘들고 어려울 때는 삶이 많이 구겨진다. 나의 의지대로 되지 않을 때 바깥의 뜻하지 않은 힘에 굴복당할 때도 있고, 멀쩡하게 걸어가던 사람이 느닷없이 나타난 장애물로 인해 넘어질 수도 있다. 우여곡절의 삶을 살면서 겹겹이 쌓이는 구구절절한 사연이 구겨진 종이처럼 내 몸에 얼룩으로 남는다.

그런데 종이가 많이 구겨질수록 정석대로 접은 비행기보다 멀리 날아간다. 우여곡절이 많은 구겨진 종이일수록 원하는 방향으로 멀리 날아간다. 똑바로 접은 비행기는 내 마음대로 날릴 수 없지만, 종이를 구겨서 만든 종이비행기는 내 의지와 방향대로 멀리 날아간다. 그렇듯 시련과 역경을 경험하면서 나도 모르게 내 몸에 각인된 다양한 주름은 세상을 살아가는 밑거름이 된다.

살아간다는 건 참 아슬아슬하게 아름다운 일이다

힘든 세상을 살아오면서 내 몸에 생긴 주름이 안으로 굽어지면서 그 안에 내가 겪은 숱한 삶의 애환이 사연으로 쌓인다. 주름이 안으로 생겨서 의미가 겉으로 드러나지 않고 함축된다. 그게 바로 시사점(implication)이나 암시(暗示)다. 주름(pli)이 안(im)으로 생겨서 내포되거나 함축된 의미, 즉 함의(含意)다. 반대로 그 주름의 의미를 겉으로 드러내놓고 의미를 따져보는 게 설명(explication)이다. 주름이 안으로 접히면서 의미를 품고 있는 시사점이나 그 주름을 펼쳐보면서 주름에 내포된 의미를 따져보는 설명은 모두 한 사람이 이름값을 하면서 만들어온 주름의 역사를 이해하고 해석하는 행위다. 그런데 안으로 품고 있는 주름의 시사점은 쉽게 파악되지 않는다.

　사람은 인생의 '주름'과 '씨름'하면서 '나름'의 의미를 만들어가며 자기 '이름'값을 하면서 살아간다. 인생의 고비마다 '먹구름'이 낄 때도 있고, '시름시름' 앓아가면서 힘든 삶과 사투를 벌이지만, 여전히 모든 게 '뜬구름' 잡는 이야기 같아서 공허할 때가 많다. 그러다가 갑자기 누군가의 '부름'을 받고 '심부름'을 하거나 한 시대의 '흐름'을 타고 '소름'끼칠 정도로 일이 잘 풀리면서 승승장구할 수도 있다. 하지만 여전히 인생은 '모름'의 바다이며 생각대로 풀리지 않는 일들이 '고름'처럼 우리들을 괴롭히며 아픔을 얼룩으로 남긴다. '한시름' 놨다고 생각하는 순간 느닷없이 고드름이 뚝 떨어지듯 절망과 좌절의 주름이 나도 모르게 늘어만 간다.

　내가 겪은 모든 주름의 흔적은 '밑거름'이 될 수 있고, 용오름처럼 어느 순간 폭발적으로 상승기류를 타며 자기 존재를 '아름'답게 드러냄으로써 한 편의 화양연화(花樣年華)와 같은 '필름'을 남기기도 한다. 물론 열심히 매진하고 몰입하다가도 갑자기 '뜬구름' 잡는 이야기를 하거나 '게으름' 피우고 싶어서 거들먹거리는 시간이 많을 때도 있다. 타는 '목마름'으로 뭔가를 갈구하다가도 수단과 목적이 구분되지 않고, 뭐가 뭔지 혼돈스러울 때 '푸르스름'하거나 '누르스름'하며 '거무스름'하게 인생이 흑백논리나

양자택일로 구분되지 않는 경우도 많이 생긴다. 하나의 잣대로 '판가름'하기 어려운 경우다. 하지만 겉으로 보기에는 '허름'하게 보여도 내면으로 축적한 인생의 '주름'은 그 누구보다도 '아름'다운 사람이 많다. 이렇듯 인간의 모든 직간접적인 경험의 축적이 '주름'이 되면서 한 사람의 정체성을 만들어간다.

"살아 있다는 건 참 아슬아슬하게 아름다운 일이란다."

최승자 시인의 '20년 후에 지(芝)에게'라는 시의 일부다. 삶의 모든 순간이 아슬아슬하다. 힘껏 달려가봤지만 버스가 아슬아슬하게 방금 출발한 때도 있고, 계단을 미친 듯이 내려갔는데 지하철이 막 도착해서 다행히 아슬아슬하게 몸을 실은 때도 있었다. 마감시간이 다가오지만 아직 갈 길이 멀어 극도의 불안감에 휩싸이다 갑자기 복잡한 실타래가 풀리듯 막혔던 아이디어가 뻥 뚫리면서 아슬아슬하게 마감시간을 지킬 수 있었던 원고나 보고서도 많았다.

느닷없이 바람이 세차게 분다. 쓰고 있던 모자를 간신히 잡아 손에 든다. 하마터면 바람에 날려버릴 아슬아슬한 순간이었다. 내려다만 봐도 아찔한 출렁다리, 건너기도 전에 현기증이 온다. 눈 딱 감고 한 발자국 옮기기 시작한다. 다음 발자국이 알아서 따라온다. 출렁이는 다리에 몸을 맡긴 채 다시는 건너고 싶지 않은 길을 아슬아슬하게 건너왔다. 인생다반사가 다 이렇다.

삶은 '우두커니'와 '멍하니'가 만나
'물끄러미' 바라보다 '와락' 눈물을 쏟는 과정이다

권대웅 시인의 '삶을 문득이라 불렀다[5]'는 시가 있다. 평범한 언어가 시인의 상상력을 통과하면 비범한 단어로, 인생을 되돌아보게 만드는 묘한 마력을 회생한다.

"지나간 그 겨울을 우두커니라고 불렀다 / 견뎠던 그 모든 것을 멍하니라고 불렀다 … 떠나가는 길 저쪽을 물끄러미라고 불렀다 … 나무에 피어나는 꽃을 문득이라 불렀다 … 내가 이 세상에 왔음을 와락이라고 불렀다."

지나간 겨울을 우두커니 바라보고 힘든 시기를 멍하니 쳐다보다, 이미 떠나가는 길을 물끄러미 바라보다 문득 세상이 바뀌는 조짐을 봄이 되고서야 느꼈다. 그리고 내가 살아 있다는 경이로운 기적에 와락 눈물을 쏟는다. 평범한 단어 몇 개로 인생사를 관통하며 느끼는 감정을 조용히 일깨우다 마지막 순간에 쏟아지는 감동을 '와락'으로 표현한다.

지금 우리는 전대미문의 경제 위기를 우두커니 바라보거나 멍하니 쳐다보다 얼어 죽을 수 있다. 더욱이 지난 몇 개월 동안 보여준 이상 징후나 조짐을 물끄러미 바라만 보며 과거 추억에 젖거나 회상에 물들다 빠져나올 수 없는 크레바스로 추락할 수

---

5   권대웅(2017), 《나는 누가 살다간 여름일까》, 문학동네

있다. 문득 찾아온 경제 빙하기를 우두커니 바라보거나 멍하니 바라만 보지 말고, 아직도 늦지 않았으니 바닥으로 내려가 지나온 시절을 잠시라도 물끄러미 생각하며 주어진 삶을 온전히 그대로 받아들이자. 서로가 서로에게 따뜻한 희망의 체온을 나누면서 혹한기를 극복해내는 펭귄의 연대처럼, 우리도 난국을 극복할 수 있다는 가능성에 와락 눈물을 쏟으면서, 그래도 다행이라는 위로의 메시지를 스스로에게 던져보는 건 어떨까.

모든 터널에는 끝이 있다는 믿음, 모든 눈은 반드시 녹고 모든 비는 반드시 그친다는 믿음, 그리고 누군가 동의하지 않아도 봄은 반드시 오고야 만다는 믿음, 그것이 우리의 힘든 오늘을 살게 만드는 희망의 파수꾼들이지 않겠나.

차례

1부   지금은 경제 빙하기 시대

지금은

경제

빙하기 시대

1부

봄은
안 올지도
모른다

"조금만 지나면 좋아질 거야."

은행원 이씨는 입버릇처럼 말해왔다. 위기는 언젠가 진정될 것이고, 모든 게 다시 정상으로 되돌아갈 것이라고.

사람들이 자가용 출근을 포기하면서 교통량이 줄었을 때는 '차라리 잘됐다'고 생각했다. 한산해진 거리와 파란 하늘을 만끽하면서 출근하는 여유를 부렸다. 물가가 오른 것 역시 참을 만했다. 대한민국에서 산다는 것은 매일 '참을 인(忍)'자를 백 번씩 되새기는 수행(修行)이나 다름없으니까.

금융시장이 요동을 칠 때도 낙관론을 폈다. 미국이 가닥을 잡으면 주가도 다시 오르고 환율도 제자리를 찾을 텐데. 부동산 시장도 마찬가지였다. 일부 지역 아파트 값은 너무 많이 올랐으니까 적당히 빠진다 한들 이상할 것이 없었다. 어쨌든 남의 일이었다.

그리고 지금. 살아 움직이던 모든 것이 얼어붙었다.

앞이 보이지 않는다. '이제 바닥'이라는 말도 있고, '아직 시작도 안 했다'는 말도 있다. 하루가 천년 같다. 한쪽에선 투자 손실을 본 고객들이 아우성이다. 펀드에 가입했다가 전 재산을 날렸다는 노인. 은행더러 책임지라는 아줌마. 속이 바짝 탄다. 전화를 받기가 겁이 난다.

다른 쪽은 아쉬운 소리를 하는 사람들이다. 밀린 신용카드 대금을 내려고 어디선가 돈을 마련해온 젊은 여성. 대출계 앞에 앉아 하소연하다가 발걸음을 돌리는 사람. 공장 문을 닫게 됐다는 거래처 사장. '압류만 해지해주시면…' 하는 소리엔 고리대금업자가 된 기분이다.

왜 이런 일이 또 생기는 것인가. 파산, 압류, 경매, 그리고 벼랑 끝으로 몰리는 사람들. 은행은 하루 종일 북새통이다. 신문과 뉴스는 매일 난리법석이다. 노숙자 수가 사상 최대에 이르렀다고 한다.

눈을 감으면 시커멓게 입을 벌린 터널이 보인다. 끝이 보이지 않는다. 다시 그 속으로 들어가야 하는 것인가.

그동안의 몇 번의 금융 위기도 잘 버텨냈다. 그런데 이번 경기 침체에 대한 위기의 메시지는 느낌이 매우 안 좋다. 그는 몇 번의 위기가 몰아쳤을 때도 낙관론자였다. 이전과 다른 방법으로 위기를 극복하는 방법을 모색하기도 했다. 전대미문의 위기에 대응하는 색다른 방법을 몸소 실천하는 노력만으로도 스스로에게 감동을 느끼기도 했다.

이씨는 은행과 대기업들이 줄줄이 망하는 틈바구니에서도 살아남았다. 일시적인 현상들이니까, 꿋꿋하게 버티면 원상 복귀될 것이라고 생각했다. 이 또한 지나가리라고 생각했지만, 그런데 이 또한 쉽게 지나가지 않을 것 같은 불길한 예감이 강하게 들었다.

시간이 흐를수록 사는 게 더 힘들어졌다. 은행은 걸핏하면 명예퇴직을 접수한다면서 행원들을 공포 분위기로 몰고 갔다. 기업체에 다니는 친구들도 마찬가지였다. 구조조정당하지 않으려고 기를 쓰면서 매달려 있을 뿐이었다. 그렇게 매달린 채 오늘까지 버텨왔다. 이제 혹한의 추위가 밀려오면서 내가 몸담고 있는 조직도 그 어느 때보다도 춥게 느껴진다.

이씨뿐이 아니다. 우리 모두가 그렇다. 필사적으로 살아왔다. 열심히 살면 좋은 날이 올 것이라고 믿었다.

개구리를 뜨거운 물에 집어넣으면 깜짝 놀라서 사력을 다해 튀어나온다. 이번에는 상온의 물에 넣고 슬슬 온도를 높여본다. 개구리는 서서히 올라가는 온도 변화를 감지하지 못한다. 그래서 헤엄을 치다가 마침내 견딜 수 없는 지경에 이르러서야 허우적댄다. 하지만 이미 늦었다.

개구리는 급작스러운 환경 변화에 반응하는 체계를 갖추고 있다. 그래야 천적인 뱀이나 개구쟁이 아이들 손으로부터 살아남을 수 있으니까. 하지만 개구리에게는 점진적으로 다가오는 변화와 위기 징후를 감지하는 체계가 없다.

지금, 대한민국이 꽁꽁 얼어붙었다.

일부는 "왜 그렇게 비관적이냐"며 "그런 얘기들 때문에 경기가 살아나려다 다시 고꾸라지겠다"고 농담을 하기도 한다. "저것보라고. 백화점에 손님도 많고 경기가 여전히 괜찮은데 뭐가 안좋다는 거야."

'톱니 효과'라는 말이 있다. 소득이 줄어도, 그동안 맛들인 소비는 좀처럼 줄지 않는 현실을 일컫는 말이다. 게다가 금융 위기는 위에서 밑으로 내려오는 속성을 지닌다. 선진국에서 개발도상국으로, 부자들로부터 서민층으로 내려온다. 환율이나 주가 동향은 서민 경제생활과 크게 관련이 없어 보인다. 그러나 알고보면, 내려오는 데 시간이 조금 걸릴 뿐이다.

그런데 이게 정말 겨울일까. 때 이른 겨울로 보기에는 석연치가 않다.

이씨의 친구 김씨.

그는 증권회사 직원이다. 친구들을 만나 점심을 먹다가 구조 조정 이야기가 나오자 반색을 한다.

"나는 겁 하나도 안 난다. 어차피 계약직이거든. 우리는 포탄을 이미 한번 맞았으니까 괜찮을 거다. 포탄 떨어진 구덩이에 들어가서 숨어 있으면 안전하다고들 하잖아?"

기고만장해 웃던 김씨가 며칠 후 이씨에게 전화를 걸었다.

"어쩌면 좋으냐. 우리 회사 또 구조 조정한다. 실적 안 좋은 순으로 계약 해지한다고 하는데 큰일이다. 비상금 좀 없냐? 약정 올려야 하는데…."

김씨는 직장을 잃을 경우, 손가락을 빨아야 할 처지다. 퇴직금 미리 받은 것은 날린 지 오래다. 증권회사 직원들의 주식투자는 한도 제한을 받지만, 실제로 그것을 엄격히 지키는 경우는 많지 않다. 매매(수수료) 실적을 올리기 위해 친인척 돈까지 쏟아붓고 돌리는 일도 비일비재하다. 김씨의 아버지는 퇴직금을 날렸다. 증권사 다니는 아들을 둔 것이 죄였다.

직장생활 12년. 김씨의 전 재산은 단출하다. 아파트 전세금과 할부 자동차뿐이다.

'포탄은 한번 떨어진 곳에 다시 떨어지지 않는다'는 것은 맞는 얘기였다. 예전만 해도 대포의 작동방식이 수동이었으므로 손으로 조작해 발사했다. 똑같은 상태에서 다시 발사해도 바람의 영향 때문에 한번 떨어진 곳에 다시 떨어질 일이 없었다. 하지만 이제 그것은 옛말이 되어버렸다. GPS 또는 레이저 유도장치를 이용해 몇 발을 발사하든 똑같은 곳에 떨어뜨릴 수 있게 됐다고 한다. 지극히 적은 오차 범위 안에서 말이다.

이제는 구조조정을 당했던 사람이 또 당한다. 그런데 왜 언제나 당하는 건 우리여야만 하는 것일까.

이씨는 선거에서 '경제를 살릴 수 있는 인물'에게 표를 주었다. 주변 사람들에게도 정권을 바꾸어야 한다고 역설했다. 경제를 이 모양으로 만들어놓은 사람들이 다시는 정권을 잡아서는 안 된다고 열변을 토했다. 그리고 정권이 바뀌자 희망이 움텄다.

"조금 지나면 좋아질 거야."

그렇게 참았다. 이씨는 자신 명의의 아파트 가격이 뒤늦게나마 올랐을 때, "이제 뭔가 제대로 되고 있는 것"이라며 무릎을 쳤다. 국회의원 선거에서도 뉴타운을 개발해 집값을 올려주겠다는 후보를 밀었다. 아파트 가치를 최고 수준으로 올려주겠다니 얼마나 좋은가. 설레는 마음으로 봄소식을 기다렸다.

그리고 지금. 봄소식 대신 강추위가 몰아쳤다. 뒤늦게 오름세를 보였던 이씨의 아파트 값은 하락률에서 선두주자다. 이씨는 그래도 말한다. "조금만 지나면 좋아질 거야."

경제전문가들은 대개 이런 스타일로 이야기한다.

"미국과 중국의 경기회복 여부가 관건이죠. 내년 하반기 이후, 의미 있는 경기호전 움직임이 나타날 것이라고 전망하고 있습니다."

한마디로 '시간이 지나면 좋아질 것'이란 얘기다. 그런데 정말 그럴까.

남의 위기는, 나의 위기다

건너편 집에 불이 났다. 동네 사람들이 몰려든다. 소방차가 도착해 진화에 나서지만 불길은 잡히지 않는다.

"어이쿠! 정말 대단한 불이네."

사람들이 '불구경'을 하면서 감탄한다. 어떤 사람들은 소방관들의 위험천만한 인명 구조에 발을 동동 구르기도 한다. 집주인은 인생을 포기한 것 같은 표정. 그러나 불구경하는 사람들에게는 '구경거리'일 뿐이다.

물난리가 날 때마다 구경을 나오는 사람들이 있다. 사람들은 재난 구경만큼 생생한 재미가 없다고 말하기도 한다. 눈앞에서 펼쳐지는 자연의 분노를 편집 없이 볼 수 있기 때문인지도 모른다.

그렇듯 남의 일은 재미있을 수도 있다. 위험에 처한 것이 우리가 아닐 때는 말이다.

불경기 때 대폿집에 가면 자주 들을 수 있는 고함소리가 있다.

"그래, 거꾸러져라, 거꾸러져. 그동안 까불던 놈들, 망해버려야 해."

그렇게 우리가 남의 불행을 즐기는 사이, 불행의 불이 우리 쪽으로 옮겨 붙기 시작한다. 소방관들이 진화에 실패하자, 불은 옆집으로 옮겨 붙은 데 이어 그다음 집을 성난 파도처럼 차례로 덮친다. 그리고 그 옆의 우리 집. 뒤늦게 세간 하나라도 더 건지려고 부리나케 움직이지만 이미 늦었다.

하천에서 물난리를 구경하던 사람들을, 갑자기 불어난 물이 급류로 몰아쳐 쓸어간다. 어떻게 해볼 수도 없이 순식간에 떠내려가기 시작한다.

회사에 출근했더니 주요 거래처가 부도를 냈다고 한다. 커다란 계약들이 연이어 백지화된다. 남의 얘기가 아니다.

새벽 인력시장에 나가보니 인부들만 와자지껄 모여 있다. 아무리 기다려도 건설현장으로 인력을 실어 나르는 승합차는 오지 않는다. 공사 중단이다. 어젯밤 대폿집에서 왜 그런 말을 뱉어냈던 것일까. 후회해보지만 이미 늦었다. 이상하게도 그런 소원은 대충 빌어도 이루어진다.

21세기 경제는 거미줄 같은 신경망을 통해 긴밀하게 엮여 있다. 미국에서 중대한 일이 생기면 불과 몇 분 만에 TV 화면 자막으로 나타난다. 중국에서 사건이 일어나자, 30분도 안 돼 우리나라 증시가 춤을 춘다. 우리나라 뉴스에 세계 곳곳의 주식 투자자들이 울고 웃는다.

　우리는 남의 집 불구경을 즐기다가 피할 기회를 놓쳐버린다. 우리들 대부분은 어쩔 수 없는 어리석은 인간일 따름이다. 잘못되는 사람들이 늘어날수록 우리도 코너로 몰린다. 우리 중 어느 누구도 지금의 위기로부터 자유로울 수 없다. 남의 위기가 곧 나의 위기다.

"상상도 할 수 없는 강력한 것이 온다"

　'하인리히 법칙'이라는 것이 있다. 선문(先聞. 먼저 도는 소문)이 많으면 그 일이 반드시 일어나고야 만다는 뜻이다. 우리 일상사에 자주 쓰인다. 예를 들자면 이렇다. '난폭운전을 일삼더니 기어이 사고를 내고야 마는구나.' '외야 플라이가 잦더니 결국 만루 홈런을 맞는구나.'

　1930년대 미국 보험회사 관리자였던 H. W. 하인리히가 고객 분석을 통해 '1 대 29 대 300의 법칙'을 발견하면서 '하인리히 법칙'이 되었다. '1 대 29 대 300의 법칙'이란, 1번의 대형 사고가 났다면 그 이전에 29번의 경미한 사고가 있었다는 것, 아울러 300번 이상의 징후가 감지되었다는 얘기다.

　이 법칙을 우리나라 교통사고에 대입해도 신기하게 맞아떨어진다. 최근 10년간의 교통사고를 분석한 결과, 1번의 대형 사고에 평균 30번가량의 중소형 사고가 발생했으며, 300여 건의 교통법규 위반 사례가 있었다.

기업도 마찬가지다. 한 상품에서 치명적 결함이 발견되었다면, 그것은 그 이전에 약 29회가량의 고객 불만이 접수되었음을 의미한다. 직원들 역시 300번가량 '뭔가 이상하다'고 느낀다고 한다. 그래서 커다란 사고가 일어나면, '알고 보니 인재(人災)'가 되는 것이다.

큰 사고는 어느 날 갑자기 일어나는 것이 아니다. 그 이전에 수많은 조짐과 징후를 보이다가 그것이 누적되어 한꺼번에 크게 일어나는 것이다.

한 경제전문가를 만났다. 그는 연구소의 공식 견해와는 관계없는 사견임을 전제로 이런 이야기를 털어놓았다.

"지금 와서 생각해보면 말이죠. 수시로 언급되는 경제 위기 이후로 나타났던 IT거품이나 집값 급등 같은 것들이 일종의 '전조(前兆)'가 아니었나 하는 생각이 듭니다. 설명할 수는 없지만, 거대하고도 강력한 그 무엇인가가 오기에 앞서 나타나는 조짐이 아닌가 하는 생각이 자꾸 듭니다."

'곧 좋아지겠지' 하는 믿음은 적중률 100퍼센트의 '인디언 기우제'와 크게 다를 바 없다. 과거의 인디언들은 비가 올 때까지 기우제를 지냈다. 지금까지의 위기들은 어느 정도 세월이 흐르고 나면 빠져나가곤 했다. 최근 우리가 직면한 경제 위기 역시 그랬다.

그런데 이번은 예전과 확연히 다르다. 지구가 한 바퀴 돌 때마다 각국에서 난리가 터진다. 혹한의 바람이 유럽에서 미국으로, 그리고 태평양을 거쳐 아시아로 오는 동안 거대한 세력으로 탈바꿈한다.

한파는 사람들의 돈과 희망을 닥치는 대로 먹어치우며 덩치를 키운다. 지금껏 경험해보지 못한 혹한과 눈보라가 수시로 다가온다. 아시아를 꽁꽁 얼린 눈보라는 더욱 힘을 얻어 다시 유럽과 미국을 매섭게 후려친다. 이런 상황이 매일 반복되고, 국경을 초월한 공포에는 휴일도 없다.

아침이 밝으면 대폭락의 공포가 우리들을 덮치고, 그 공포가 휩쓸고 간 자리에는 비탄과 절망이 고개를 치켜든다. 밤이 와도 잠들지 못한다. 지구 반대편에 휘몰아치는 칼바람을 위성 생중계로 보면서 몸서리친다. 내일이 오는 것이 두렵다. 금융시장 관계자들은 "전에는 낮만 두려웠는데, 이제는 밤이 더욱 무섭다"고 말한다.

이것은 단순한 '경제 위기'가 아니다. 지금까지 우리가 상상하지 못했던 거대한 무엇인가의 시작이다. 우리가 경험하지 못했기 때문에, 무엇이라고 감히 말할 수 없는 성질의 것. 1929년 미국 대공황은 지금 우리에게 매일같이 찾아오는 현상에 비하면 지극히 단순한 위기였다.

지금의 공포는 보다 본질적인 의미에서의 '변화의 시작'이다. 아니, 그것은 진즉에 시작되었다. 더욱 더 두려운 것은 앞으로 계속 닥쳐올 변화가 무엇인지 알 수 없으며, 언제 어떤 형태로 귀결될지 전혀 예상할 수 없다는 것이다.

이제 확실한 것은 '모든 것이 불확실하다'는 것뿐이다. 겨울이 지나면 어김없이 봄이 찾아왔다. 전에는 그랬다. 하지만 이제 그것도 확신할 수 없다. 과연 이 추위가 물러갈 것인지, 그래서 우리가 봄을 맞이할 수 있을 것인지.

경제전문가와 이야기를 나누다가 헤어지기 전에 물어보았다.

"아까 말씀하신 '거대하고 강력한 무엇인가'가 대체 뭘까요?"

그가 고개를 젓더니 웃으면서 말했다.

"혹시 빙하기가 아닐까요."

빙하기.

한때는 지구 전체가 얼음에 덮인 시기도 있었다고 전해진다. 약 7억 5000만 년 전에는 빙하가 적도지방까지 덮어 전 지구를 눈덩이(snowball)로 만들었다는 것이다.

현생 인류인 호모 사피엔스는 약 10만 년 전에 출현한 것으로 추측된다. 그리고 마지막 빙하기는 약 1만 년 전에 끝났다. 당시 지구상 생물의 90퍼센트 이상이 사라진 것으로 분석된다.

한 과학자가 말한다.

"현생 인류의 문명은 빙하기에 비하면 지극히 짧은 순간이다. 지금 우리가 풍요를 누리며 살아가고 있는 것은 자연의 여러 요소들이 아슬아슬한 균형을 이루고 있기 때문임을 알아야 한다."

빙하기는 갑자기 닥쳐온 것이 아니다. 우리가 뻔히 보고 있는 사이에 마치 계절의 변화처럼 스멀스멀 다가오는 것이다.

봄을 포기해야 살아갈 수 있다

우리가 주목해야 할 것은 위기의 '현상'만이 아니다. 그 위기 이면에 있는 본질적 변화를 들여다보아야 한다. 이른바 새로운 '패러다임'이다.

지금 겪고 있는 경제 위기 이후로 이미 빙하기 패러다임은 고개를 비죽 내밀고 있었다. 우리는 그것을 당연한 듯 보아왔지만, 그래서 익숙해졌지만, 변화의 조짐은 그 속에 이미 숨어 있었던 것이다. 수시로 찾아드는 경제 위기 이후 취업률은 늘 바닥이고, 구조조정은 상시화되어 주기적으로 대량의 실업자를 배출한다. 근로자들은 앞날이 보이지 않는 비정규직으로 하루하루를 살아간다. 전체 노동인구 가운데 비정규직 비중이 절반을 넘은 지 오래다. 벌써부터 명예퇴직자 신청을 받는 기업이 늘고 있다. 혹한기는 너무 빨리 와서 오랫동안 지속될 전망이라는 게 지배적인 견해다.

기업들이 해외로 빠져나가면서 제조업 공동화가 날이 갈수록 심해진다. 기업들은 웬만한 업무를 아웃소싱으로 돌린다. 중산층이 사라진다. 양극화가 심화된다. 대기업은 더욱 강해지고 작은 기업들은 없어지거나 짐을 싸서 해외로 나간다. 재래시장은 이미 사라졌다. 상인들은 대형 마트의 일용직 노동자 신세로 전락했다. 상류층과 하류층의 수입 구조는 심화된 양극화에 따라 그 격차가 더 벌어지고 있다.

이 같은 현상들은 이미 구조화되어 있다. 단순한 경기지표 개선만으로 이런 문제들을 근본적으로 해결할 수 없다는 것을, 이제 누구나 인식하고 있다.

정부를 탓할 일만도 아니다. 각국 정부 역시 패러다임 변화에서 자유롭지 않다. 지금 선진국들은 우리와 다른 차원의 고민을 한다. '큰돈들'이 높은 수익률을 좇아 자꾸 외국으로 빠져나가는 것이다. 심지어는 국적을 헌신짝처럼 버리기도 한다. 돈은 태생적으로 '세금이 한 푼이라도 싼 곳', '수익률이 몇 퍼센트라도 높은 곳'을 향하게 되어 있다.

각국은 부자들을 한 명이라도 더 끌어들이기 위해 안간힘을 쏟는다. 국적을 취득하는 외국 자산가에게 세금을 깎아주고 파격적인 조건에 국채를 구입하도록 주선해준다. 국가가 노골적으로 차별을 하는 셈이다. 이런 양상은 날이 갈수록 심해진다.

국가도, 일단 살아남아야 국민들을 보호해줄 수 있다. 살아남기 위해서는 돈이 필요하다. 어쩌다가 이런 세상이 오게 된 것일까.

빙하기는 이미 우리 곁에 와 있었다. 다만 우리가 인정하지 않았을 따름이다. '조금만 지나면 나아지겠지' 하면서 현실을 부정했다. 일시적인 한파로 단정했다. 과거 고성장 시절의 추억을 떠올렸다. 버티다 보면 예전과 같은 고성장 시절로 돌아갈 수 있을 것이라고 애써 믿었다.

물론 그런 시절이 다시 올 가능성도 있다. 빙하기 중간에도 이상 기후가 나타난다. 갑자기 푸근한 날씨가 계속되는 것이다. 그래서 '빙하기가 끝난 것인가' 하면서 방심하는 순간, 따뜻했던 시기는 곧바로 막을 내린다.

일련의 거품들이다. 정보기술(IT) 거품과 신용카드 거품, 그리고 집값 거품. 거품은 한없이 부풀어오른다. 그래서 마지막까지 의심하던 사람들이 올라타는 순간, 자취도 남기지 않고 터져버린다.

거품 시기는 '간빙기(間氷期, interglacial epoch)'라고 보는 것이 맞겠다. 간빙기란 빙기(氷期)와 다음 빙기 사이에 있는 기간. 전후의 빙기에 비해서 따뜻한 시기가 비교적 오래 계속되는 시기다. 결국 우리가 꿈에 그리는 좋은 시절이란 '거품-간빙기'와도 같다.

거품은 잠시뿐이다. 지속되기를 바랄 수 없다. 거품에서 깨어나 다시 빙하기를 맞이하면 견딜 수 없을 정도로 춥다.

우리는 이제 관점을 바꿔야 한다. 빙하기는 지금 오고 있는 것이 아니다. 이미 우리 곁에 슬금슬금 와 있었다. 몇 차례의 거품과 간빙기를 겪으며 우리가 착각했을 뿐이다.

다시 냉정하게 세상을 둘러보자. 빙하기 패러다임은 지금 어떤 양상으로 치닫고 있는지. 아침에 일어나면 TV 뉴스를 보는 것이 두려운 오늘, 세상에 몰아치는 혹한의 공포가 경제와 삶의 메커니즘을 어떻게 바꾸어가고 있는지. 차분하게 보아야 한다.

그리고 우리는 이 추위 속에서 어떻게 살아남을 것인가.

은퇴한 전문경영인 박씨.

화제가 우리 경제 앞날에 대한 걱정으로 바뀌자 대뜸 말했다.

"중국 관광 가서 발 마사지를 받아본 경험이 있습니까? 시원하셨지요? 그렇다면 이제는 우리가 중국 관광객들 발 마사지를 해줄 차례입니다. 그럴 각오까지 해야 합니다."

그의 주장에 따르면, 모든 위기는 다가오기에 앞서 세 번을 묻는다고 한다. 그런데 우리는 그 조짐을 뻔히 보면서도 당한다.

위기는 우리에게 세 번 물었다. 충분한지, 괜찮은지, 준비가 되어 있는지. 그럴 때마다 우리는 목을 빳빳하게 세우고 대답했다. '끄떡없다'고. 그 결과가 바로 지금이다.

2022년 12월 조선일보가 보도한 한국은행의 금융안정보고서에 따르면, 자영업자 대출이 1000조 원을 넘어섰다. 지난 3분기 말 기준으로 자영업자 대출은 1014조 2000억 원으로 집계됐다. 코로나 사태 초기인 2020년 1분기만 해도 700조 원 수준이었는데, 2020년 말 803조 5000억 원, 2021년 말 909조 2000억 원으로 급증했고, 결국 1000조 원을 돌파했다고 한다. 가계와 기업을 합친 민간 부문 부채는 더욱 심각하다. 지난 3분기 기준으로 명목 국내총생산(GDP)의 223.7%인 4790조 원으로 불어났다는 의미는 민간 부채가 GDP의 2배가 넘는다는 뜻이다. GDP 대비 민간 부채 비율이 역대 최고로 높아졌다는 보도다.

고금리 상태가 당분간 지속될 것이라는 전망에서 빚을 내 아파트를 사는 건 위험한 선택이라고, 아파트 값이 떨어지고 금리가 오르면 추풍낙엽 신세가 될 것이라고 우려하는 목소리가 높았다. 그러나 우리는 자신만만했다.

무서운 속도로 발전을 거듭하는 중국을 보면서, 우리가 언젠가는 따라잡힐 것이라면서 우려의 시선을 보낸 것이 불과 몇 년 전이다. 중국과 일본 사이에 끼여 넛 크래커(nut cracker) 신세가 될 가능성이 있다고 걱정했다. 그런데 그 후, 까맣게 잊었다. 중국의 세련되지 못한 부분을 볼 때마다 손가락질하면서 웃었다.

시장 상인과 자영업자들이 몰락했다. 우리 이웃들이다. 모두가 '대기업 탓'이라고 했다. 하지만 엄밀히 따져보면 대기업 탓이 아니다. 우리들 때문이다. 대형 마트와 값비싼 커피 전문점을 선택한 것은 우리들이다. 자영업과 중산층이 낙엽처럼 떨어져내린다. 세련된 취향을 가진 우리들 때문이다.

우리는 위로 오르는 것에만 익숙해져 있다. 그것도 남들보다 앞서 빠르게 오르는 것을 최고의 가치로 여긴다. 어릴 때부터 주입받은 경쟁의식 때문이다. 오로지 경쟁에서 이기기 위해, 안전장구까지 팽개치면서 무게를 줄인다. 맨손 암벽 오르기에 도전한다. 무모할 정도의 '오름 경쟁 중독'이다.

빠르게 오르는 것에만 익숙해져 있으니 속도가 조금만 느려져도 조급증에 빠진다. 기대 수준이 워낙 높아서 차근차근 오르는 것을 굼뜨다고 여긴다.

모든 산에는 꼭대기가 있는 것처럼, 고도성장 역시 언젠가 한계를 드러내기 마련이다. 일정 규모에 이르면 성장(양)이 아닌, 성숙(질)으로 패러다임을 바꾸어야 한다. 하지만 우리는 지금까지 패러다임 바꾸기를 거부한 채 오로지 위로, 빠르게, 남들보다 앞서서 달려왔다. 앞만 보고 달렸다. 그것이 최선인 줄 알았다.

유도를 배울 때는 한동안 쓰러지는 연습(낙법)만 한다. 쓰러지는 훈련을 통해 다치지 않는 기술을 충분히 익힌 후에야 공격 훈련에 임하는 것이다. 주식투자 고수들은 하락장에서 진정한 풍모를 드러낸다. 그들이 진정한 고수인 것은, 오를 때 최고의 수익률을 올려서가 아니다. 내릴 때 빠르게 손을 털어 손실을 최소화하기 때문이다. 명장(名將)은 대규모 공격에 앞서 유사시의 퇴로부터 먼저 확보한다. 만일 있을지도 모를 최악의 상황을 가정함으로써 손실에 미리 대비하는 것이다. 일류 기업들은 실패학습을 체계화해놓고 있다. 실패한 사업을 데이터베이스로 만들어놓아, 먼 훗날에도 그것을 교훈삼아 실패를 반복하지 말라는 뜻이다.

우리가 틀렸다. 성공에는 오르막만 있는 것이 아니다. 성공한 사람들 이면에는 무수한 내리막길과 교훈이 깔려 있었다.

박씨는 "로마제국을 멸망시킨 장본인은 게르만 용병대장도 아니고, 오스만투르크 제국도 아닌 로마인들 자신"이라고 주장한다. 용병에게 국가 방위를 맡기고 향락을 좇던 로마인들의 오만과 무사안일이 멸망을 불러온 것이란 분석이다.

생각해보면, 한동안 우리는 전성기의 로마인들만큼이나 잘난 척하면서 살았다. 선진국이 된 것으로 착각했다. 새로운 패러다임의 빙하기, 지금 가장 큰 위협은 바로 '우리들 자신'이다.

어쩌면 봄은 영영 오지 않을지도 모른다. 그렇다면 우리는 과거의 따뜻했던 추억들을 가슴속에 묻어두어야 한다. 차라리 봄을 포기하자. 역설적이게도 희망은 포기로부터 시작한다.

'조금 지나면 좋아질 것'이란 헛된 기대부터 버리자. 그리고 길을 찾아 나서자. 빙하기에도 살아갈 방법이 있다. 우리 조상들은 지구상 생물의 90퍼센트 이상이 멸종하는 와중에도 의연하게 살아남아 오늘의 문명을 일구어냈다. 우리는 살아남는 데서만큼은 지구상 최고의 생명체다.

눈에
보이는 것이
전부가 아니다

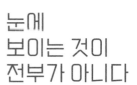

　직장인들 사이에서 자주 볼 수 있는 장면. 상사에게 된통 당하고 돌아서서 중얼거린다.

　"이참에 때려치우고 식당이나 열까? 뭐, 빵집도 괜찮고."

　직장인치고 이런 생각 안 해본 사람은 거의 없을 것이다.

　은행원 박씨도 다를 바 없다. 그는 지금 모 은행 본점에서 대출심사를 맡고 있다. 각 지점에서 올라오는 일정 규모 이상의 대출건에 대해 심사하는 역할이다. 매일 반복되는 일과가 따분하기만 하다. 입에 불평불만을 달고 산다.

　얼마 전, 박씨의 컴퓨터 모니터에 낯익은 이름 하나가 떴다. 혹시나 해서 생년월일과 주소까지 확인해보았더니, 그분이 틀림없었다. 몇 년 전 지점 생활을 할 때 지점장으로 모셨던 양반.

그분이 대출 연장을 신청한 것이다. 음식점을 한다더니 여의치 않은 모양이다. 박씨는 내역을 보고는 깜짝 놀랐다. 원리금 상환이 거의 이뤄지지 않고 있었다. 추가 조사를 해보니 집은 이미 여러 곳에 담보로 잡혀 있었고, 신용카드 대금 결제도 여러 달 밀린 상태였다.

박씨는 지점 시절 동료들과 함께 지점장이 운영하는 음식점을 찾아갔다. 저녁 시간인데도 음식점에 손님이 없었다. 지점장 부부가 멍하니 앉아 있다가 박씨 일행을 보고 깜짝 놀랐다.

오랜만에 만난 직장 선후배 간에 많은 이야기가 오갔다. 박씨는 자리에서 일어설 즈음 지점장이 어깨에 손을 얹고 해준 말을 잊을 수가 없다고 한다.

"자네, 정신 똑바로 차리고 거기 꼭 붙어 있어. 아무리 더럽고 치사해도 직장만한 데가 없는 거야. '때려치우고 식당이나 열겠다?' 그런 소리 쉽게 하지 말라고. 여기가 어떤 데인 줄 알아?"

지점장 비유에 따르면 직장은 온실이었다. 비슷한 부류의 사람들이 모여 점잖게 논의하고 일을 한다. 직장의 든든한 보호막이 조직원들을 외부 위협으로부터 지켜준다. 반면, 직장 바깥 세상은 하이에나 떼가 들끓는 사바나 지역이다. 하루하루 살아남는 것을 걱정해야 한다.

지점장 출신이라는 배경은 삼겹살 1인분의 값어치도 못한다. 스무 살 백수든 서른 살 직장인이든 모든 손님에게 '아저씨'일 뿐이다. 대형 은행 지점장이었다는 과거보다 지금 고기가 타고 있다는 현실이 더 중요하다. '아저씨, 여기 불판 좀 갈아줘요.'

식당이나 차릴까?

직장을 평생 다닐 수는 없는 노릇이다. 언젠가는 그만두어야 한다. 직장인이라면 누구나 '인생 2막'을 염두에 두어야 한다. 문제는 직장생활을 할 수 있는 기간이 점점 줄어들고 있다는 것이다.

대졸-대기업을 기준으로 과거와 현재를 비교해보자.

과거에는 여자의 경우 대학을 졸업한 스물서넛, (군대에 다녀온) 남자는 스물일곱 즈음에 취업을 했다. 특별한 과실이 없는 한 직장에서 쫓겨나는 일은 없었다. 무난하게 버티면 쉰 살 언저리까지는 안정된 생활을 보장받을 수 있었다. 23~25년간 직장생활을 할 수 있었던 셈이다. 그 사이에 결혼도 하고, 집도 장만하고, 아이들 교육도 시켰다. 집값도 지금처럼 비싸지 않았다. 아이들도 지금처럼 사교육비 먹는 불가사리가 아니었다.

그런데 현재를 보자. 여자든 남자든 서른 살 언저리에 취업을, 그것도 '간신히' 한다. 기업은 이제 신입사원을 채용하는 비율도 현격히 줄였다. 장기간 유지될 경기 침체에 대비하기 위한 준비조치다. 대학원 졸업자가 많고 어학연수 정도는 기본이라고 생각하는 경향. 유학파도 즐비하다. 취업 재수 삼수생도 널려 있다. 그렇게 서른 언저리에 취업을 했다고 치자. 몇 년이나 일을 할까. 기껏해야 마흔 중반이다. 15년 정도 직장생활을 하는 셈이다. 그 사이에 결혼도 하고, 집도 장만하고(포기하는 경향이 늘고 있다), 아이들 교육도 시켜야 한다. 집값은 천정부지로 올랐고, 아이들 사교육비는 웬만한 대졸 신입사원 연봉 수준이 되었다.

어쨌거나 '퇴사 이후'를 걱정해야 하는 것은 직장인들의 숙명이다. 승진에 승진을 거듭해 전문경영인 자리까지 올라간다고 해도, 언젠가는 그 자리에서 물러나야 한다.

선택은 둘 중 하나다. 일찌감치 박차고 나가느냐, 아니면 회사에서 나가라는 그날까지 버티고 또 버티면서 차근차근 준비하느냐.

"내려올 때 조심해라. 올라가는 것보다 내려가는 것이 더 어렵단다."

2002년, 세계적 산악인 에드먼드 힐러리 경은 아들 피터가 에베레스트 정상에 올라 감격해하며 위성전화를 걸었을 때 이렇게 당부했다. 에드먼드 힐러리 경은 인류 최초로 에베레스트를 등정한 장본인이다.

힐러리 경처럼, 산악인들은 오를 때보다 내려갈 때가 더욱 위험하다고 말한다. 정상을 최종 목적지로 생각해 체력의 90퍼센트를 오르는 것에 쓰기 때문에 내려갈 때는 체력이 고갈되는 경우가 많다는 것이다. 체력이 떨어지면 판단력도 덩달아 떨어지기 마련이다.

우리는 눈앞에 놓인 오르막길을 오르기만 할 뿐, 나중에 내려갈 생각을 미리 해놓지 않는다. 오르막이 영원하지 않을 것이라는 사실을 알고는 있다. 그러나 남들과 경쟁하는 데 정신이 팔려 길의 이모저모를 유심히 살피지 않는다. 그리고 어쩔 수 없이 내려가야 할 때에야 뒤바뀐 풍경을 발견하고 경악한다. 기세 좋게 오르던 오르막이 가파르고 위험한 내리막으로 변해 있는 것이다. 이제 엉거주춤 우물쭈물 내려가기 시작한다. 미끄러지고 자빠진다. 내려가는 것을 염두에 둬본 적이 없으니 내려가는 연습을 해본 적도 없다.

등산도 그렇지만, 인생도 마찬가지다. 불행한 사고는 오르는 길이 아니라 내려가는 길에서 발생한다. 급성장으로 이루어낸 성공이 추락과 폭락이라는 실패로 끝을 맺는다.

2015년, 킬리만자로를 밤 11시에 4700미터 고지에서 출발, 정상을 향해 오른 적이 있다. 진퇴양난의 위기와 사투 끝에 정상 등반에 성공했다. 그런데 문제는 내려올 때 생겼다. 올라가는 데 거의 모든 힘을 다 쏟아부은 나머지 내려올 힘은 거의 남아 있지 않았다. 설상가상으로 잠을 거의 못 자고 올라가서 내려올 때 너무 졸렸다. 내려가는 길이 거의 보이지 않았다. 고은 시인의 "내려갈

때 보았네. 올라갈 때 보지 못한 그 꽃"은 "내려갈 때도 못 보았
네. 올라갈 때 보지 못한 그 꽃"으로 바꿔 써야 할 판국이었다.

경제 위기가 지속되면서 기업을 나온 임직원들이 가장 많이
선택한 자영업은 식당이었다. 구조조정 과정에서 자의반 타의
반 직장을 떠난 사람들이 식당업에 손을 댔다. 세계에서 우리나
라만큼 식당이 많은 나라를 찾아보기 힘들다. 최근 통계를 보면
인구 대비 식당 수가 미국의 7배라고 한다. 메뉴별로 세분화되어
있기 때문이다. 삼겹살 전문점, 소갈비 전문점, 닭집, 장어구이집,
오리구이집, 쌈밥집 등등.

당시 창업자들이 빠진 함정은 바로 이것이었다. '이렇게 다양
하고도 많은 음식점이 있는데, 다들 영업이 잘되는 걸 보면 나도
하나 차려도 되겠다'는 생각이었다. 하지만 남들이 하는 건 쉬워
보이기 마련이다. 퇴직금 싸들고 들어갔던 음식점 사업에서 대
부분의 명예퇴직자들이 큰 손해를 보았다.

함씨는 몇 년 전 상사와의 불화로 홧김에 사표를 내고 나와 식
당을 차렸다가 혼쭐이 난 경우. 당시 젊은이들 사이에서 매운 음
식이 큰 인기를 누리자, 함씨는 시장조사를 통해 프랜차이즈 가
맹점을 차려 사업을 시작했다. 대학 근처라서 장사가 꽤 잘됐다.
그 정도 추세라면 본전을 뽑는 데 그리 오래 걸리지 않을 것이란
생각이 들었다.

그런데 프랜차이즈 본부가 재료 및 부재료 공급가격을 갑자기 인상하면서 이윤이 크게 줄었다. 이런 가운데 인근에 경쟁 프랜차이즈 가맹점들이 우후죽순 생기면서 경쟁이 더욱 치열해졌다. 정말 큰 문제는 종업원이었다. 후발주자들이 터무니없는 급료조건을 제시해 인력을 빼앗아가기 시작한 것이다. 홀 서빙 인력은 별 문제가 없었지만, 숙련된 주방인력이 하나둘씩 떠나자 타격이 컸다.

그다음에는 손님이 줄기 시작했다. 함씨의 표현대로 '한 집 건너 한 집 단위로 유사업소가 생기는 바람에' 공급이 포화상태에 도달한 것. 이쯤 되면 젊은 고객들로선 식상함을 느끼기 마련이다. 함씨는 본부를 찾아가 애걸한 끝에 '제3자에게 양도해도 좋다'는 합의를 받아냈고, 그 사업에서 탈출할 수 있었다.

함씨는 직장을 그만두고 자영업에 도전한 사람들이 실패하는 가장 큰 원인으로 '인력 관리 잘못'을 꼽는다. 이른바 음식점 사업에서는 일반 기업체의 인력 관리 노하우가 통하지 않는데도 그것을 고집하다가 마찰을 빚는다는 것이다.

"음식점 계통만큼 종업원들 이직이 잦은 데가 없을 겁니다. 한 달 다니고 월급 타가는 건 그나마 다행이죠. 하루 나왔다가는 다음 날 연락조차 없는 경우가 비일비재하거든요. 음식점으로 성공하는 사람들을 보면 이런 부분에 노하우를 가지고 있죠."

섣불리 달려들지 말라

목마른 비둘기 이야기를 들어본 적이 있는지.

몹시 목마른 비둘기 한 마리가 빌딩 옥상에 앉아 있었다. 탈진하기 직전이었다. 그때 건너편에 뭔가 반짝거리는 것이 있었다. 비둘기에게는 그것이 맑은 시냇물처럼 보였다. 시냇물에 햇빛이 반사된 것 같았다. 비둘기는 '물이닷!' 하고 외치면서 시냇물로 날아갔다. 온힘을 다해.

꽝. 그러나 다음 순간 비둘기는 날개가 꺾인 처참한 모습으로 길바닥에 내동댕이쳐지고 말았다. 비둘기는 마지막 가쁜 숨을 몰아쉬면서 헐떡거렸다.

"아아…. 이건 분명히 시냇물이었는데…."

비둘기가 날아간 곳은 시냇물이 아니었다. 시냇물이 그려진 옥상 광고탑이었다.

상당수의 사업 기회란 비둘기가 본 옥상 광고탑과 비슷한 양상이다. 언뜻 보면 매력적으로 느껴지지만, 가까이 다가가보면 전혀 다른 본질을 드러내는 것이다.

우리나라의 자영업 비중은 매우 높지만, 자영업 입지는 날이 갈수록 좁아지고 있다. 옛날 기억부터 더듬어보자. 동네 어귀마다 자리 잡고 있던 레코드 가게. 30대 이상에게는 추억 어린 곳이다. 음반과 테이프를 주로 팔며, 원하는 곡 리스트를 건네주면 은 근슬쩍 주문형 테이프를 만들어주던 그곳. 하지만 지금은 흔적 도 없이 사라졌다.

레코드 가게 대신 들어선 것이 비디오 대여점이다. 그런데 요 즘은 비디오 대여점도 문을 닫은 지 오래다. 동네 책방 아저씨의 따뜻한 미소도 더 이상 볼 수 없게 됐다. 시장에서 고등어자반을 외치던 아주머니의 씩씩한 목소리도 들을 수 없다. 이제 그런 사 람들을 만나보려면 대형 할인점에 가면 된다. 한때의 사업주들 이 지금은 일용직 근로자가 되어 물건들을 팔고 있다.

동네 음식점도 사정이 다를 바 없다. 대형 음식점들도 고전한 다. 개점 초반에 몰리던 손님들은, 신선함이 사라지고 나면 발길 을 끊는다. 패밀리 레스토랑도 죽을 맛이라고 한다. 점포 밖 기다 란 의자에 앉아서 차례를 기다려야 했던 곳들마저 한산하게 변 해가고 있다.

주유소는 아직까지 '성공한 자영업자의 정점'으로 통한다. 과 거엔 주유소 사장 아들이라면 안 보고도 딸을 준다는 말이 있을 정도였다. 그런데 자영업 피라미드 꼭대기에 군림하던 주유소들 도 이제 벼랑으로 몰리는 추세다. 가격자유화 이후, 파리를 날리 는 주유소가 속출하고 있다. 게다가 이제는 대기업 계열의 대형 할인점에서도 기름을 판다.

직장생활은 언젠가 끝나게 되어 있다. 우리 모두 그다음의 먹

고살 거리를 걱정해야 한다. 자영업 위기는 그래서 남의 이야기
가 아니다.

이태백('20대 태반이 백수'라는 유행어) 현상이 고착화되면서 사업
세계로 직행하는 젊은이가 늘고 있다. 밑천이 부족한 이들 특성
상 온라인 쇼핑몰 같은 소자본 창업에 다수가 몰리는 것은 당연
한 일이다. 현실 세상이 만원이라서 사업기회가 없다면, 사이버
세상에서 새로운 기회를 잡아 성공을 이뤄내겠다는 각오다. 매
스컴을 통해 알려진 '몇 억 소녀', '몇 십 억 쇼핑몰' 같은 대박신
화들이 젊은이들로 하여금 삽 한 자루 대신 마우스와 키보드를
든 채 사이버 엘도라도로 향하도록 유혹한다.

오씨도 대박의 꿈을 안고 사이버 세계로 뛰어들었다. 서울 동
대문의 의류상들을 찾아다니면서 발품을 팔았다. 시장 조사를
통해 복고풍 의류가 꾸준한 인기를 끌고 있다는 사실을 깨달았
다. 아르바이트 의뢰를 통해 홈페이지를 만들었다. 깔끔한 디자
인이 나왔다. 동대문 의류상에서 좋은 조건에 옷을 대량 구매하
기로 했다.

다음은 사진 촬영. 사진에는 문외한이어서 스튜디오에 의뢰
했다. 모델도 알아서 뽑아달라고 했다. 상당한 금액이 들었다. 두
번째부터는 비용이 아까워서 오피스텔 한쪽에 스튜디오를 만들
기로 했다. 카메라 장비와 조명, 배경 등을 하나하나 구입하다 보

니 투자금액이 점점 불어났다. 게다가 사진을 담당할 후배 아르바이트 비용까지.

사람들이 가르쳐준 대로 G마켓이나 옥션 같은 오픈 장터에 물건을 올리고 홈페이지도 개통했다. 그러나 매출은 전혀 발생하지 않았다. 홈페이지는 방문자가 없었고, G마켓과 옥션에서는 자기가 올린 물건이 어떤 것인지 찾을 수도 없었다. 사이버 세상도 만원이라는 사실을 뒤늦게 깨달은 것이다.

"경쟁이 치열하다는 것을 왜 몰랐겠어요. 그래도 나는 그들보다 더 잘할 수 있다고 생각했죠. 그런데 실제로 부딪혀보니까 그게 아니더군요. 수업료 한번 톡톡하게 치렀다고 생각합니다."

이씨 역시 박스형 티셔츠 전문 쇼핑몰을 창업했다가 아찔한 경험을 했다. 그녀는 가격에는 자신이 있었다. 친척 중에 공장을 하는 분이 있어서 도매가보다 저렴하게 공급해주겠다고 약속했던 것. 기대를 잔뜩 품고 오픈 장터에 물건들을 올렸다. 그리고 구매자들의 주문이 쏟아지기를 기대했다. 최저가 메리트가 십분 발휘될 것으로 예상했다.

그러나 이틀이 지나도록 주문은 한 건도 없었다. 그녀는 오픈 장터를 살펴보다가 그 원인을 찾아냈다. 가격이 더 이상 최저가가 아니었던 것이다. 이씨가 최저가에 물건을 등록하자 기존 사업자들이 더 낮은 가격에 응수했던 것. 가격전쟁이 벌어졌다. 그녀는 승산이 있다고 생각했다.

문제는 다른 곳에서 터졌다. 물건이 몇 개 팔리기는 했는데, 비용을 감당할 수 없게 된 것이다. 오픈 장터 판매 수수료에 배송료, 은행 수수료, 게다가 마케팅 및 홍보비용까지 따져보니 이 추세로는 도무지 장사를 계속해야 할 이유가 없었다.

"알고 보니까 재주는 곰이 넘고 돈은 사람이 버는 꼴이지 뭐예요. 우리 같은 사람들은 죽기 살기로 아우성인데 옥션이나 G마켓 같은 대기업들은 가만히 앉아서 수수료 장사를 하니까요."

대부분의 젊은이들이 온라인 쇼핑몰을 '적은 창업 자본으로 시작할 수 있는 유일한 사업' 정도로 생각하고 있다. 하지만 이 같은 인식도 이제는 더 이상 통하지 않는다. 수많은 창업자들이 비슷한 아이템에 몰려들다 보니 온라인 시장이 레드오션(red ocean)화되었다.

똑같은 제품을 차이가 크지 않은 가격에 구입해 온라인으로 판매한다면 어느 지점에서 차이가 발생하겠는가. 당연히 마케팅이다. 홍보 및 마케팅 비용은 날이 갈수록 크게 늘어나는 추세다. 게다가 독창적인 아이템을 발굴해 인기를 끌 만하면 순식간에 복제품이 시장에 범람하는 현상이 반복된다.

사이버 세계의 경쟁은 다만 눈앞에 보이지 않을 따름이다. 헤아릴 수 없이 많은 창업자들이 헤아릴 수 없을 정도의 온라인 쇼핑몰을 만든다.

현실 세계의 매장은 인근의 유사 매장들과 경쟁하면 끝이다.

그러나 사이버 세계의 매장은 전국의 모든 사이버 매장들과 경쟁해야 한다. 그보다 더욱 무서운 것은 반품비용까지 부담해야 한다는 사실. 반품은 자장면의 단무지처럼 떼려야 뗄 수 없는 숙명이다. 많은 젊은이들이 이 부분을 간과한 채 사업에 뛰어들었다가 좌절한다.

사이버 경쟁에서 살아남는 것은 현실 시장에 비해 결코 쉽지 않은 일이다. 그런데도 우리가 사이버 세계에 혹하는 이유는, 스포트라이트가 대박을 낸 쪽에만 비춰져 있기 때문이다. 반대쪽에서는 무수한 탈락자들이 소리 없이 떨어져내린다.

그렇다고 생각한 것이, 더 이상 그렇지 않을 때

사실상 상식이란 것도 내 안경으로 바라본 편견일 가능성이 높다. 편견은 집단적일 때 커다란 문제를 유발한다. 많은 사람들이 집단적으로 '그렇다'고 생각한 것이 더 이상은 '그렇지 않을 때' 심각한 문제가 된다.

통념을 깨지 않으면 눈앞에 다가온 현실을 받아들일 수 없다. 변화한 현실에 대한 저항은 언제나 일방적인 게임으로 결말을 맞이하게 되어 있다. 세상에는 온갖 분야에서 활약한 다양한 영웅들의 기록이 있다. 그러나 세상의 흐름과 맞서 싸워 이긴 사람의 이야기는 어디에도 없다. 격동기의 승리자들은 둘 중 하나다. 세상의 흐름을 만들었거나 그 흐름을 자기편으로 이용했거나.

최근 YTN 뉴스기사에 따르면, 금리 인상으로 생존 자체를 위협받는 중소기업이 속출하고 있다고 한다. 서울에서 작은 여행사를 운영하는 G씨는 코로나19로 사업이 어려워지면서 금융권에서 각종 대출을 받아 간신히 버텨왔다. 여행업만으로는 버티기 어려워 부업으로 코인 세탁소까지 운영하고 있지만 최근 무섭게 치솟는 금리에는 당할 재간이 없다고 판단했다. 2년 전과 비교해 대출금리가 두 배가량 뛰었는데 설상가상으로 당장 다음 달부터는 원금 상환 압박도 가중될 예정이다.

여행업의 특성상 바로 현금 흐름이 이루어지지 않고 고객이 여행을 다녀온 뒤 경비 결제가 이루어지는 시스템이라 매출발생 속도가 다른 업종에 비해 두세 달 정도 늦다. 꿈을 꾸며 밝은 미래를 생각하고 일을 해야 하는데, G씨는 지금 밝은 미래는커녕 밤잠을 설치며 뜬눈으로 지새우는 날이 많아지면서 두려운 미래가 엄습하는 것 같아 심한 우울증세까지 겪고 있다.

실제 중소기업 대출금리는 기준금리 인상과 함께 그 어느 때와 비교가 안 될 정도로 크게 뛰었다. 2022년 9월 예금은행의 신규 취급액 기준 중소기업 대출금리는 4.87%. 2014년 1월 이후 거의 9년 만의 최고치라고 한다. 이자 부담은 더욱 무거워지며 사업의 미래도 완전히 불투명해지고 있다.

이미 지난해 중소기업 100곳 가운데 16곳은 '한계기업'인 것으로 집계됐다. 이런 상태가 지속된다면 흑자기업도 도산을 면치 못하는 최악의 사태로 번질 것이라는 예측이 나돌고 있다. 이자 부담에 더해 자금 경색이라는 이중고를 버텨내고 있는 중소기업들은 이제 극한의 벼랑 끝에서 마지막 사투를 벌이는 모습이다.

우리가 G씨의 암담한 현실과 미래를 냉소적으로 본다면, 그것은 우리가 현재의 안경을 쓰고 있기 때문일 것이다. '이 난국에 여행업, 그게 어디 되겠어?' 하며 말이다. 지금으로선 당연한 판단이다. 경험을 통해 결과를 이미 알고 있으니 말이다.

우리가 겪고 있는 위기와 난국에 대한 설명은 그 자체가 치명적인 약점을 지니고 있다. 설명은 '실증'을 기다리는 현실의 미묘한 힘을 다른 삶의 높이에서 통찰하는 것이 아니라, 이 삶에서 실증된 지식으로 이 삶을 봉쇄하기 때문이다. 필연의 맥락에 갇혀 과거로만 현재를 설명하는 모든 이론적 이해는 우리를 위로하거나 한탄하게 할 뿐 실천의 위험을 무릅쓰지 않는다. 황현산 작가의《잘 표현된 불행》에 나오는 말이다.

필자는《아이러니스트》에서 설명과 이론적 지식의 무력함을 지적한 바 있다. 설명이 위험한 이유는 새로운 지식으로 현실의 가능성을 낯선 관문으로 유도하지 않고 과거의 지식으로 현재 발생하는 위기나 난국을 가둬버리는 꼴이기 때문이다. 마찬가지로 이론적 이해 역시 지금 여기서 겪고 있는 현실의 아픔을 설명하고 해석함으로써 사람들에게 위로의 메시지를 줄 수 있지만, 이론 탄생 시점이 과거였기에 그 자체만으로는 아직 가보지 않은 미래를 지향하는 과감한 실천을 촉발시킬 수 없다.

반대로 이렇게 생각해보면 어떨까. 우리가 다니는 회사, 하고 있는 사업이 예전 같지 않다. 서서히 매출이 떨어지고 채산성이 악화일로다. 망하는 경쟁사들이 나온다. 조금만 더 버티면 될 것 같다. 이런 신념에 경영자 특유의 오기까지 결합되면 막장까지 가보자는 식이 된다.

그러나 외부에서 냉정하게 바라보는 사람들은 전혀 다른 생각을 갖고 있을 수 있다. '저렇게 버틴다고 될 일이 아닌데' 하고 말이다. 물론 어느 쪽 판단이 유효한지는 시간이 검증해줄 문제다.

지금은 하루하루 견디는 것조차 쉽지 않은 세상이다. 그래도 틈이 날 때마다 스스로에게 물어보아야 한다. 지금의 판단들은 혹시 편견에서 비롯된 것이 아닌지. 깨어야 할 통념은 아닌지.

통념을 깨고 현실의 이면을 들여다봐야만 본질을 발견할 수 있다. 본질에 대한 각성은 우리들로 하여금 새로운 준비에 나서도록 한다. 편견과 선입견도 내가 그동안 키워온 개 이름이라고 한다. 30년 이상 세상을 나의 주관적 관점으로 해석하면서 나도 모르게 생긴 편견과 선입견이야말로 내 생각을 옭아매서 타성에 젖도록 유도하는 장본인이 아닐 수 없다.

경제 빙하기는 만인 대 만인의 생존투쟁이 극한에 이르는 시기다. 생존경쟁은 피할 수 없는 현실이다. 신천지인 줄 알고 달려가보면 이미 그곳은 경쟁자들로 가득 차 있다. 같은 금액의 자본을 들여 똑같은 점포를 나란히 열어도, 한쪽은 되고 한쪽은 안된다.

핵심은 무엇을 하느냐가 아니라, 어떤 사람이 되느냐에 있다.

결국 모든 성공과 실패는 사람의 문제다. '무엇을 해서' 성공 또는 실패한 것이 아니다. 그것은 현상일 뿐이다. '무엇을 해서 성공했다'는 해석은 '무엇을 하면 누구나 성공할 수 있다'는 착각을 낳을 수 있다. 위험한 관점이다.

본질은 '어떤 사람이' 무엇을 해서 성공 또는 실패했다는 것이다. '어떤'에 먼저 주목해야 한다. 그래서 지금 우리는 '어떤 사람'이 되어야 할지, 진지하게 고민해야 하는 것이다.

살아남고 성공하는 사람들의 공통점은, 흐름을 읽어내고 그것을 받아들인다는 점이다.

우리는 그동안 굵은 땀을 흘리면서 오르고 올라 여기까지 왔다. 목표를 이루겠다는 열망이 우리의 발걸음을 가볍게 했다. 어지간한 오르막은 몇 걸음 만에 뛰어올랐다. 남들보다 앞서가기 위해 가시덤불 무성한 숲에 뛰어들기도 했다. 그렇게 해서라도 남들보다 먼저 정상에 오르고 싶었다. 먼저 올라야만 살아남을 수 있는 세상이라고 배웠다.

바람이 불어 구름이 흩어질 때면 까마득히 정상을 볼 수 있었다. 정상이 보일 때면 발바닥이 아픈 것도 잊었다. 날렵하게 큰 바위에 올라 더 큰 바위로 솟구쳤다.

그런데 지금 눈이 내리기 시작한다. 해가 저물 시간도 얼마 남지 않았다. 밤을 지낼 수 있는 장비가 없다. 애초부터 갖고 오지 않았다. 쉽게 정상에 오를 수 있을 것이라 믿었기 때문이다. 우리보다 앞서 그곳에 이른 사람들은 그렇게 보였다. 우리가 목표를 만만하게 봤는지도 모른다. 이제, 어쩔 수 없이 상황을 인정해야만 한다. 발걸음을 돌려야만 한다. 정상이 저기에서 손짓을 하는데.

일행을 탓하면서 원망하는 소리가 들린다. 하지만 지금 그래봐야 무슨 의미가 있을까. 갑작스러운 눈발은 우리 잘못이 아니다. 갑자기 거센 바람이 몰아쳐온다. 체감 기온이 뚝뚝 떨어지는 게 느껴질 정도다. 마주 본 사람들의 눈빛에서 절망과 분노가 교차한다.

다시 한 번 정상을 본다. 가슴이 아프다. 저곳에 이르기 위해 고생했던 시간들이 너무도 아깝다. 눈발이 차츰 굵어진다. 산자락이 하늘과 맞닿은 곳을 보니, 이제 곧 해가 저물 것이다. 이러고 있을 때가 아니다. 상황이 바뀌었다면 우리는 그 상황에 맞춰 목표를 바꾸어야만 한다.

지금부터는 내려가야 한다. 지금 당장 내려가야 살아남을 수 있다.

올라가는 것은 승리하기 위함이었다. 그러나 내려가는 것은 다르다. 내려가는 것은 '살아남기 위함'이다. 내려가는 길을 내려다본다. 왜 이렇게 가파르고 험난한 것인가.

안전한 길을 찾아서 지금부터 내려가자. 하산에 억울해하지 말자. 일단은 내려가야만 한다. 그래야 다시 올라올 수 있다.

울타리를
믿지 마라

평균 100 대 1이 넘는 경쟁률을 뚫고 대기업에 입사한 홍씨. 왜 대기업을 선택했느냐는 질문에 이렇게 대답한다.

"안정적이잖아요. 회사가 잘못될 가능성은 적고, 급여나 복리후생 수준은 높고 말이죠. 대기업은 기회가 많습니다. 해외 지사에 나가 근무해볼 수도 있고, 여러 분야를 거치면서 다양한 경험을 쌓을 수도 있겠죠."

대기업에 입사한, 대기업 취업을 준비하는 많은 젊은이들이 홍씨와 비슷한 생각을 가지고 있을 것이다. 대기업이라는 직장의 가장 큰 매력은 안정성 아니겠는가.

그런데 대기업이라는 커다란 울타리도 더 이상 안전 영역이 아니라면.

생산기지 이전에 따라 일감이 줄어드는 공장 이야기가 아니다. 화이트칼라, 사무직 얘기다.

세계의 인재들과 국내에서 경쟁해야 하는 당신

얼마 전 미국 〈비즈니스위크〉지에 흥미로운 기사가 실렸다.

'젊은 당신이 경쟁해야 할 상대는 주변 친구들이 아니라, 중국과 인도 등 아시아의 인재들이다.'

이 기사는 생산기지 이전에 이어 사무직 분야의 각종 업무마저 매우 빠른 속도로 중국과 인도 같은 저임금 국가로 넘어가고 있다고 강조했다. 아울러 해외 아웃소싱 희생자가 되지 않으려면 끊임없는 자기계발이 필요하며, 직업을 선택하는 데 신중해야 한다고 전했다.

미국의 상당수 대기업들에게 아웃소싱은 그다지 혁신적인 일이 아니다. 데이터센터와 콜센터를 앞 다퉈 인도로 옮긴 데 이어 재무, 회계, 인사, 교육업무까지 아웃소싱으로 돌리고 있다.

재무 회계 및 인사 업무도 컨설팅 회사의 자문을 거쳐 원칙을 정해놓으면, 인도에 있는 전문가들이 알아서 처리해준다. 관리자들은 기준에 맞춰 데이터를 입력하거나 직원을 평가하기만 하면 된다. 교육 역시 온라인으로 이뤄진다.

해외 아웃소싱은 이제 전문적인 영역까지 광범위하게 이뤄지고 있다. 월스트리트의 금융전문가들은 데이터베이스 분석을 할 때 인도에 있는 전산센터 인력을 활용해 조사하고 그 자료를 기초로 업무를 진행한다.

아웃소싱 붐은 법률 분야까지 파고들었다. 미국 로펌들은 인도에 있는 변호사들에게 판례 조사 및 문서 초안 작성까지 맡긴다. 인도 변호사들은 전산센터의 각종 자료를 활용해 기초 작업을 마치고 미국 변호사들에게 보내준다. 미국 변호사들은 이를 바탕으로 변호를 하거나 법률문서 작성 등 부가가치가 더 높은 일을 하게 된다.

미국뿐이 아니다. 일본도 정보기술(IT) 분야를 중심으로 해외 아웃소싱을 대거 확대하는 추세다. 회의를 마친 도쿄 본사 직원이 작업지시서를 베이징으로 보내면 현지의 중국인 직원이 이를 처리한다. 중국인 직원은 영어와 일본어에 능통하다. 의사소통 문제로 작업에 차질을 빚는 일은 좀처럼 없다.

홍씨에게 미국과 일본의 아웃소싱 추세를 설명해주고 우리나라에 미칠 영향에 대해 질문해보았다.

"글쎄요. 공장이야 중국으로 많이 옮겨갔다지만, 화이트칼라 업무는 그렇게 하기 어려운 것 아닐까요. 더구나 우리에겐 높은 장벽이 있잖아요. 언어 장벽 말입니다. 영어나 일본어까지는 가능하겠죠. 하지만 중국이나 인도 업체들이 어떻게 한국어로 서비스를 해줄 수 있겠어요?"

내 생각은 다르다. 영어 배우기 열기가 날이 갈수록 뜨거워지는 데는 분명한 이유가 있다. 능동적으로 보자면, 세계 어디를 가더라도 의사소통을 할 수 있는 사람이 되어야 한다는 것이다. 그러나 수동적으로 보자면, 살아남기 위한 것이다. 영어를 할 줄 알아야 해외 아웃소싱 업체와 업무협조를 할 수 있으니까.

지금 각 대학에는 유학생들이 넘쳐난다. 중국을 비롯한 아시아에서 온 학생들이 대부분이지만 동유럽은 물론 남미에서 오는 경우도 늘고 있다. 이들이 한국에서 공부를 마친 뒤 자기들 나라로 반드시 돌아간다고 보장할 수 있을까. 국내 대기업에 취직하기 위해 이들과 경쟁을 벌일 날이 머지않았다.

대기업이라고 해서 더 이상 튼튼한 성벽으로 둘러싸인 요새일 수는 없다. 비즈니스 프로세스 아웃소싱(BPO)의 파도는 곧 우리나라 대기업들에도 몰아칠 것이다. 비용 절감을 통한 경쟁력 확보를 위해 어쩔 수 없기 때문이다.

이제 우리도 해외 인재들과의 경쟁을 준비해야 한다. 〈비즈니스위크〉는 BPO의 파도를 피하기 위해서는 다음과 같은 직업 선택의 지혜가 필요하다고 제시했다.

먼저 해외 아웃소싱을 피할 수 있는 직업군을 택하는 것이 중요하다. 전기 기술자나 뇌 전문 외과의사 등과 같이 반드시 현장에 있어야 하는 직업은 아웃소싱이 불가능하다.

차선으로는 고객과의 깊은 신뢰관계 확보, 현지 시장 상황에 대한 광범위한 지식 등을 필요로 하는 전문가 직업도 무난하다. 또한 컴퓨터과학과 생물학 복수전공, 또는 법학과 국제경영 복수전공 등을 통해 저임금 국가에서 찾기 어려운 복합적인 능력을 확보한 인재로 성장하는 것도 방법이다. 아울러 동일한 직업군 내에서도 가치사슬 상단에 놓인 고부가가치 창출이 가능한 직업을 노리는 것이 중요하다.

퍼즐 조각을 맞춰보자. 기업들은 국내에서도 일자리 상당부분을 비정규직으로 돌리고 있다. 생산직은 물론 사무직으로까지 확산 일로다. 아웃소싱의 일종인 파견 형태 근무도 늘고 있다. 여기에 해외 아웃소싱까지 늘어난다고 생각해보자. 더구나 사무직 직장인들이 선호하는 재무, 회계, 인사, 교육 업무가 모두 해외 아웃소싱으로 대체되고 있다는 선진국 사례를 보면 소름이 오싹 돋지 않는가.

이제 우리는 어쩔 수 없이 인정해야만 한다. 더 이상 안전지대는 없다고.

직장이 튼튼한 요새라고 생각해왔다면, 그래서 그동안 다소 안일하게 살아왔다는 생각이 든다면, 지금 바로 스스로에게 사과하자. 그것이 빙하기에 살아남을 수 있는 위대한 첫걸음이니까.

'나가서 자영업 하면 되지'라던 입버릇을 거둬들이자. 자영업으로, 그것도 직장을 박차고 나가서 성공할 확률은 바늘구멍 수준으로 좁아지고 있다. 자영업은 전혀 다른 생태계다. 쉽게 보고 도전하는 것은 전 재산을 가지고 소각로에 뛰어드는 행위다. 살아남으려면 신중에 신중을 거듭해야 한다.

청년 취업자 수가 급속도로 내리막길을 걸으면서 고용한파 예보는 연일 채용시장을 얼어붙게 만들고 있다. 이런 난국에 '직업을 구하기 힘들면 창업해'라는 말도 현실적으로는 받아들이기 어려운 말로 변질되고 있다. 한마디로 지금까지 경험해보지 못한 혹한기에 잘 '버티기'에 들어간 스타트업계도 비상이 걸렸다. 나름 잘나간다는 소리를 듣던 스타트업도 이제 달콤한 추억에 젖어 살 수 없는 냉엄한 현실 앞에 생존 자체를 고심해야 하는 판국이다. 왜 저렇게 하루아침에 무너지는지 그 이유를 알 수 없을 정도로 순식간에 경제 빙하기의 파고는 높아만 간다.

최근 대부분의 스타트업들도 자금 흐름이 막히면서 신규 투자 유치는 하늘의 별따기만큼 어려워지고 있다. 장기적 비전과 전략으로 인큐베이팅을 거쳐 미래를 내다보는 스타트업들은 거의 없어지고, 모두가 지금 당장 생존을 위한 손익분기점을 따지는 단기 사이클로 급속도로 전환되고 있다. 오늘을 버텨야 내일을 맞이할 수 있기 때문이다. 치솟는 몸값에도 불구하고 앞날을 보장하며 '개발자 모시기'에 공들이던 열풍도 한풀 꺾인 지 이미 오래되었다.

그만한 사람에게는 그만한 이유가 있다

강씨는 자칭 '120세까지 장수할 사람'이다. 욕을 워낙 많이 먹어서 그렇다고 한다. 강씨에게는 매일 꽤 많은 손님들이 찾아온다. 그는 상당한 자산가다. 여러 가지 사업과 투자를 통해 많은 재산을 일구었다. 그는 갑자기 찾아오는 사람을 네 부류로 나누었다.

첫째는 부탁하러 오는 사람. 대개는 자신 또는 친지의 취직 부탁이다. 강씨가 벌여놓은 사업이나 투자처에 일자리가 있다면 써달라는 것이다. 이른바 사돈의 팔촌까지 꾸준하게 찾아오지만 부탁을 들어준 적은 없다.

부탁으로 받아들인 사람은 내보내기가 어렵다는 것이 강씨의 철학이다. 그러나 강씨는 부탁하러 찾아오는 사람들을 '건실한 방문객'으로 꼽는다. 일을 하고 그 대가를 받아가겠다는 것이니 그나마 사람됨이 됐다는 것이다.

두 번째 부류는 뭔가를 팔러 오는 사람들이다. 친인척이나 선후배들이 이에 해당한다. 금융상품부터 공기청정기, 생수에 이르기까지 온갖 사람들이 찾아와서 강씨를 설득하려고 한다.

그는 팔러 오는 사람들에게 컴퓨터로 검색한 화면을 들이민다고 한다. '여기는 이 가격인데, 그 가격은 왜 그렇게 비싸냐'고 따지는 것. 주변 사람들로부터 '여유가 있으니까 그 정도 바가지는 써주어야 하는 것 아니냐'는 핀잔을 듣기도 한다. 이에 대한 강씨의 반응. "그러면 돈 좀 있는 사람들은 매일 바가지만 쓰고 살아야 한단 말이냐." 자선과 거래는 엄밀히 구분되어야 한다고 그는 주장한다.

세 번째 방문객 부류는 빼앗으러 오는 사람들이다. 사업 기회를 빙자한 사기꾼들이다. 별의별 사람들이 다 찾아온다. 부동산에 투자하라고 찾아오는 정도는 애교다. 회사를 팔겠다거나 언론매체를 인수해달라는 제안까지 다양하다. 수법이 날이 갈수록 첨단화, 지능화되고 있어서 잠깐 혹하는 사이에 피해를 입는 경우가 있다. 강씨 주변에도 상당 금액을 날린 사람이 있다고 한다.

마지막은 배우겠다면서 찾아오는 사람들이다. 학교 후배나 옛 직장 후배들이 대부분이다. 하지만 요즘은 이런 사람들이 찾아와도 바쁘다는 핑계로 만나주지 않는다. 후유증과 마음고생이 컸기 때문이다.

몇몇 후배들의 요청을 받아들여 계모임을 만든 것까지는 좋았다. 한 달에 두 차례 모여 후배들과 이야기를 나누겠다는 취지였다. 일종의 멘토 역할을 맡은 것이다. 그런데 모임 분위기가 조금씩 바뀌기 시작했다. 후배들이 강씨의 가르침에 반기를 든 것이다. 미묘한 신경전이 오가면서 사이가 벌어지고야 말았다.

이를테면 이런 식이었다. "요즘 어떤 투자에 관심이 많냐"는 질문에 "엔화 가치가 오를 것으로 보기 때문에 엔화를 많이 샀고, 실물자산에 투자하는 펀드에도 가입했다"고 대답했다. 후배들은 "그런 투자는 부자들이나 가능한 것이니까 우리 같은 샐러리맨도 쉽게 할 수 있는 것을 가르쳐달라"고 했다. 강씨가 자신의 초창기 시절 이야기를 꺼냈더니 후배들 반응이 좋지 않았다. "그런 건 다 아는 얘기이고, 요즘 써먹을 수 있는 게 아니다"는 것이었다.

강씨는 마음에 상처를 받았다. 기껏 호의를 보여주었더니 찬물을 뒤집어쓴 느낌이었다. 강씨는 이렇든 저렇든 자신은 욕을 먹을 수밖에 없는 팔자란 것을 그때 직감했다고 한다.

빙하기는 위기와 난국이 상존하고, 시련과 역경이 앞을 가리는 시기다.

빙하기를 건너는 가장 기본적인 지혜는 방향 감각을 잃지 않는 것이다. 당황하지 말자. 어느 방향으로 가야 하는지 두 눈을 들어 볼 수만 있다면 길에서 만나는 수많은 변수와 복병을 즐거운 여행 동반자로 만들 수 있다.

남이 걸어간 길에서는 나를 위한 기회를 만날 수 없다. 그것은 쉬운 길이기 때문이다. 따라가는 길에서는 도전의 즐거움도, 야망의 꿈도 만날 수 없다.

우리는 모순을 발견할 것이다. 나 혼자라는 위태로움과, 나 혼자만의 길을 간다는 즐거움. 하지만 상상해보라. 이런 역설의 여정에서 인생 역전의 감동이 탄생하는 것이다.

내려가는 길은 또 다른 발견이다. 올라올 때와 전혀 다른 길이 펼쳐진다. 가파르고 위협적인 내리막들. 그 내리막을 한 걸음씩 옮기며 우리는 자신을 되돌아본다.

'올라올 때는 왜 못 보았을까. 왜 내려갈 생각을 미리 못했을까.'

늦지 않았음을 다행으로 여기면서 주변을 둘러본다. 올라올 때는 구경꾼이었다. 하지만 내려가는 우리는, 관찰자다. 살아남기 위해 주변의 사소한 변화에도 신경을 곤두세운다.

눈이 쌓이자 길의 자취가 사라지기 시작한다. 큰일이다. 다시 올라가서 큰 안목으로 살펴본다. 길의 흐름을 파악한다. 높은 곳에서 길을 잃었을 때는 위로 올라가는 것이 좋다. 초보자들은 당황해서 쫓기듯 내려가는데, 이는 매우 위험한 선택이다. 다시 올라가서 살펴본 다음, 전체 윤곽을 잡는 것이 우선이다.

다시 강씨 이야기.

그는 "남의 성공은 남의 성공일 뿐, 내 성공의 정답이 될 수는 없다"고 단언한다. 우리가 남의 성공을 발견했을 때, 그 성공은 이미 과거형이라는 것이다.

따라서 과거형이 된 성공을 이제부터 뒤쫓아봐야 과연 자신의 성공으로 이어지겠느냐 하는 것이다. 대다수 실패가 이런 착시 현상에서 시작된다고 한다.

그는 목표를 이룬 사람들 이면에 무엇이 있었는지를 보는 안목을 가져야만 비로소 벤치마킹(benchmarking)을 넘어서 패스 브레이킹(path breaking)을 제대로 할 수 있다고 강조한다. 벤치마킹만 해서는 성공한 사람이나 기업을 따라잡을 수 없다. 그들이 성공한 이유는 당시의 시대적 상황과 조건이 그들이 성공할 수밖에 없도록 뒷받침해주었기 때문이다. 남들이 걸어가지 않은 길을 걸어가는 방법은 그 누구에게도 배울 수 없다. 스스로 길을 걸어가면서 시행착오도 겪고 판단착오도 줄이면서 몸으로 익혀야만 알 수 있다.

많은 사람들이 배를 보면서, 물 위에 떠 있는 부분으로만 전체를 가늠한다. 보이는 것만이 전부라고 믿어버리는 것이다. 그러나 배를 움직이는 주요 부분은 물속에 잠겨 있어 눈에 보이지 않는다.

눈에 보이는 것이 다가 아니다. 이면의 흐름을 읽을 줄 알아야 한다.

안 풀리는 사람은 10분만 대화를 나누어봐도 알 수 있다. 주변 사람들을 떠올려보자. 그런 사람들이 어떤 공통점을 가지고 있는지 우리는 알고 있다. 부정적인 말 일색이고 말끝마다 한탄이다. '그런 게 되겠어?', '쉽지 않을걸?', '다 그런 거지 뭐.' 사용하는 언어에 긍정과 희망과 용기가 없다. 대신 부정적인 생각으로 점철되어 절망과 한탄이 뒤섞여 있다.

생각은 언어라는 옷을 입고 밖으로 나간다. 생각이 말을 만들고, 말이 행동을 만든다. 그리고 행동이 인생을 바꾼다. 사람이 그만한 데는 그만한 이유가 있는 것이다.

그들은 누군가가 방향을 가르쳐줘도 미적거린다. 상대의 호의를 의심하며 저울질한다. 온갖 핑계를 대며 게으른 자기를 합리화한다. 새로운 기회가 다가와도 그것의 부정적인 측면만 보려 한다. 쉽고 간편한 것만 찾으려 한다. 부자가 된 사람들의 성공과 성취, 그 결과에만 도취되어 그렇게 되기까지의 과정을 배우려고 하지 않는다. 모든 성취 결과는 파란만장과 우여곡절이 이루어낸 사회역사적 합작품이다. 부정적인 사람들은 마침내 자기가 놓친 기회를 뒤늦게 깨달아도, 그것을 호의를 보였던 상대방 잘못으로 돌린다.

세상에는 부정적인 사람들이 긍정적인 사람들에 비해 훨씬 많다. 그래서 누군가를 칭찬하는 이야기에 비해 누군가에 대한 험담이 몇 배, 몇 십 배는 많은 것이다.

• 끊어내기 전에 점검해야 할 것들 •

01. 건강

혹한에 대비해 건강부터 점검하자

02. 가족

사랑하는 가족들은 괜찮은지 대화하며 점검하자

03. 인연

끊어지거나 뚫린 곳은 없는지, 인맥의 울타리를 점검하자

04. 자산

현재 보유자산과 미래를 위한 설계 자산을 정확히 점검하자

05. 능력

직(職)이 아닌 업(業)의 관점에서 강점과 약점을 점검하자

06. 경험

좌정관천(坐井觀天)의 오류에 빠져 있지 않은지 점검하자

당신에게

절실한

'끊는 연습'

2부

바로 지금
항복을
선언하라

어니스트 섀클턴을 기억하는가. 지난 1000년간을 통틀어 가장 위대한 탐험가 중 한 명으로 꼽히는 영국인.

1914년 8월, 섀클턴과 대원 27명은 영국 정부 후원 아래 세계 최초로 남극대륙 횡단에 나섰다. 그러나 6개월 후인 1915년 1월, 목적지를 불과 150킬로미터 앞두고 탐험은 실패로 돌아간다. 탐험선은 부빙(떠다니는 얼음덩이)에 갇혀 옴짝달싹못하게 되고, 탐험대는 숨통을 조이는 추위, 그보다 더욱 소름 끼치는 절망과 맞부딪히게 된다.

빛이 사라지고 어둠이 왔다. 5월 초 마지막 해가 사라지고 79일 암흑의 시간이 흘렀다. 극지역의 겨울은 해가 뜨지 않는다. 남반구의 계절은 북반구와 반대다. 그들은 칠흑 같은 겨울이 계속되는 기간, 얼음에 갇힌 배에서 열 달이나 버텼다.

　11월, 여름이 오자 얼음이 녹으며 부서진 배는 가라앉기 시작했다. 시간이 없었다. 탐험대는 살아남기 위해 결단을 내려야만 했다. 새클턴이 대원들에게 외쳤다.

　"살아남는 데 필요한 것만 빼고 모든 물건을 버려라! 각자 소지품은 일인당 2파운드(907그램)로 제한하겠다."

　대원들은 새클턴의 명령에도 우왕좌왕했다. 도저히 버릴 수 없는 소중한 것들이 너무도 많았기 때문이다. 포기하고 또 포기해도 2파운드 이내로 맞출 수 없었다. 그들을 지켜보던 새클턴이 품속에서 뭔가를 꺼내 바닥에 떨어뜨렸다. 탐험대원들은 척 보고도 그것이 무엇인지 알 수 있었다. 그것은 새클턴이 애지중지하던 금으로 만들어진 담배 케이스였다.

욕심에 졌음을 인정하라

　김씨는 줏대 없이 아내 의견에 따라간 것을 후회했다. 그는 나날이 비관적으로 흐르는 분위기에 밤잠을 이루지 못하고 뒤척거렸다.

　재작년에 아내가 '아파트를 사자'고 성화를 했을 때, 그는 내집 장만을 해서 이사를 가자는 것인 줄 알았다. 그런데 그게 아니었다. 아내의 주장은 그간 모은 돈에 융자를 조금 받으면 학군 좋은 지역의 소형 아파트를 전세를 끼고 살 수 있다는 것이었다. 김씨는 내 집 장만이 우선이라면서 아내의 주장에 반대했다. 하지만 밤마다 이어지는 아내의 잔소리 공격을 당해낼 재간이 없었다.

"내 친구가 작년에 샀는데 벌써 수 천만 원이나 올랐대. 근처 재건축 때문에 전세 들어오는 사람도 많고. 하여간 그 동네가 앞으로 유망하다니까 이 기회에 한 채 사자."

그래서 샀다. 아내는 그 이후 매일 인터넷으로 시세를 확인하면서 자화자찬을 즐겼다.

"이것 봐. 벌써 300만 원이나 올랐잖아. 어라! 전세 시세도 뛰었네. 다음에 전세 받을 때는 넉넉하게 올려 받아야겠어."

부모님을 모셔야 하는 김씨로선 그런 소형 아파트를 구입한 것을 '내 집 장만'으로 인정할 수 없었다. 그러나 한편으로는 아내 말을 듣기를 잘했다는 생각이 든 것도 사실이었다. 좋은 동네니까 아파트 값이 한참 오르면 나중에 처분해도 든든한 재산이 될 것이라고 믿었다. 생활비를 극한으로 줄여 은행 빚을 모두 갚았다. 그런데 얼마 전 세입자로부터 전화가 왔다. 전세금을 낮춰주지 않으면 이사를 가겠다는 것이었다. 부동산 시장이 얼어붙었다더니 전세 값도 떨어진 모양이라고 생각했다. 그래서 '얼마나 내려주면 되겠느냐'고 물었더니 터무니없는 대답이 나왔다. 나도 전세 세입자인데, 이 사람은 지나치다 싶었다. 홧김에 '이사를 가라'고 했다.

주말에 아내와 함께 그 동네 부동산을 돌았다. 부동산 업자들 이야기는 하나같이 비관 일색이었다. 전세를 내놓으면서 아내와 말다툼을 벌였다.

김씨의 주장은 "요즘 시세의 중간쯤에 내놓아야 한다"는 것이었고, 아내 주장은 "로열층인 데다 수리도 되어 있으니 최고 시세가 아니면 안 된다"는 것이었다. 그러나 아내는 부동산 업소를 돌면서 슬슬 기가 빠졌고, 결국 김씨가 원하는 가격으로 새 세입자를 구하기로 했다. 하지만 새로운 세입자는 나타나지 않았다. 간혹 관심을 보이는 사람도 있었지만, 인근에 새로 지어진 아파트 쪽으로 마음을 돌리곤 했다. 조금 더 얹어주면 같은 크기의 새 아파트에 전세를 얻을 수 있는데 낡은 아파트를 고집할 이유가 없었다.

어느새 계약기간이 만료되었고, 세입자가 '전세금을 반환하지 않으면 소송을 벌이겠다'는 내용증명을 보내왔다. 한동안 잠을 이루지 못하던 김씨는 마침내 결심을 했다. 전세 금액을 말 그대로 '후려'쳤다. 그제야 세를 들겠다는 사람이 나타났다. 모자라는 돈은 다시 은행 융자를 받았다. 그사이 금리가 치솟아 부담이 크게 늘어났지만 어쩔 수 없는 일이었다.

세입자가 바뀌는 날, 김씨는 안도의 한숨을 쉬었다.

"저는 그나마 늦지 않았더군요. 지금 내놓는 사람들에 비하면

천만 다행이지요. 빨리 포기하길 잘했어요. 은행 돈 다시 갚을 생각하면 답답하지만, 그래도 다시 발 뻗고 자게 된 게 어딥니까?"

섀클턴이 가장 먼저 포기한 것은 금으로 만들어진 담배 케이스가 아니었다. 탐험선 '인듀어런스 호'였다. 세계사에 길이 남을 위대한 생존 기록에 '인내'를 뜻하는 'endurance'란 배 이름이 등장하는 것도 재미있는 대목이다.

탐험선 포기는 곧 항복 선언이었다. 자연의 완고한 고집에 완전히 패배했음을 인정하는 것이었다. 만일 섀클턴이 항복을 선언하지 않고 좌초한 배를 구하려고 끝내 매달렸다면, 그와 탐험대원 27명 모두가 목숨을 구하지 못했을 것이다.

섀클턴 역시 갈등을 했을 것이다. 항복 선언은 자칫 희망을 포기하는 것으로 비쳐질 수 있었다. 하지만 그는 살아남기 위해 항복하기로 결심했고, 대원들에게 명령했다. 섀클턴의 항복은 지금까지도 끊임없이 되새겨지는 대표적인 위대한 결정으로 전해진다.

재난의 성격에 대해 우리는 빨리 정의를 내려야 한다. 지금 상태에서 극복할 수 있는 것인지, 아니면 어쩔 수 없음을 인정해야 하는 것인지. 그래서 어찌할 수 없는 것으로 판단된다면, 우리는 속히 백기를 올려야 한다.

빨리 포기하지 않고 머뭇거리면 강력한 유혹이 다가온다.

'버텨보지 그래? 조금만 버티면 끝날 것 같은데.'

우리는 위기가 금방 끝나지 않을 것임을 이미 알고 있다. 그런데도 욕심 때문에 머뭇거리다가 악순환의 고리에 말려든다. 사기를 당하는 사람들이 그 분야에 문외한이고 바보라서 눈 뜨고 당하는 것이 아니다. 욕심과 집착이 그들의 눈을 멀게 한다. 사기인 줄 뻔히 알면서도 덫에 걸려 발을 빼지 못한다.

사람들은 위만 바라보고, 위를 향해 오르는 데 익숙해져 있다. 빨리 오르는 것이 성공이라고 믿는다. 어쩔 수 없이 내려가야 할 때가 있다고는, 상상도 하기 싫어한다.

오랫동안 성공을 지속하는 사람들을 보라. 그들이 언제나 꼭 대기에 있었던 것은 아니다. 그들은 오르는 데도 익숙했지만, 내려가는 데도 탁월했다. 내려가야 할 시기가 오면 두말없이 받아들이고 성큼성큼 걸어 내려갔다. 남들보다 일찍 내려갔기 때문에 충분히 쉬고 다시 오를 수 있었다. 그래서 남들보다 빨리 올라 정상에 도달했다.

맞설 수 없을 때는 빨리 포기해야 한다. 성공은, 역설적이게도 포기로부터 시작된다. 이 세상에서 가장 불행한 사람은 좋아하지만 잘할 수 없는 일을 붙잡고, "절대로 포기하지 말라"는 말을 절대적으로 믿고 절대로 포기하지 않는 사람이다.

2012년 사하라 사막 울트라 마라톤 250킬로미터에 도전했다가 완주를 못하고 3일째 되는 120킬로미터 지점에서 백기를 들고 레이스를 포기한 적이 있다. 절대로 포기하지 말라는 말을 믿고 한계에 도전했다가 사람이 죽을 수 있다는 사실을 몸으로 겪어본 이후, 나는 소중한 체험적 지혜를 깨달았다. 한계는 책상에서 알 수 없고 오로지 한계에 몸으로 도전해봐야 알 수 있다는 사실을.

한계는 머리의 언어가 아니라 몸의 언어다. 몸으로 겪어보지 않으면 알 수 없는 체험적 깨달음의 언어가 몸의 언어다. 몸의 언어로 무장한 사람은 현실적으로 다가오는 위기를 감지하는 능력이 탁월하다.

관념적 지식으로 현실을 재단하고 평가하기 전에 몸으로 겪으면서 생긴 신념과 체험적 지혜를 믿어야 한다. 지금 우리가 겪고 있는, 아니 더 심각한 경제 빙하기로 돌입할 가까운 앞날도, 기존 지식으로 평가하고 예측해서 미리 조치할 수 있는 가능성은 희박하다. 다만 기존에 하던 방식대로 살아가거나 사업을 해서는 우리 모두가 망할 수 있다는 사실만은 분명하다.

과거부터 버려라

전씨는 얼마 전 독립을 했다. 집에서 나와 회사 근처에 오피스텔을 얻었다. 출퇴근하는 데 오래 걸려서 힘들다는 등 갖가지 핑계를 댄 끝에야 목표를 달성할 수 있었다. 할아버지와 아버지의 반대가 거셌다. 그럴수록 의지가 더욱 불타올랐다.

사실 그녀가 독립을 결심한 것은 할아버지와 아버지 때문이었다. 할아버지와 아버지의 옛날이야기를 들을 때마다 기분이 가라앉는 것을 견딜 수가 없었다.

할아버지는 수시로 북에 두고 온 재산을 이야기했다. 전씨가 달달 외울 정도였다. 말을 타고 돌아야 집을 제대로 볼 수 있다, 소작인과 식솔을 합하면 천 명이 넘었다는 둥. 그게 사실인지 확인해줄 사람은 아무도 없다.

아버지는 아버지대로 장사로 성공하던 시절을 음미했다. 종로 귀금속시장 바닥에서 전모 사장을 모르는 사람은 간첩이었다, 내 호령 한마디에 우리나라 금값이 오르내렸다는 둥. 어머니는 그렇게 잘살았으면 우리 집 살림이 왜 항상 이 모양이었겠느냐고 한다.

'옛날에' 타령을 처음 들었을 때는 자랑스러웠다. 옛날에는 우리 집이 그렇게 대단했다고 하니 어깨에 힘을 줘도 될 것 같았다. 하지만 자꾸 듣다 보니 그게 아니었다. 좋았던 옛날이야기가 현실에 대한 불만으로 이어지고, 마침내는 비탄으로 끝맺음한다는 것을 경험을 통해 깨닫게 되었다.

"집안 분위기 때문일 거예요. 누구를 만나든 '내가 왕년에'를 꺼내는 순간, 그 사람에 대한 신뢰 점수로 빵점을 줍니다. 실제로

도 일을 하면서 '왕년에'를 들먹거리는 사람치고 도움 되는 사람을 못 봤거든요."

그녀는 집안을 통해 들어오는 맞선에도 절대 나가지 않는다. 거의가 '왕년에' 뭔가를 했던 집안 아들이다. 그런 사람들은 현재에 주눅 들어 있는 경우가 많았다. 미래에 대한 비전 역시 기대할 수 없다. 과거의 언어에 젖어 사는 사람들을 꼰대라고 한다. 입력은 고장났는데 출력은 날이 갈수록 더 많아지는 사람이 바로 꼰대다. 꼰대에게 과거 성공했던 체험은 다른 미래가 와도 여전히 애지중지하는 금과옥조 교훈의 보고(寶庫)다.

오늘날을 살아가는 우리들에게도 섀클턴의 탐험선만큼이나 버리기 힘든 것이 있다.

과거다. 과거가 발목을 잡는다.

좋았던 시절의 기억은 수시로 떠오른다. 과거는 추억이다. 추억은 좋지 않았던 과거마저 탈색시켜 우리를 웃음짓게 한다. 남자들이 곧잘 하는 군대 이야기가 이런 범주다. 술자리의 남자들을 살펴보라. 모두가 군대에서 상급자를 약올리며 편안한 내무생활을 만끽하다가 제대를 했다. 그러다가 고생담으로 주제가 바뀌면 카멜레온처럼 과거의 색깔이 바뀐다. 이 세상 고생은 혼자 다 했다는 식이다.

추억은 마취제일 뿐이다. '왕년에'는 현실에 대한 관점을 왜곡

시킨다. 마음속에 이상화시킨 과거를 현실과 비교한다. 현실이 이길 수가 없다. 그래서 언제나 과거는 선이고, 현실은 악이다. 하지만 과거를 찬양하며 현실에 불만을 토로해봐야 현실은 바뀌지 않는다. 더욱 멀어질 뿐이다.

우리는 과거부터 버려야 한다. 섀클턴이 배를 포기한 것과 마찬가지로.

정상을 향해 희망의 발걸음을 옮기던 기억을 놓아둔 채 내려가야 한다. 과거의 희망은, 지금의 족쇄가 될 수도 있다. 목표가 바뀌었다. 과거에는 산꼭대기에 오르는 것이었지만, 지금은 안전하고 빠르게 산 밑에 도착하는 것이다.

과거에는 속도와 능률복음을 먹고 살았다. 목표 달성과 성과가 조직의 최고선이었다. 더 많은 목표를 더 빨리 달성하는 사람에게 승진이 보장되고 미래가 보장되었다. 하지만 지금은 달성과 도달보다 달성과 도달에 이르는 여정에서 느끼는 밀도감이 속도감보다 더 소중한 미덕이다. 꿈과 희망은 언제든 바뀔 수 있는 것이다.

꿈도 책상에서 머리로 꾸는 게 아니다. 희망도 멀리 있을 때 밤하늘의 별처럼 더 빛나 보인다. 이제 행복한 생활을 보장받기 위해서는 우선 생존 자체를 확보해야 한다. 생존 없는 생활은 불가능하기 때문이다. 절망도 희망으로 바꿀 수 있는 처절하면서도 간절한 노력이 지금 여기서 바로 이루어질 때다.

버려야 얻는다

경제 빙하기에 대해 이야기를 나누던 친구로부터 일주일쯤 지나 전화가 왔다.

"새클턴처럼 버려야 살아남는다는 말이 맞는 것 같다. 집에 들어가서 둘러보니까 버릴 것들 천지인 거야. 몇 년째 입지 않는 옷들에, 자리만 차지하는 책들, 빨래 건조대로 쓰이는 운동기구 같은 것들 말이야."

그는 가족 총동원령을 내렸다. 아내와 아이들 모두가 버려야 할 것들을 골라냈다. 하지만 아내가 미심쩍었다. 옷장을 열어보니 여전히 가득한 옷들. 몸에 맞지도 않고 유행도 지났는데 '혹시나 해서 남겨두었다'는 아내의 말. 하나하나 꺼내어 살펴보고 밖으로 집어던졌다.

가족은 쓰지 않는 것들을 버리고 구석구석 청소를 했다. 집안에 쌓인 것들이 사라지자 오랜만에 바닥을 드러낸 곳도 있었다. 틈틈이 자리 잡고 있던 먼지가 말끔하게 사라졌다. 아이들의 알레르기 비염 증세도 호전되었다.

며칠 전에는 장인 장모가 다녀가셨다고 한다. 친구는 장인 말씀에서 새로운 깨달음을 얻었다고 했다. 장인 말씀은 이런 내용이다.

"그래. 그렇게 정기적으로 자주 버려야 해. 빈손이 큰손이라고 하잖아. 손이 비어야 새로운 걸 얻을 수 있지. 쌓아둔 것에 연연해하며 못 버리는 사람치고 잘 풀리는 사람을 내 평생 보지 못했어. 그리고 양손에 물건을 들고 있으면 다른 사람을 도와줄 수도 없고 말이야. 기회란 자주 비워주어야 생기는 법이야."

친구는 집안을 정리하면서 나온 책이며 옷가지, 가전제품 가운데 깨끗한 것들을 따로 모아 복지단체에 실어다주었다. 가슴이 답답하다면 집안부터 둘러보는 것이 어떨까. 버릴 것들을 정리하고 나면 새로운 기분을 느낄 수 있을 것이다.

새는 뼈의 안쪽이 비어 있다. 뼛속까지 비워냈기 때문에 높이 날 수 있다. 나무는 가지치기를 해주어야 한정된 에너지를 집중시켜 더 풍성한 꽃을 피우고 튼실한 열매를 맺는다. 강물도 자신을 버려야 바다에 도달할 수 있다.

물리적인 짐만이 아니다. 마음속 짐까지 버리고 비워야 다른 것을 받아들일 준비가 된다. 다른 패러다임의 세계에서 살아남기 위해서는 지금 갖고 있는 것, 익숙하고 습관적인 것, 당연하고 상식적인 것들을 다른 눈으로 바라봐야 한다.

고성장 시절에 대한 미련을 버려라

문씨 가족이 회의를 했다. 문씨는 아내와 두 딸에게 당면한 문제에 대해 설명을 해주었다. 여윳돈 가운데 가장 많이 들어간 펀드가 반토막이 났다. 아빠 회사 사정도 어려워졌다. 한마디로 비상사태라는 것.

문씨는 가족들에게 약속을 했다. 회사 업무 관련 이외에는 골프 약속을 잡지 않기로 했다. 저녁 약속도 불가피한 것 빼고는 피하도록 했다. 집에 일찍 들어와서 영어와 일어를 공부하겠다고 했다.

엄마도 반성을 했다. 펀드 수익률이 한창 좋을 때, 과욕을 부리다가 기회를 놓친 책임을 인정했다. 친구들과 어울려 백화점에 가지 않기로 했으며, 대형 마트에서도 카트 쇼핑을 하지 않고 조금씩 사오겠다고 했다. 옷 투정도 무기한 중단하겠다고 했다. 그러나 건강을 위해 에어로빅은 계속 다닐 것이라며 양해를 구했다.

첫째 딸은 커피 전문점의 비싼 커피를 마시지 않겠다고 약속했다. 명품 가방을 사기 위해 돈을 모았지만 구매를 보류하기로 했다. 둘째 딸은 집안 형편이 좋아질 때까지 노트북 컴퓨터를 사주지 않아도 좋다고 했다. 문씨 가족이 내린 결론은, 회사로 치면 '비상경영계획'과 마찬가지다. 생활 구조조정을 통해 당면한 어려움을 헤치고 나가겠다는 의지다.

문씨는 대기업 임원이다. 23년 전 입사해 다양한 경력을 쌓으며 임원 위치까지 올랐다.

"여기저기 다니다 보면 '옛날이 좋았지'라는 말을 자주 듣습니다. '옛날에는 장사가 잘됐다'라거나 '옛날에는 지금처럼 세금도 많이 안 거두어갔다'는 푸념들이죠. 관점에 따라 옳은 말일 수도 있죠. 그렇지만 상황이 바뀐 것을 간과해선 안 됩니다."

그는 "지금 같은 시기에 살아남으려면 가장 먼저 고성장 시절에 대한 미련부터 버려야 한다"고 강조한다.

80~90년대 한국은 마치 지금의 중국 같았다. 두 자릿수 성장률을 기록한 해가 네 차례나 있었다. 일부 정치적, 경제적 위기를 제외하고는 대개 6~9퍼센트대 성장률을 기록하면서 여기까지 올라왔다. 하지만 한국은행은 2023년 실질 국내총생산(GDP) 성장률 전망치를 2.1퍼센트에서 1.7퍼센트로 낮췄다. 3개월 전보다 성장률 전망치가 0.4%포인트 낮아진 수치다. 1퍼센트대 성장률은 코로나19 사태가 시작된 2020년(-0.7%), 글로벌 금융위기가 있던 2009년(0.8%)에 이어 2000년대 이후 가장 낮은 수준이다. 한은의 2024년 성장률 전망치는 아시아개발은행(ADB, 2.3%), 국제통화기금(IMF, 2.0%), 신용평가회사 피치(1.9%), 경제협력개발기구(OECD, 1.8%), 한국개발연구원(KDI, 1.8%) 등보다는 낮고 한국금융연구원(1.7%)과는 같다.

고성장 시절은 당연히 지금 같지 않았다. 주식 시장이 활황을 보였고, 건설 경기가 좋을 때면 돈이 많이 풀려 영세 상인들에게까지 따스한 온기가 전해졌다. 심지어는 'xx동에서는 강아지가 10만 원 권 수표를 물고 다닌다'는 우스개까지 나올 정도였다.

옛날을 예찬하는 사람들을 가만히 들여다보면, 대개 이 시기와 현재를 비교하고 있다는 것을 알 수 있다. 하지만 과거는 되풀이되는 일이 없다. 설혹 일부 비슷한 양상이 나타날지라도, 과거를 복제하듯 재현하는 일이란 없다.

현재와 같은 양극화 사회에서 고도성장이 재현된다고 해보자. 과연 그 결실이 우리 모두에게 나누어질까. 천만의 말씀이다. 고도성장 시절의 추억은 역사에 넘겨주고, 우리는 눈앞에 닥친 현실에 충실해야 한다.

1953년, 오스트리아 출신 등반가 헤르만 불(당시 29세)은 히말라야의 낭가파르바트(8125미터) 정상에 섰다. 세계 최초였고, 그것도 혼자서 올랐다. 그러나 기쁨은 잠깐이었다. 내려오는 길에 해가 저물고 말았다. 몸을 가볍게 하려고 정상에 도전하기 전 무거운 장비들을 모두 버린 터였다. 장비들을 버린 것을 후회했지만 이미 어쩔 수 없는 상황이었다.

그는 결국 하룻밤을 서서 새우기로 결심했다. 경사가 심한 곳이라서 앉을 곳도 없었다. 히말라야 산중턱에서 눈을 감는다는 것은 죽음을 의미했다. 그는 '죽지 않겠다'를 되뇌면서 밤을 보냈다. 그리고 살아서 걸어 내려오는 데 성공했다.

경제 빙하기에 접어든 지금, 고도성장 시절의 영광에 젖는 것은 히말라야 산등성이에서 선 채로 잠이 드는 것과 다를 바 없다. 우리가 꿈속에서 옛 기억을 더듬는 사이, 저체온증이 스멀스멀 기어 올라와 우리들을 위험으로 내몬다. 그러니 미련을 버리고 깨어 있자.

내려가지
않으면
죽는다

　'아그파(Agfa)'라는 회사 이름을 들어보았을 것이다. 필름 카메라를 써본 사람이라면 이 이름을 쉽게 떠올릴 것이다. 1936년 세계 최초로 컬러 필름을 개발해 세계 필름시장을 주도했던 독일 회사다. 천재 작곡가 멘델스존(펠릭스 멘델스존 바톨디)의 아들이자 화학자인 폴 멘델스존 바톨디를 주축으로 1867년 염료업체로 출발했던 회사.

　전 세계에 2400명의 직원을 거느렸던 아그파가 지난 2005년 역사 속으로 사라진 이유는, 다른 카메라 관련 회사들이 디지털로 말을 갈아타는 시기에도 회사를 만들어낸 핵심 사업을 버릴 수 없다는 일종의 집착 때문이었다. 아그파와 비슷한 운명을 맞은 회사가 미국에도 있다. 폴라로이드사다.

1944년 창업자 에드윈 랜드(Edwin Land)는 세 살짜리 딸의 질문에서 영감을 받았다. "아빠, 왜 사진은 찍은 다음에 바로 볼 수 없어요?" 이렇게 해서 나온 것이 즉석카메라의 대명사 폴라로이드다.

1948년 11월 최초의 폴라로이드가 나왔고, 이것은 그 이듬해 500만 달러의 매출을 기록했다. 폴라로이드는 그 이후 베이비붐 세대의 대표적 '머스트 해브(must have) 목록'에 오르면서 엄청난 인기를 누렸다. 1994년에는 매출 23억 달러에 달하는 전성기를 누리기도 했다.

그러나 폴라로이드는 디지털 카메라에 밀려 급격히 무너졌고, 마침내 미국 내 피터스그룹(Petters Group Worldwide)에 매각되었다. 피터스그룹은 즉석카메라 생산을 중단하고 휴대전화용 카메라 및 디지털 사진 프린터, LCD TV, DVD 플레이어 등으로 사업 영역을 바꾸었다.

아그파와 폴라로이드 사례를 보면, 전통적 사진 관련업계 위기는 디지털 사진 출현에서 시작되었던 셈이다. 니콘이나 캐논, 올림푸스, 코닥, 후지필름 등은 디지털로 방향을 전환해 빙하기 시대의 생존법을 모색했다. 그래서 살아남았다. 일찌감치 디지털을 선언한 캐논은 라이벌 니콘까지 따돌린 채 독주 행보를 거듭하고 있다. 반면 아그파와 폴라로이드는 '정상에서 내려가야 할 때' 내려가지 못했다.

기업도 개인과 크게 다를 바가 없다. 상황이 바뀌었을 때는 재빨리 내려가야 활로를 찾을 수 있다. 아그파와 폴라로이드가 환경변화를 인식하고 재빨리 내려갔다면, 내려가서 다시 시작했다면, 파산이란 운명에 처하지는 않았을 것이다. 하지만 두 회사는 힘들게 오른 정상에서 내려가는 것을 아까워했다.

빙하기를 맞이한 기업들은 '전통과 자부심'마저 버릴 각오를 해야 한다. 전통과 자부심은 기업의 정신적 근간이다. 오늘날을 만든 영광의 표석이다. 또한 조직원들을 하나로 묶는 연대의식의 출발점이기도 하다. 하지만 그것은 이미 과거일 수도 있다.

한때 시장점유율 90퍼센트로 웹브라우저 시장을 장악했던 마이크로소프트(MS)의 인터넷 익스플로러(IE)가 27년 만에 역사 속으로 사라진다고 한다(경향신문, 2022년 6월 15일자 기사 참고).

1995년 8월에 처음 출시된 IE는 윈도95에서 서비스를 제공하기 시작했다. 한때 전 세계에서 가장 많이 쓰인 웹브라우저로 주목받으며 급성장을 거듭해왔다. 2003년에는 점유율이 95퍼센트까지 치솟으며 인터넷 확산을 이끌어왔던 웹브라우저의 주인공이었다. 그러나 보안 취약 문제가 거론되거나 파이어폭스, 크롬 등 경쟁 브라우저가 부상하고 스마트폰 시대가 도래하면서 점차 도태됐다. 이에 MS는 브라우저 시장 탈환을 위해 2015년 IE 대신 엣지를 선보이는 노력을 거듭해왔지만 결국 역사 속으로 사라진 웹브라우저 유물이 되었다.

인터넷 익스플로러도 시장 흐름을 선도하거나 시장 흐름에 부응하는 발 빠른 대응을 하지 못하고 전통과 과거의 성공체험에 젖어 있다가 더 이상 시장지배력을 행사하기 어려워진 경우다.

역사학자 아놀드 토인비는 현자(賢者)는 역사에서 배우고 우자(愚者)는 경험에서 배운다고 했다. 정치권력을 행사함에서 소수집단이 성공체험을 버리지 못하고 그것을 다른 상황에 반복해서 적용하려는 인간의 어리석음을 휴브리스(hubris)라고 한다. 성공체험의 덫에 걸리도록 자신의 현재 위치를 파악하지 못하는 오만이나 자만심을 말한다.

우리들의 경쟁상대는 바깥에 있는 다른 회사가 아니라 내 안에 존재하는 어제의 성공체험이다. 어제 했던 과거의 방식을 버리지 않는 한 나도 모르는 사이에 스스로가 역사적 유물로 전락할 수 있다.

철저한 '버림'으로 우뚝 섰다가 역사의 뒤안길로 사라진 노키아

아그파나 폴라로이드 반대편에 서 있다고 여겨지던 핀란드의 노키아도 주력사업을 버리고 첨단 휴대폰 사업으로 전환해서 성공가도를 달리던 회사 중 하나였다. 휴대폰 메이커 노키아는 핀란드를 '먹여 살리는' 회사라는 칭호까지 얻었었다. 위기와 난국에 빠진 노키아를 구해낸 사람이 요르마 올리라(Jorma Ollila) 회장이다. 1985년에 취임한 그가 처음 내린 결단은 '버리는 것' 이었다. 그는 지난 120년간 노키아를 이끌었던 모든 사업을 포기했다.

요르마는 고무와 제지, 펄프, 가전, 타이어, 컴퓨터 등을 버렸다. 그렇게 사업들을 버리는 와중에 눈에 들어온 것이 이동전화 단말기다. 노키아는 정보통신 인프라 사업으로 과감한 전환을 시도하면서 1998년 미국 모토롤라를 제치고 세계 1위의 휴대전화 제조업체로 등극했다. 이후 2007년 말에는 세계 휴대폰 시장의 40퍼센트를 육박하는 점유율을 기록했고, 핀란드 수출물량의 20퍼센트, 핀란드 국내총생산(GDP)의 약 25퍼센트에 해당할 정도로 엄청난 공룡기업으로 성장했지만, 2013년 마이크로소프트에 인수당하는 불명예를 안게 되었다(한경 the pen 2017년 9월 8일자 기사 참조).

노키아 몰락의 원인은 자사가 보유한 기술을 너무 과신한 나머지 시장변화를 주도하는 첨단 기술에 눈을 감았기 때문이다. 심지어 당시 시장을 장악하던 피처폰 시장에서도 높은 시장점유율에 대한 자만으로 외부 환경 변화에 능동적으로 대응하지 못하는 치명적인 실수를 범했다. 노키아 몰락의 가장 결정적인 이유는 2016년 세계적인 경영학 저널 ASQ의 논문이 밝혀낸 바 있다. 노키아는 혁신이나 기술이 뒤처져서 몰락했다기보다는 조직 내부의 구조적 문제가 발목을 잡았다는 주장이다. 위기를 알고도 각 계층 관리자가 자신의 안위만을 생각하고 살 궁리와 책임 전가만 하느라 제대로 대응하지 못했던 것이다.

20세기 성공 방식으로 21세기에는 성공가도를 이어갈 수 없다는 뼈아픈 교훈을 노키아를 통해서 배운다. 사자성어 중에 수주대토(守株待兎)라는 말이 있다. 어느 날 농사를 짓던 농부 옆 나무 밑동에 토끼가 전속력으로 달려와 부딪혀 죽는 일이 발생했다. 그러자 농부는 그동안 짓던 농사를 그만두고 나무 밑동만 계속 쳐다보는 어리석은 실수를 저지른다. 한 번 와서 부딪혀 죽은 토끼를 보고 다시 또 다른 토끼가 올 것이라는 가정을 버리지 못하는 인간의 어리석음을 지칭하는 말이다.

새로운 기회는 과거의 영광과 그 추억들을 버리는 과정에서 찾아지는 것이다. 보통의 경영자들은 위기에 몰려서도 '주력업종을 어떻게 버리느냐'고 생각할 것이다. 하지만 주력업종마저 다시 생각해봐야 한다. 누가 알겠는가. 지금은 우리의 주력업종이지만 내년에는 나무젓가락 신세가 될지. 폴라로이드가 그랬다. 미국의 내로라하는 증권 전문가들이 '한번 사면 평생 보유해야 할 50개 주식 종목' 가운데 하나로 추천했던 회사. 이런 회사도 주력업종을 고수하다가 망했다.

무조건 주력업종을 포기하자는 얘기가 아니다. 그럴 정도의 각오가 되어야 비로소 버릴 것들을 분간해낼 수 있다는 의미다. 냉정하게 따져보고, 도무지 안 되겠다면 빨리 항복을 선언하자. 지금 항복했다고 해서 우리는 실패한 것이 아니다. 패배를 겸허하게 받아들이고 나면, 길을 발견할 수 있다.

내 잘못부터 인정하라

노씨는 얼마 전 은행에 갔다가 치미는 분노를 참느라 속이 울렁거렸다. 그 직원이 없던 게 다행이었다. 볼썽사나운 꼴을 보일 뻔했다. 지금까지 살면서 이 정도의 막심한 손해를 본 적이 없었다. 그녀는 안전지상주의자다. 한 푼씩 모아서 목돈을 만들었고, 목돈은 정기예금이나 MMF 같은 안전한 곳에만 넣었다.

만기가 된 적금을 찾으러 갔다가 그 직원에게 걸려든 게 시작이었다. 잘생긴 젊은 남자가 생글생글 웃으면서 펀드 가입을 권하는 것이었다. 노씨는 그런 건 하지 않는다고 손사래를 쳤다. 펀드 가입했다가 땅을 치는 사람이 어디 한둘인가.

그런데 젊은 직원은 '이 펀드는 그런 것과 성질이 다르다'고 했다. 다른 펀드들이 크게 손실을 봤지만, 이 펀드는 손실 폭이 비교적 적은 데다 조만간 플러스로 전환될 가능성이 높다는 것이다. 노씨가 경계심을 누그러뜨리자 직원이 모니터를 보여주면서 여러 가지 근거를 제시했다. 그녀는 그래도 펀드에 가입하고 싶지 않았다. 자기 스타일이 아니라는 생각이었다.

하지만 그녀가 정신을 차렸을 땐 벌써 서류작성과 서명 날인이 끝난 상태였다. 통장을 보고는 바로 후회했다. 수수료를 먼저 제하게 되어 있다는 설명이 있더니, 원금에서 수수료를 제한 금액이 통장에 찍혀 있었다. 느낌이 좋지 않았지만 직원이 사은품으로 준 치약 세트를 들고 집으로 돌아왔다.

그 이후의 과정은 굳이 설명할 필요가 없다. 마이너스 폭은 커져만 갔다. 직원은 '조금만 더 기다리면 좋아질 것이며, 다른 펀드들에 비하면 양반'이라며 노씨를 안심시켰다.

마침내 원금이 60퍼센트로 줄었다. 노씨는 손실을 감수하고 펀드를 환매했다. 다른 사람들 얘기를 들어보니 경제여건이 좋아져도 그 펀드가 플러스로 돌아서기는 어려울 것 같았다. 좋은 시절을 모두 넘긴 펀드에 막차를 탄 것이다. 그런 펀드에 왜 가입했는지, 스스로 생각해봐도 신기할 정도였다.

그녀는 집으로 돌아오면서 한숨을 쉬었다. 그 직원에게 분노를 터뜨린들 이제 와서 무슨 소용이 있을까. 그런다고 손해가 메워지는 것도 아니다.

"그 직원이 무슨 잘못이 있겠어요. 윗사람들이 시키는 대로 한 것뿐이죠. 그 직원이 아무리 펀드 투자를 하라고 해도, 내가 안 했으면 이런 일이 생기지 않았을 거예요. 내 잘못이죠. 내가 욕심을 부렸고 도장을 찍었으니까요. 남의 탓 할 게 없어요.”

현재 위기의 진원지는 우리와 관계없는 먼 곳일 수도 있다. 그러나 우리가 면책특권을 가진 것은 아니다. 우리는 욕심에 현혹되었던 스스로의 잘못을 인정해야 한다. 눈앞에 닥친 손실과 후회는 과거 우리들의 선택에 따른 것이다. 순도 100퍼센트의 피해자는 있을 수 없다. 한없는 ‘xxx 때문에’를 잠시 그만두고 스스로를 돌아보아야 한다. 어려움은 언제나 우리의 선택에서 비롯된다.

잘못을 인정한다는 것은, 어려움을 딛고 의연하게 일어설 수 있음을 자신에게 약속하는 행위다.

나무는 낙엽을 버리고 한 시즌을 마감한다. 잎을 버려 새봄의 파릇함을 맞이할 준비를 하는 것이다. 버려야 새봄을 맞이할 수 있다. 나뭇잎은 땅에 떨어지는 것을 두려워하지 않는다.

우리는 빙하기 생존법을 나무에게서 배울 수 있다. 나무는 우리들처럼 과거에 집착하지 않는다. 모든 것을 자연에게 돌려주고 빈손으로 겨울을 난다. 어제를 버려야 오늘을 맞이할 수 있고, 오늘을 버려야 내일로 나아갈 수 있다. 우리는 혹시 양팔로 각각 두 개의 밧줄을 잡고 있는 것이 아닐까. 분명 한쪽을 버려야 다른 한쪽이 힘을 쓸 수 있다.

‘버리고 내려가기’는 상황에 밀려서 어쩔 수 없는, 대책 없는 내려가기가 아니다. 우리는 분명한 목적의식을 품고 내려가고 있는 것이다.

일단 높은 곳에서 낮은 곳으로 내려가야 새로운 세계를 만날
수 있다. 그것이 바다일 수도 있다. 배는 안락한 항구를 버리고
떠나야 대양을 만나는 법이다. 배의 존재 이유는 항구에 정박해
있는 것이 아니다. 거친 파도와 풍랑을 헤치고 큰 바다로 나아갈
때 의미와 가치를 인정받는다.

체면조차 버려라

민씨는 얼마 전 미국으로 떠났다. 그는 친구들과의 환송회에
서 "한국에서는 더 이상 희망이 없으니까 미국에 가서 완전히 새
로 출발하겠다"고 말했다. 민씨는 교포가 운영하는 샌프란시스
코의 대형 한인마트에서 일할 계획이다. 마트에 딸린 숙소에서
먹고살기로 했다.

그는 명문대 출신이다. 대기업 계열사에서 직장생활을 시작
했다. 벤처기업으로 자리를 옮겨 마케팅 이사를 지내기도 했다.
그 이후 명함을 다섯 번가량 바꾸었고, 마침내 자기 회사를 차렸
다. 하지만 1년도 안 돼 간판을 내리고 빚쟁이들에게 쫓기는 신
세로 전락했다.

꿈을 잃은 사람들에게 이민은 마지막으로 시도해보고 싶은 '3점

숏 찬스'로 보일 수도 있겠다. 실제로 많은 사람들이 이역만리 먼 땅으로 떠났다. 그리고 맨손 성공 신화를 쌓아올렸다. 미국이나 유럽뿐이 아니다. 남미 혹은 아프리카를 가도, 튼튼한 뿌리를 내린 자랑스러운 한국인들을 만나볼 수 있다.

그들이 성공할 수 있었던 원동력. 민씨가 미국행을 선택한 이유와 일치한다.

'체면을 버렸기 때문이죠.'

미국 뉴욕 부근(뉴욕, 뉴저지, 코네티컷)에는 약 6,000여 개의 세탁업소가 있는데, 이 가운데 5,000여 개가 한인 소유다. 세탁소 사장들 중 상당수가 대졸 이상의 고학력자들이다. 1980년대 말 남캘리포니아 근처 세탁업소의 80퍼센트를 한인이 운영했지만 코로나 펜데믹 영향으로 60퍼센트까지 줄어들었다고 한다.

한국인들이 미국 세탁소 시장을 장악한 데는 그만한 이유가 있다. 악착같은 근성과 부지런함 덕분이다. 아침 7시쯤이면 문을 여니까 출근 전에 옷을 찾거나 맡기기가 쉽다. 손재주도 좋아서 대충 해주는 법이 없다.

민씨 역시 나중에 돈을 모으면 세탁소를 차리는 것이 꿈이라고 말한다. 그는 "미국 세탁업계를 통틀어 한국인 사장들만큼 고학력자들이 없다"면서 "배운 사람들이 그처럼 악착같이 성실하게 일을 하니까 그만한 성공을 이뤄내는 것"이라고 나름의 분석을 내놓았다.

그의 주장에 따르면, 미국이라는 나라 자체가 신비로운 기회의 땅은 아니다. 다만 한국에서와는 달리, 마음 편하게 체면을 버릴 수 있기 때문에 기회를 발견하게 된다는 것이다. 높은 곳에서 내려가 기꺼운 마음으로 살피면 많은 기회들이 바닥에 널려 있다는 것이다. 그 기회를 챙겨서 다시 오르면 되는 것이다.

그래서 한국에서는 상상조차 하지 않았던 일을 선택해 '제2의 인생'을 꾸려나간다. 한인 세탁소 사장들에게 '한국에서 세탁소를 할 생각이 있느냐'고 설문조사를 한다면 어떤 결과가 나올까.

기업들에게 '전통과 자부심'이 있다면, 개인에게는 '체면'이 마지막 보루다. 특히 한국인에게 체면은 가장 소중히 지켜야 할 보물이다. 하지만 그렇게 소중한 체면을, 여기서는 버리지 못하고 먼 나라에 가서야 버린다. 그것 역시 체면을 지키기 위한 선택이다. 주위 사람들로부터.

미국으로 건너가 밑바닥부터 다시 시작할 정도의 각오라면, 말이나마 통하는 대한민국에서는 그 이상의 꿈도 이룰 수 있지 않을까. 체면만 아니라면 말이다.

체면에 대해 곰곰이 생각해볼 필요가 있다. 더구나 중대한 결정을 내려야 할 시기라면 말이다. 잘 생각해보면 체면이란 '나에 대한 남들의 생각'이 아닌, '나에 대한 나의 생각'임을 깨달을 수 있다.

낡은 습관과의 결별

주씨는 두 달 전에 TV 플러그를 뽑았다. 당분간은 TV와 멀리 떨어져 지내기로 결심했기 때문이다. 며칠간은 참기 힘들 정도였다. 안절부절못하고 일어났다 앉았다 하기를 반복했다. 드라마 주인공들이 어떻게 되었는지 궁금해서 견딜 수가 없었다.

그녀는 도저히 못 참겠다 싶을 때마다 집 밖으로 뛰어나갔다. 무작정 나가서 집 근처를 배회했다. 공원에서 조깅도 하고 대형 마트에 가서 인파 속에 묻히기도 했다. 그렇게 한 달이 지나자 더 이상 TV가 궁금하지 않았다.

"신용카드 고지서가 날아온 걸 보고 깜짝 놀랐어요. 지출이 확 줄었더군요. 홈쇼핑 방송을 보다가 나도 모르게 수화기를 들곤 했던 것이죠. TV 보던 시간에 산보를 다녔더니 살도 조금 빠졌고요."

조사에 따르면 현대인은 일생에 걸쳐 평균 10년을 TV 보는 데 쓴다고 한다. 하루 한두 시간은 별것 아니다. 그러나 그 시간들을 모두 모으면 그처럼 엄청난 세월로 쌓이는 것이다. 일생 중 10년을 시간낭비로 보냈다고 생각해보라.

TV는 욕망과 소비를 부채질하는 상자다. 더욱 무서운 것은 생각할 틈을 주지 않는다는 것이다. 사고력이 저하된다는 것은, 위기의 시대에 아킬레스건을 그대로 노출시키는 것과 다를 바 없다. 위험은 우리가 멍하니 TV를 보는 사이에 소리 없이 다가와 상황을 장악한다. 정신을 놓고 있으면 위험 조짐과 징후를 알아차릴 수 없다. 대피할 타이밍을 놓치는 것이다.

이번 기회에 낡은 생활습관도 버리는 게 어떨까. 우리 스스로 돌아보면 무엇이 문제인지 알 수 있다. 그것들을 하나하나 점검하고, 폐기 계획을 세운 다음 과감하게 버리는 것이다.

진정한 배움은 버림에서 일어난다. 창조적 폐기학습(unlearning)이라고 한다. 새로운 학습(learning)이 일어나기 위해서는 빈 공간이 있어야 한다. 낡은 습관과 사고로 꽉 차 있는 뇌에 빈 공간을 만드는 학습이 폐기학습이다. 고정관념이나 통념을 버리고 습관적으로 생긴 낡은 생각도 폐기처분할 때 새로운 가능성이 보이기 시작한다. 지금 우리에게 더욱 필요한 것은, 속도와 능률복음으로 배운 목표달성을 통해 맛본 성공체험, 그것을 버리는 것이다. 과거에 이루었던 성공체험에 안주하는 한 경제 빙하기를 극복할 대안도 떠오르지 않으며, 심하게는 얼어 죽을 수도 있다.

살아 있는 한 기회는 온다

섀클턴 이야기로 돌아가자.

섀클턴 일행은 배에서 탈출하기로 하고, 목재를 뜯어 세 척의 뗏목을 만들었다. 그 뗏목을 타고 엿새 만에 조그만 섬에 올랐다. 그 섬의 길이는 약 1,000킬로미터 정도이고, 폭은 약 250킬로미터 정도라고 추정된다. 후에 엘리펀트 섬으로 이름 붙여진 그곳에서 그들은 펭귄을 잡아먹으며 목숨을 이어갔다.

샤클턴은 섬에서의 생존이 임시방편임을 인식했다. 그래서 선발대를 뽑아 구조를 요청하러 가기로 했다. 대원들은 선발대 여섯 명이 무작정 길을 떠났다가 죽을 것이라고 생각했다. 하지만 그런 시도를 하지 않아도 어차피 섬에서 죽을 것이었다.

1916년 4월, 샤클턴과 선발대는 남극 바다에 뗏목을 띄웠다. 그리고 17일이 지나 가마우지 한 마리를 발견했다. 연구기지가 있는 사우스조지아 섬에 도달한 것이다. 땅을 밟은 그들은 서른여섯 시간 동안 걸어서 스트롬니스 기지에 도착했다. 5월이었다.

그해 8월 30일.

구조선이 엘리펀트 섬에 도착했다. 대원들은 샤클턴이 섬에 내리기를 기다렸다가 일제히 외쳤다.

"대장님, 우리 모두 무사합니다!"

그들은 영국을 떠난 지 760일 만에 모두 살아서 귀환할 수 있었다. 그들이 살아 있는 한, 그들에게는 기회가 있었다.

전에 외국에 갔다가 비행기 사고를 두 번이나 당할 뻔한 적이 있었다.

첫 번째는 태평양 상공이었던 것 같다. 얼핏 잠이 들었는데 기내 방송이 나왔다. '기류가 불안정하니 자리에 앉아 안전벨트를 매달라'는 것이었다. 방송이 채 끝나기도 전에 엄청난 충격과 함께 비행기가 갑자기 뚝 떨어졌다. 승객들이 비명을 질렀다. 화장실에 다녀오던 사람이 내동댕이쳐졌다. 비행기는 금방이라도 추락할 듯 요동을 쳤다. 이대로 끝이구나 싶었다.

하지만 그다음 순간, 마치 마술처럼 모든 것이 진정되었다. 비행은 정상을 되찾았고 기장이 안내방송을 했다. '에어포켓' 때문에 일시적으로 운항이 불안정했다는 것이다. 승무원들이 넘어진 사람을 부축했고, 사태가 일단락되었다. 사람들은 안도의 한숨을 내쉬었다.

에어포켓(Air Pocket)은 일종의 하강기류(下降氣流) 구역이다. 항공기가 이 구역에 들어가면 순간적으로 낙하하거나 심한 요동을 받게 된다.

그런데 위기는 그것으로 끝이 아니었다. 비행기가 목적지에 도착했는데도 계속 공항 근처를 선회하는 것이었다. 기장이 방송을 했다. '기상조건이 악화되어 착륙에 애로가 있다'는 것이다. 먹구름 사이로 번개가 치는 것이 보였다. 공항을 눈앞에 두고도 선뜻 접근하기 어려운 상황이었다.

기장이 '착륙을 시도하겠다'고 안내를 했다. 양쪽 좌석 팔걸이를 잡은 손에 힘이 들어갔다. 비행기가 바퀴를 내리고 고도를 낮춰 활주로 방향으로 향했다. 옆자리 소녀는 두 손을 모아 기도를 하고 있었다. 반대편 중년 남자의 관자놀이에는 땀이 흥건했다. 이런 비행은 다들 난생 처음일 것이다. 한 번도 아니고 두 번이나 죽을 고비를 당하다니.

비행기는 그러나 활주로에 내려앉지 못했다. 착륙에 실패한 것이다. 다시 고도가 높아졌다. 기장은 자신이 없는지 다시 방송을 내보냈다. '다른 공항으로 착륙지를 변경하겠다'는 것이다. 차라리 그랬으면 싶었다. 하지만 잠시 후 또 방송이 나왔다. '인근의 다른 공항도 사정이 좋지 않으니 여기서 착륙을 다시 시도한다'는 것이다. 사람들이 신음을 토해냈다. 울음을 터뜨린 사람도 있었다. 팔걸이를 얼마나 세게 움켜쥐었는지 나 또한 손바닥에 땀이 흥건했다.

비행기가 고도를 낮추었다. 창으로 넓은 들판이 보이는 순간, '쾅' 하는 소리와 함께 비행기가 땅으로 곤두박질쳤다. 충격과 소음이 사람들의 비명과 뒤범벅되어 기내는 아수라장을 방불케 했다. 사랑하는 가족에게 '사랑한다'는 말을 하지 못하고 온 것을, 눈물이 찔끔 날 정도로 후회했다.

그러나 비행기도, 우리 모두도 안전했다. 착륙에 성공한 것이다. 안전하다는 것을 확인한 승객들이 하나둘씩 환호성을 냈다. 박수가 터져나왔다. 비명횡사 위기를 두 번이나 함께 넘긴 사람들이었다. 옆자리 사람들과 악수를 나누었다. 살아 있다는 것만으로도 그처럼 행복할 수 있다는 사실을 처음으로 절감했다.

비행기는 영원히 떠 있을 수 없다. 하늘을 높이 날지만, 언젠가는 내려가야만 하는 것이 모든 비행기의 운명이다. 운명을 거스를 수는 없다. 비행기는 자기(조종사) 의지로 내려가야만 한다. 그것이 '착륙'이다. 자기 의지에 반해 내려간다면, 그것은 착륙이 아닌 '추락', '참사'다.

산은 오를 때보다 내려갈 때가 더욱 위험한 것처럼, 비행기 역시 하늘로 오를 때보다 땅으로 내려갈 때가 더욱 위험하다. 조종사들은 '마의 11분(Critical Eleven Minutes)'이라는 말을 쓴다. 항공기가 이륙한 뒤 3분간, 착륙하기 전 8분간이 가장 위험한 시간이라는 것이다.

지금까지 일어났던 항공 사고 가운데 74퍼센트가 마의 11분간에 발생했다고 한다. 올라갈 때가 28퍼센트, 내려갈 때가 46퍼센트다.

우리들 삶도 비행기와 크게 다르지 않다. 스스로의 의지로 내려가야 살아남을 수 있다. 내려가는 것을 거부하고 끝끝내 버티다가는, 비자발적 의지에 의해 내려감을 당할 수 있다. 이른바 추락이다. 지금, 빨리 흔쾌히 내려가자. 내려가서 다시 오를 기회를 찾아내자.

프로처럼
단순하고
부드럽게

20대에게 최고의 직업을 물어보면 절반 이상이 공무원 또는 교사를 꼽는다. 부모들의 바람도 크게 다르지 않다. '우리 애는 공무원이나 교사를 해서 안정적으로 살았으면 좋겠어요.'

대부분의 직종에서 사라진 '안정적이다'라는 표현. 그러나 공무원과 교사처럼 신분을 보장받는 직업 세계에서는 아직도 통한다. 은퇴 이후 연금까지 딴 주머니에서 나오니 평생의 안정이 보장되는 셈이다. 공기업의 인기도 하늘을 찌른다.

한동안 인기 직업의 대명사는 의사, 변호사, 회계사 등 이른바 '사자 돌림'이었다. 전문성과 높은 수입, 사회적 지위 등에서 모든 이들의 부러움을 받아왔다. 그런데 '사자 돌림'도 어떤 사자를 쓰는지에 따라 명암이 갈린다. 대사(大使), 칙사(勅使), 관찰사(觀察

使), 주사(主事), 감사(監事), 집사(執事), 도지사(道知事)는 모두 일 '사(事)'자를 쓴다. 여기서 정해진 일을 매뉴얼에 따라 단순 반복하는 업무는 인공지능에게 모두 대체 가능하다. 일자리를 잃을 확률이 그만큼 높아진다.

반면 석박사(碩博士), 운전사(運轉士), 노무사(勞務士), 장학사(獎學士), 통역사(通譯士), 세무사(稅務士), 회계사(會計士), 법무사(法務士), 영양사(營養士), 운전사(運轉士)는 모두 선비 '사(士)'자를 쓴다. 일정기간 교육을 받고 전문가 자격증을 갖고 있는 사람들이다. 하지만 이들도 전문 지식만 보유해서는 인공지능을 능가할 수 없다.

한 가지 특이하게 주목할 만한 사실은 판사(判事), 검사(檢事), 형사(刑事)는 일 '사(事)'자를 쓰는데 변호사(辯護士)는 선비 '사(士)' 자를 쓴다는 것이다. 판례를 근간으로 판결을 내리는 일에서는 오히려 인공지능이 방대한 데이터를 기반으로 더 정확한 판결을 내릴 수 있다. 반면 변호사는 그나마 다양한 사례를 수집, 논리를 다듬는 별도의 노력을 통해 유리한 판결을 끌어내려는 부가적인 정신노동을 하기 때문에 일 '사(事)'자를 쓰지 않고 선비 '사(士)'자를 쓰는 게 아닐까.

그런데 일 '사(事)'자를 쓰든 선비 '사(士)'자를 쓰든 이런 직업은 모두 인공지능을 당할 재간이 없다. 인공지능을 능가하는 전문성으로 무장하려면 단순 지식보다 체험적 깨달음의 지혜를 지니고 있어야 한다. 정해진 매뉴얼을 관례에 따라 정태적으로 사용하거나 습관적 타성에 젖어 반사적으로 대응해서는 이제 아무런 경쟁력이 없다. 주어진 문제 상황을 반성적으로 예리하게 분석하고 이전과 다른 창의적 대안을 동태적으로 사용해야 한다.

한편 의사(醫師)나 수의사(獸醫師), 약사(藥師), 교사(敎師), 강사(講師), 목사(牧師), 간호사(看護師), 사진사(寫眞師), 요리사(料理師), 미용사(美容師), 장의사(葬儀師), 조경사(造景師), 원예사(園藝師), 마법사(魔法師), 퇴마사(退魔師)는 모두 스승 '사(師)'자를 쓴다. 일 '사(事)'자나 선비 '사(士)'자로 끝나는 직업에 비해 체험적 지혜를 갖고 이전과 다른 방식으로 창의적 대안을 모색하는 직업이다.

그런데 어떻게 공무원과 교사가 여전히 인기 있는 직업으로 자리매김하고 있는 것일까. 한마디로 세상이 변했기 때문이다. 안정성이 최고라는 인식이 확산되고 있기 때문이다. 그렇다면 의사, 변호사, 회계사 같은 '사자 돌림'은 안정성이 떨어지는 직업으로 전락한 것일까? 아쉽게도 그렇게 되어가는 중이다. 물론 의사도 어떤 분야 의사인지에 따라 천차만별이다.

조씨는 산부인과 의사다. 그녀는 일주일에 두 번씩 과외수업을 받고 있다. 서울 강남에 있는 후배의 피부과 병원에 가서 피부과 의술을 배운다. 성형 미용학회 등의 세미나에도 열심히 참석해 공부를 한다.

"후배 병원에 갈 때마다 부럽기만 하죠. 환자들이 많아요. (의료보험) 비급여가 대부분이죠. 반면 산부인과 의사 해봐야 수입이 뻔합니다. 인건비에 임대료 주고 나면 남는 것도 없어요. 장비 리스료 내느라고 허덕이다 보면 더 비싼 장비가 나오고요. 허송세월했다는 생각이 듭니다."

의사 변호사 좋던 시대가 저문다

출산율이 떨어지면서 산부인과 의사들 입지가 계속 줄어들고 있다. 조씨는 산부인과만 그런 것이 아니라고 말한다. 서울과 수도권을 중심으로 의원 공급과잉 조짐이 나타나고 있다는 것이다. 아파트 밀집 지역에 가보면 상가건물 대부분이 내과, 소아과, 산부인과 같은 의원들로 가득 차 있다.

한의원 간의 경쟁도 치열하다. 조씨의 산부인과 근처에서 가장 많이 볼 수 있는 간판이 한의원이다. 몇 년 전 '한의학과 열풍'이 만들어낸 결과물이다. 조씨의 막내 동생도 한의대생이다. 막내 동생은 직장에 다니다가, 다시 대입시험을 치르고 한의대에 들어갔다. 그녀는 "직장 잘 다니던 동생한테 괜히 바람을 넣은 것 아닌지 걱정이 된다"고 말한다.

1990년대 이후 의대와 한의대 정원이 크게 늘어났지만 2000

년대 들어 다시 줄었다. 의사 배출이 늘어나니 한정된 시장을 놓고 경쟁이 가속화되는 것은 필연이다.

변호사도 포화 상태다. 2021년 기준 3만 명을 돌파한 변호사 수는 매년 천 명 이상씩 늘어나는 추세다. 수임료 인하 경쟁이 빚어지는 가운데 사무실 임대료도 내지 못해 건물주로부터 쫓겨나는 사례까지 나오고 있다. 법학전문대학원까지 설립되었으니 변호사 수는 더욱 늘어날 것이다.

많은 부모들이 자식을 '사자 돌림'으로 만들기 위해 애를 쓴다. 면허 또는 자격증을 가진 전문가가 되어 높은 소득과 특별한 대우를 받으며 살아가기를 원한다. 그러나 전문가 직업군에 들어간들, 예전 같지 않으니 문제다. 몇 년 전만 해도 전문직 면허나 자격증만 가지고 있으면 밥은 굶지 않는 게 우리 세상이었다. 하지만 지금은 전문직도 망하는 시대. 사람들은 '안정'을 첫손가락에 꼽는다. 기대 수준조차 이미 많이들 내려가 있는 것이다.

재학중 전액 장학금을 지급받고 졸업 후에는 삼성·SK 같은 대기업 취업이 보장되는 반도체 학과에서 합격자 69퍼센트가 등록을 포기하는 현상이 발생하고 있다. 왜 이런 현상이 발생하는 것일까? 반도체 학과를 졸업하고 대기업에 취업해도 40대를 넘어서면서 조기 은퇴 또는 강제 퇴직당할 수 있기 때문이다. 그래서 비교적 고소득이 보장되는 의사가 되기 위해 지방대학이라도 의대를 가려는 전략을 세운다.

공무원도 교사도 만원이다

그러면 공무원, 교사 선호현상은 언제까지 이어질까. 지금이 정점이라고 봐야 한다. 고점(高點)의 지표는 언제나 단순하다. 사람들이 마구 몰려들어 치열한 경쟁률을 기록할 때다. 그것을 클라이맥스로 해서 이후로는 내려가게 되어 있다. 모든 일이 그렇다. 우리는 본질을 파악하기 위해 다른 눈으로 세상을 보아야 한다.

공무원과 교사에 대한 선호현상이, 안정성 때문이라고 했다. 신분을 보장해주기 때문에 평생 할 수 있다는 것이다. 그런데 생각해보자. 인구는 줄고 출산율도 떨어지는데 공무원과 교사 수가 계속 늘어날 수 있을까. 기존 인력들이 정년까지 꽉꽉 채우면서 버티는데 새로 뽑힌 사람들을 위한 일자리가 언제까지 창출될 수 있을까. 또한 빙하기 우리 세상이 그런 시스템을 그냥 두고 볼 것인가.

최근 기획재정부가 작성한 자료에 따르면, 정부 부처 산하 공공기관 350곳은 내년까지 정원 약 6천 명 이상을 조정할 예정이라고 한다. 가장 많은 인력을 감축하는 부처는 국토교통부로 총 2,006명이 줄어든다. 산업통상자원부(1,235명), 문화체육관광부(536명), 교육부(471명), 환경부(443명) 등 순이다. 공공기관에 근무하는 공무원이 안정된 직장이라는 개념도 이제 유명무실해지고 있는 것이다.

사람이 넘치는 곳에 경쟁과 변화의 열망이 달아오르게 되어 있다. 우리는 어쩔 수 없이 받아들여야만 한다. '안정적이다'라는 말은 곧 현실 생활에서 완전히 사라질 것이라는 점을. 머잖아 우리는 사전(辭典)에서나 그 표현을 찾을 수 있게 될 것이다.

업(業)의 시대, 프로페셔널의 시대

현재 펼쳐지고 있는 직업세계의 변화가 우리에게 시사하는 바는 무엇인가. '직'의 시대가 가고, '업'의 시대가 다가오고 있음을 보여주는 것이다.

지금까지는 직(職)의 시대였다. '무엇'이 되느냐가 가장 중요했다. 전문직이 되면 고소득과 사회적 지위를 보장받았다. 회사원들은 높은 자리에 오르기 위해 경쟁을 벌였다. 직은 한마디로 자리에 목숨을 거는 성공의 척도였다. 이른바 명함이다. 좋은 직을 가지고 나면 특별한 잘못이 없는 한, 안정적인 삶을 이끌어갈 수 있었다. 직의 시대에는 전문가가 최고 대우를 받았다. '전문가와 비전문가'로 대별되던 시기였던 셈이다.

하지만 이제 그런 시대가 종말을 고하고 있다. 전문직이 넘쳐난다. 시장개방이 이뤄지면 외국의 전문직들과도 경쟁을 벌여야 한다. 해외 아웃소싱이 활발하게 벌어질 것이다. 기업체도 다를 바 없다. 일찍 승진한다고 좋을 것이 없다. 아무리 좋은 명함을 가지고 있다 한들, 그것이 안정적인 삶을 보장해주지는 못한다는 것이다.

이제는 업(業)의 시대다. 업의 시대에는 '프로페셔널과 아마추어'라는 구분법이 적용된다. 전문직이든 회사원이든 전문성으로 평가받지 않는다. 전문성(지식)이 첫 번째 능력 판별 기준이 아니다. 지식은 인터넷에도 넘쳐난다.

업의 시대에 살아남으려면 프로페셔널이 되어야 한다. 프로페셔널의 출발점은 '고객의 바람을 이루어준다'는 열망이다. 전문직이라고 해서 자동으로 프로로서 인정받는 것이 아니다. 프로가 되지 못한 변호사나 의사는 간판을 유지하기 힘들어진다.

프로는 고객의 입장에서 바라본다. 고객이 어떤 상황인지 파악하고, 고객과 함께 해결책을 논의한다. 고객의 고통이나 불편을 줄여주기 위해 최선을 다한다. 마음으로 소통하는 것이다.

가전회사들은 소비자들의 일상생활을 시시콜콜한 부분까지 연구하는 부서를 두고 있다. 이 부서를 통해 다양한 신상품 개발의 기초 아이디어를 얻곤 한다.

한 가전회사 연구팀은 실제로 러시아 현지인 집에 보름간 묵으면서 그들의 생활 스타일을 조사한 적이 있었다. 한동안은 별다른 아이디어를 얻지 못했다. 일상생활에서 큰 차이를 느끼지 못했던 것이다. 그러던 어느 날 러시아인이 냉장고 냉동실에서 뭔가를 꺼냈다. 고기인 줄 알았더니 아니었다. 보드카였다. 보드카를 얼려 슬러시처럼 만들어 먹는 것이었다.

러시아인에게 "왜 그렇게 얼렸느냐"고 물어보았더니, "사람들 대부분이 차게 먹는 것을 좋아한다"고 대답했다. 그는 "알코올 도수가 높은 보드카가 어는 데는 오랜 시간이 걸리기 때문에 기다리는 것이 불만"이라고 이야기했다.

이에 가전회사 연구원들이 프로 근성을 발휘했다. 그들은 한국 본사에 지체 없이 보고서를 제출했고, 본사는 러시아 수출 냉장고에 급속 냉동실을 별도로 설치해서 선적하기로 했다. 급속 냉동실은 20~30분 만에 보드카를 슬러시처럼 만들어주었다. 연구 아이디어를 제공한 현지인이 매우 기뻐했음은 물론이다. 급속 냉동실을 설치한 냉장고는 러시아 주당들에게 환영받았다.

프로의식이 무엇인지 보여주는 종합병원이 있다. 해마다 고객만족 1위를 놓치지 않는 이 병원에는 남다른 무엇인가가 있다. 즉 이곳은 환자들을 하염없이 기다리게 하지 않는다. 예약 시간에 정확히 맞춰 진료를 한다. X선 촬영을 할 때도 오래 기다리는 법이 없다. 병원 측이 효율화 전문가로부터 컨설팅을 받은 결과다. 어떻게 해야 고객들의 불편을 최소화할 수 있는지, 시간과 비용을 오래 투자해 현재 시스템을 만들었다고 한다. 지금에 안주하지 않고 문제점을 찾아내 계속 보완하고 있다고 한다.

이 병원의 다른 점 또 한 가지는 '환자들 고통에 민감하다'는 점이다. 병원에 갔다가 채혈 또는 정맥주사를 잘못 맞아 팔에 멍이 든 경험이 있을 것이다. 대부분의 병원에서는 미숙련 간호사도, 심지어는 실습 나온 간호학교 학생도 정맥주사를 시도한다. 환자 팔목이 멍투성이가 되는 것을 신경 쓰지 않는다. 반면 이 병원은 채혈 전문가와 정맥주사 전문가가 따로 있다. '단 한 번에' 성공함으로써 환자의 고통을 줄여주겠다는 취지다.

환자들의 아픔과 두려움에 공감하는 자세. 이런 것이 바로 프로페셔널과 아마추어의 차이다. 공급과잉이 심화될수록, 경쟁이 치열해질수록 프로페셔널리즘 격차가 부각된다. 마침내 아마추어 자리는 사라진다. 아웃소싱으로 대체될 가능성이 높다. 전문직이라고 해서 방심은 금물이다.

직(職) 수준의 사람은 아마추어다. 아마추어는 '자리'에 목숨을 건다. 반대로 업(業) 수준의 프로페셔널은 '의미'에 목숨을 건다. 아마추어는 남에게 보여주기 위해 자신을 다그친다. 그러나 프로는 자신의 발전을 위해 혼신의 노력을 기울인다. 아마추어는 이기는 것 자체를 즐긴다. 아마추어의 경쟁상대는 언제나 밖에 있는 다른 사람이다. 반면 프로는 자기를 경쟁상대로 이기려 한다. 프로의 경쟁상대는 어제의 나다. 그래서 프로는 남보다 잘하기보다 전보다 잘하려고 노력한다.

직(職) 수준의 사람은 주로 '원(員)'으로 끝나는 직업을 갖고 있는 경우가 많다. 회사원(會社員), 공무원(公務員), 종업원(從業員), 세

관원(稅關員), 임직원(任職員), 미화원(美化員), 경비원(警備員), 특파원(特派員), 상담원(相談員), 판매원(販賣員), 안내원(案內員), 승무원(乘務員), 은행원(銀行員), 교환원(交換員), 집배원(集配員)과 같은 직업이다. 이들은 언제나 남의 집으로 출근하는 사람(員)으로, 조직의 일원(一員)이 된 사람들이다. 역시 인공지능으로 쉽게 대체가 능한 직업군에 속한다. 하던 일을 반복하는 매뉴얼 중심적인 '직(職)'의 사람들이다.

반면에 '가'로 끝나는 직업을 가진 사람, 즉 '업(業)'의 사람들도 있다. 평론가(評論家), 소설가(小說家), 문학가(文學家), 사상가(思想家), 연출가(演出家), 비평가(批評家), 작곡가(作曲家), 예술가(藝術家), 성악가(聲樂家), 조각가(彫刻家), 건축가(建築家), 미식가(美食家), 탐험가(探險家), 수필가(隨筆家), 여행가(旅行家), 저술가(著述家), 전문가(專門家), 역사가(歷史家), 만화가(漫畫家), 무용가(舞踊家), 연설가(演說家), 서도가(書道家) 같은 직업이다.

이들은 원으로 끝나는 직업과는 다르게 자기 집이 있는 사람(家)이다. 즉 어떤 조직에 소속되어 일원(一員)이 되는 사람이 아니라 자기 분야에서 일가(一家)를 이룬 사람이다. 이들은 경제 빙하기가 와도 시류에 흔들리지 않고 자기만의 고유한 노하우나 자기 색깔로 그 누구도 쉽게 흉내낼 수 없는 자기만의 스타일을 가꾸는 사람들이다.

프로는 소통형 인재다

아직까지 우리 사회에서 '유능하다'의 기준은 성적이나 성과다. 대학 간판과 시험 성적이 좋으면 유능한 인재라고 규정한다. 기업들은 각종 자격시험 결과를 인사고과에 반영한다. 철저한 성적순 세상이다. 좋은 성적이란 '경쟁에서 이겼음'을 의미하는 것이다.

그러나 빙하기 세상은 이긴 사람보다 살아남는 사람을 원한다. 스스로 살아남고 남들까지 구해주면 최고다. 세상의 패러다임이 변화하기 때문이다. 그러니 모두가 성적보다 성적을 뒤집어 적성을 중심으로 사람을 판단하는 패러다임으로 자신의 틀을 바꿔야 한다. 적성은 책상에 앉아서 찾아낼 수 없다. 직접 몸을 움직여 도전해보고 시도해봐야 내가 하면 재미있는 재능을 찾아낼 수 있기 때문이다.

배타적인 전문지식을 무기로 삼아 누군가를 누르고 제쳐서 이기는 것이 전문가 시대의 미덕이었다. 하지만 프로페셔널 시대는 다른 소양을 요구한다. 전문지식의 경계가 사라지는 가운데 남들을 위해 최선을 다하고 모두와 함께 어울리는 소통형 인재를 원한다.

한 분야만의 전문가는 전문적으로 문외한이 되기 쉽고, 자신이 판 한 우물에 매몰되기 쉽다. 깊이 파되 넓게 파면서 자주 다른 전문가와 만나, 자신이 갖고 있지 않은 전문성은 다른 전문가의 전문성과 융합시켜 새로운 전문성을 창조하는 사이 전문가로 거듭나야 한다. 사이 전문가는 전문가와 전문가 사이에 존재하는 차이를 존중해주고 다른 분야의 전문성과 융합을 시도해 제3의 전문성을 끊임없이 창조하는 전문가다. 사이 전문가는 지식 생태학자 유영만이 《브리꼴레르》에서 창조한 신조어다.

'안정'이라는 말이 사라진 시대. 책상 지식인(book smart)이나 아마추어는 딛고 설 땅이 없다. 공무원이든 교사든, 그 할아버지든 마찬가지다. 그래서 우리는 현장의 변화를 감지하며 세상의 흐름을 주도하는 실전형 전문가(street smart)나 프로가 되어야 한다.

전문가들의 눈높이가 계속 내려가는 추세다. 과거에는 높은 곳에서 고객들을 내려다보곤 했다. 고객들이 알아듣지 못하는 그들만의 용어로 높은 담을 쌓았다. 고객들은 자기 일인데도 소외를 당했다. 하지만 지금은 담이 허물어졌다. 전문가들은 눈높이를 맞추고 고객들의 언어로 소통을 한다. 그렇게 하기 싫으면, 굶을 각오를 해야 한다. 전문가들에게 주눅이 들어 자신의 정당한 권리를 포기하는 고객이 급격히 사라지고 있기 때문이다.

전문가들이라고 해서 예외는 없다. 전문적으로 문외한이라는 이야기, 자기 분야밖에 모르는 절름발이 지식인이라는 소리를 듣지 않기 위해서는 다른 사람 이야기를 귀담아 듣고 내가 모르는 분야를 새롭게 배우려는 겸손한 자세를 갖고 모두가 내려가야만 살아남을 수 있는 시대다.

하나에 올인하면 나머지는 따라온다

오씨는 수영이 자기 인생을 바꾸어놓았다고 말한다. 매일 새벽 6시에 수영장에 간 지도 벌써 2년이 넘었다. 그녀는 생명보험사 판매사원으로, 매일 사람들을 만나고 다닌다.

수영을 하기 전. 사람들에게 시달린 후 돌아와 집안일까지 마치고 나면 자고 싶은 생각밖에 없었다. 아침에는 눈을 뜨는 것이 공포였다. 출근하기 싫어서 진저리가 났다. 그리고 주말에는 시체였다. 온종일 잤다. 아침 점심을 거르고 저녁만 먹었다. 그런데도 몸무게는 하염없이 늘었다. 결혼 전 53킬로그램이던 것이, 어느새 65킬로그램까지 늘어났다.

"오랜만에 동창들을 만났더니 날씬해진 친구가 있더군요. 그 친구가 수영을 권하기에 바로 다음 날 가서 수영장에 등록을 했죠."

하지만 작심삼일이었다. 이틀 나가고 사흘째에는 못 갔다. 새벽에 일어나느니 차라리 죽고만 싶었다. 그다음 주에 갔더니, 혼자만 물을 먹는 신세가 되었다. 오기가 발동했다. 안 빠지고 열심히 다녔다. 석 달 정도 지나니까 새벽에 저절로 눈이 떠졌다. 야근을 해도 전처럼 심하게 피곤하지 않았다. 새벽에 수영을 하고 나면 뻐근하던 몸이 시원하게 펴진 느낌이었다.

신기한 것은 그다음부터였다. 일 년이 지나자 몸무게가 58킬로그램까지 줄었다. 눈에 띄게 건강해졌다. 살찔까봐 먹지 못했던 것들도 큰 걱정 없이 먹을 수 있게 됐다. 훈련 강도가 강해질수록 성취감이 높아졌다. 허리가 잘록한 게 뒷모습이 예뻐졌다는 얘기를 들었다.

"지점 선후배들은 물론이고 고객들과의 관계도 좋아졌어요. 수영하고 출근하면 개운하니까 환하게 웃음이 나오고, 사람들은 그런 절 보고 자기들 기분도 좋아진다고 하고 말이죠."

건강한 웃음을 되찾은 결과는 실적 상승으로 이어졌다. 건강한 웃음과 자신감은 쌍둥이다. 웃음에 자신감이 묻어나오고, 사람들은 강한 자신감을 보이는 사람들 의견을 따라가게 되어 있다.

오씨는 어느새 수영 전도사가 되었다.

"수영의 매력은 단순함이라고 해요. 불필요한 동작을 최소로 줄여 단순하게 반복하는 겁니다. 수영에 흠뻑 빠져서 집중해보세요. 그로부터 나오는 부산물이 의외로 많답니다. 저도 만약 수영을 안 했다면 지금처럼 살 수 없었을 걸요."

오씨의 단순반복이 만들어낸 성과를 하나씩 따져보자. 먼저 가장 중요한 건강을 되찾았다. 활력이 생기면서 남편에게 바가지를 긁거나 다투는 일이 줄어들었다. 주말에는 시체놀이에서 벗어나 가족들과 등산을 다니거나 공원을 찾았다. 건강을 찾는 과정에서 규칙적인 생활 리듬이라는 보너스를 얻었다.

남들보다 일찍 출근하니까 여유가 생겼다. 신문을 꼼꼼하게 보면서 세상의 여러 단면들을 돌아보는 안목이 생겼다. 고객과의 약속을 미리 검토하고 준비할 수 있게 됐다. 세심한 준비는 고객들의 보답으로 돌아왔다. 보험사들은 고객들에게 전화를 걸어 만족도를 조사하는 경우가 있다. 고객들이 오씨에게 준 평가는 '최고 만족'이었다.

시작은 단순했다. 새벽에 일어나서 수영하기. 그런데 그 단순 반복 습관이 생활을 바꾸면서 오씨의 삶을 새로운 방향으로 이끌어간 것이다.

오씨의 색다른 주장.

"모두가 '변화해야 한다'고 외치지만, 저는 '변화하려고 애쓰지 말자'고 해요. 애를 써봐야 스트레스만 받거든요. 그냥 단순한 것 하나만 정해서 끊임없이 반복하면 된다고 봐요. 하나만 죽어라 하면, 나머지는 따라오더군요."

"나는 지도를 보면서 하룻밤을 꼬박 새웠다. 하지만 다 소용없는 일이다. 내가 어디에 있는지 알 수 없으므로."

《사막을 건너는 여섯 가지 방법》이라는 책에 인용된 생텍쥐페리의 말이다.

우리에게도 지도가 있다. 가고 싶은 목표가 있다. 그러나 눈이 세상을 온통 뒤덮은 지금, 길이란 길은 모두 자취를 감추어버렸다. 어떻게 안전하게 내려갈 것인가.

나침반을 보면 된다. 그리고 나침반이 가리키는 방향으로 단순하게 걸어 내려가면 된다. 굳이 길을 찾으려고 애를 쓸 필요가 없다. 무한에 가까운 단순반복이 우리를 길에 이르도록 인도해 줄 것이다.

단순반복이 일깨운 각성

회사가 대기업에 팔렸을 때 민씨는 노조 위원장이었다. 명색이 노조 위원장이었지, 노조 활동에 대해서는 아는 것도 없었다. 선후배들이 몰아세우니까 엉겁결에 맡았을 뿐이다. 그런 민씨가 대기업의 회사 인수에 대해 왈가왈부할 이유가 없었다.

대기업에서 새 경영진이 나왔다. 새 경영진은 취임하자마자 민씨를 해고했다. 근무지 무단이탈을 비롯해 이해할 수 없는 이유를 들이댔다. 나중에 들은 바로는 '문제가 될 만한 요인을 미리 제거하는 수순'이었다고 한다.

버티기로 했다. 그는 부당해고로 법적 대응에 나섰고 마침내 승소를 했다. 법원에서 복직 판결이 나왔다. 하지만 그다음 날 출근해보니 게시판에 인사발령이 나 있었다. 그룹 본사로 인사이동이 난 것이다. 수상한 냄새가 나는 'xx연구팀'이었다. 본사에 가서 'xx연구팀' 사무실을 찾았다. 넓은 공간에 책상만 몇 개 덩그러니 놓여 있었다. 민씨보다 먼저 연구팀에 발령받은 사람이 백지와 필기구를 건네주었다. '매일 숙제를 해야 한다'는 것이다. 그 사람이 쓰는 것을 보니 일종의 반성문이었다.

민씨는 회사가 자신에게 어떤 잘못을 저질렀는지(자신이 저지른 잘못이 아니라), 그 부분에 대한 자신의 생각은 어떤지 상세하게 썼다. 매일 아침 8시 30분에 출근해 낮 12시까지 글을 썼다. 점심을 먹고 1시 정각에 다시 들어와 퇴근 시간인 6시까지 또 썼다. 퇴근 무렵이 되면 인사팀 직원이 반성문을 받으러 나타났다.

두 달이 지나자 옆자리 사람이 더 이상 버티지 못하고 사표를 제출했다. 민씨는 홀로 남아서 매일 글을 썼다. 어느 정도 이력이 붙자 A4용지 10장 분량을 한 시간 만에 쓸 수 있게 됐다.

"하루 종일 신문을 봤어요. 시간이 지나니까 회사에서도 신경을 안 쓰더군요. 그래서 신문을 여러 개 가지고 들어가서 첫 장부터 마지막 장까지 한 자도 안 빼놓고 봤죠."

신문을 정독하면서 지식이 풍부해졌다. 전에는 관심을 갖지 않던 경제 분야 전문용어까지 이해할 정도가 됐다. 세상 돌아가는 이치도 조금 알 것 같았다. 신문 읽기에 요령이 붙자, 또다시 시간이 남아돌았다. 다음에는 독서에 도전했다. 45분간 책을 읽고 15분간 팔굽혀펴기 같은 운동을 했다.

그렇게 3년이 흘렀다. 어느 날 민씨에 대해 보고를 받은 최고 경영자가 깜짝 놀랐다고 한다. 아직까지 다닐 것이라고는 생각 못했던 모양이다. 인사팀장이 민씨를 회유하러 나타났다. 계열사 노조에서 민씨의 '감옥 생활'에 대해 문제를 제기할 움직임이 있었던 것. 인사팀장은 그에게 자진 퇴사하는 조건으로 웬만한 아파트 한 채 가격을 제시했다.

"집사람한테 말도 못하고 며칠 고민을 했죠. 그 돈이면 번듯한 빵집 하나 차릴 수 있을 정도였는데 말이죠. 그렇지만 3년 동안 버텼는데, 이제 와서 돈 몇 푼에 원칙을 저버릴 수 없다는 생각도 들었습니다."

결국 그는 회사 측 협상제안을 거부했다. 감옥 생활은 매일 단순하게 반복되었다. 반성문을 쓰고 신문을 보고 책을 보고 틈틈이 체조를 하고. 그 과정에서 '어차피 회사란 언젠가 그만두어야 할 곳'이라는 생각을 굳혔다.

민씨는 4년 8개월 만에 사표를 제출하고 감옥 생활에서 벗어났다. 모은 돈에 퇴직금을 보태 유기농 전문매장을 열었고, 아내와 함께 운영하고 있다. 중산층 밀집지역을 중심으로 유기농 농산물 붐이 불었다. 민씨 매장도 그 덕을 톡톡히 보고 있다.

민씨는 5년에 가까운 '연구 생활'을 통해 환경과 먹을거리, 그 미래에 대해 나름의 견해를 정리했다. 좋은 먹을거리를 찾는 소비자들이 지속적으로 늘어날 것이며, 경기 변화의 영향을 덜 받을 것이란 예상이었다. 그 결과가 유기농 매장 개업으로 이어진 셈이다. 그는 틈이 날 때마다 생산자들을 직접 찾아다니면서 정보를 공유하고 협력을 다짐한다.

단순반복은 두렵게 느껴질 수도 있다. 지겨운 틀 안에 갇혀 언제 끝날지도 모를 반복을 거듭하고 있다고 생각한다면 그렇다. 하지만 단순반복 와중에서 새로운 패턴을 찾아낼 수 있다면 얘기가 달라진다.

단순반복은 지겨움이다. 그러나 그 지겨움을 넘어서면 또 다른 지평이 열린다.

산을 오를 때는 꿈이 있다. 정상에 올랐을 때의 짜릿한 성취감을 생각하며 한 걸음씩 옮길 수 있다. 그러나 급작스런 환경 변화로 목적지를 바꾼 지금, 내려가는 길은 지겨운 반복이다. 눈보라가 몰아치는 가운데 어둠이 내린다. 구경할 것도 없다. 그냥 내려갈 뿐이다. 왼발과 오른발을 반복적으로 움직이면서. 왼발과 오른발의 균형을 잃지 않으려고 노력하면서 터벅터벅 걸어 내려갈 뿐이다.

우리는 언제나 '바쁘다'는 말을 입에 달고 산다. 아무리 해치워도 쌓이기만 하는 일. 복잡하게 얽혀 시간을 재촉하는 약속들. 그래서 피곤하고, 어디론가 떠나고 싶다. 하지만 떠나도 소용이 없다. '감옥 생활'은 시공을 초월해 계속되니 말이다.

이제 선언해보면 어떨까. 더 이상 복잡한 생활에 끌려다니지 않겠다고. 우리 스스로가 시간을 지배하겠다고. 온갖 잡다한 것들을 잘라버리고 단순하게 살겠다고. 그리하여 마침내 단순반복의 위대함을 몸소 보여주겠다고.

기회란, 단순반복해온 지루함의 마지막 순간을 뜻한다. 기회를 포착하는 사람들은 오랜 세월을 단순반복으로 단련해온 사람들이다. 끊임없는 자기단련과 기술연마. 지겨울 정도의 단순함이다. 백련강은 백 번 단련되고서야 세상에 나온다.

단순반복의 단련은 단순한 결과를 낳는다. 고수는 기회가 왔을 때 단칼로 승부를 본다. 오랜 세월 칼을 갈아 순식간에 끝을 보는 것이다. 참고 기다림은 그냥 기다리는 게 아니다. 기다림은 소리 없는 공격이자 전진이다. 기다림은 폭풍전야의 전초전이다.

새벽은, 긴긴 밤을 온몸으로 뒹굴다가 뒤늦게 온다. 내가 가진 마지막까지 다 내어놓을 때에야 뜻이 이루어진다고 한다. 몸부림치는 밤 없이 새벽이 오기를 기대하지 말자. 새벽은 밤의 끝이자 아침의 시작이다. 시작은 끝에서 출발한다. '끄트머리'라는 말도 끝에 머리, 즉 시작이 있다는 말이지 않은가.

곰처럼
자연스럽게

TV에서 곰이 사냥하는 것을 본 적이 있을 것이다.

곰은 자기가 눕기 편안한 구덩이를 찾는다. 그런 다음 나뭇가지를 모아 덮는다. 집을 짓고 자려는 것처럼 보인다. 곰은 그 속에 웅크리고 앉는다. 시간이 흐른다. 하루가 지나고 이틀. 곰은 꼼짝도 하지 않고 바깥을 내다보고 있다.

작은 짐승 한 마리가 지나간다. 곰은 전광석화처럼 뛰어올라 앞발로 내려친다. 사냥이 끝난다. 비전문가인 우리가 보기에는 곰이 '곰처럼' 기다리고 있다가 '운 좋게' 사냥에 성공한 것으로 보인다. 그러나 전문가들의 분석은 다르다. 곰이 장소를 선택하고 사냥에 성공하기까지는 복합적인 전략전술이 작용한다는 것이다. 먼저 치밀한 관찰 및 분석능력이다. 먹잇감들이 자주 다니는 길목을 파악해놓고 있다가 가장 적합한 지점을 찾는다. 먹잇감들이 방심하기 좋은 곳에 목을 잡는 것이다. 그런 다음 숨을 곳을 만들어놓고 속인다. 곰이 먹잇감들을 기만하는 능력을 보면, '곰처럼 미련하다'는 말은 어불성설임을 확인할 수 있다.

마지막으로 끈질기게 기다리는 인내. 곰의 사냥을 보며 우리가 가장 감탄해야 할 부분은 사실 이 대목이다. 곰은 먹고살기 위해 호들갑을 떠는 일이 없다. 아무 먹잇감이나 무턱대고 달려들지 않는다. 먹잇감을 쫓아 산을 한 바퀴 도는 경우도 없다. 벌집에서 꿀을 도둑질해 먹으면서도 천하태평이다.

면밀하게 관찰하고, 오랜 기다림을 거쳐 자연스럽게 포획을 한다. 곰의 사냥은 다른 맹수들의 사냥에 비해 재미가 없다. 조마조마한 장면도 없고 박진감 역시 찾아볼 수 없다. 자연스러울 뿐이다.

곰에게 쫓길 때 인간에게 유리한 길이 있다. 내리막길이다. 곰은 매우 빠른 동물이지만, 앞발이 뒷발보다 짧아 내리막길에 익숙하지 않다. 사람이 곰보다 빠를 수 있을 때는 오로지 내리막길을 내려갈 때뿐이다.

지금 우리는 눈보라치는 산을 내려가는 중이다. 주의 깊게 주변을 관찰하자. 미세한 변화나 조짐도 그냥 넘겨버리면 안 된다. 그래야 불행한 사고를 막을 수 있다. 누군가 잘못 밟은 돌 더미가 무너져 아래쪽 사람들에게 치명상을 입힐 수도 있다.

어느덧 눈보라가 폭설로 바뀌었다. 앞서간 사람들 발자국마저 눈에 묻혀버렸다. 우리는 어떻게 할 것인가. 여기 멈춰 서서 쉽고 간편한 방법을 찾기 위해 영원히 끝나지 않을 토론을 거듭할 것인가. 아니면 한 걸음 두 걸음 움직일 것인가.

우리는 비록 두렵더라도 한 걸음씩 움직이는 쪽을 선택해야 한다. 움직이면서 이 어둡고 추운 시대, 앞이 보이지 않는 시대에 살아남을 방법을 생각해보기로 하자. 운명을 바꾸는 기회는 실천 속에서 만들어지는 것을 잘 알고 있기에.

앞으로도 못 가고 뒤로도 못 가는 진퇴양난(進退兩難)의 위기는 없다. 앞으로도 못 가고 뒤로도 못 가면 옆으로 가면 된다. 중요한 것은 진퇴양난 위기 상황에서 행동하지 않고 검토만 거듭하다가는 죽을 수 있다는 점이다. 행동을 해야 어제와 다른 방법도 개발할 수 있다. 방법은 생각의 산물이 아니라 행동의 부산물이다. 어제와 다르게 행동하면서 시행착오도 겪어보면 판단착오도 줄어들고 색다른 방법도 떠오르는 법이다.

현명한 경영자들은 사업 역시 산을 타는 것처럼 계속 오를 수만은 없다는 사실을 알고 있다. 그래서 미리미리 내려가는 길에 대한 준비를 해놓는다. 오르면서 내려갈 때를 미리 생각하고, 정상에서도 겸손을 잃지 않는다.

'하면 된다'를 금칙어로 정하라

주씨 회사 사무실에는 유명 서예가에게 어렵게 부탁해서 받은 글이 걸려 있었다.

'하면 된다. 안 되면 되게 하라.'

주씨가 30년 넘게 목소리 높여 외쳐온 말이다. 직원들에게 잔소리를 하다가도 결론은 언제나 '하면 된다'로 돌아가곤 했다. 그 동안의 다양한 위기도 이런 믿음 하나로 버틸 수 있었고 마침내 극복해냈다. 죽을힘을 다해 돌파하려 하면 이겨내지 못할 어려움은 없다는 것이 주씨의 지론이었다.

그런 주씨가 고집을 꺾었다. 액자를 떼어 포장을 했다. 사무실을 비워주어야 하기 때문이다. '하니까 되더라'는 옛 무용담을 들어줄 직원도 남지 않았다.

주씨는 전자부품 도매상으로 시작해 사업 규모를 키워왔다. 중국에 합작 유통회사를 세웠고, 달러 환율이 치솟자 이중으로 돈을 벌기도 했다. 위기는 남들 이야기일 뿐이었다. 그런데 중국 전자회사들이 생산 감축 및 구조조정에 들어가면서 공급물량이 확 줄었다. 그리고 몇몇 거래처가 문을 닫았다. 중국 측 파트너는 연락이 뜸해지더니 자취를 감추고 말았다.

그는 중국의 대체 수요처를 개발하기 위해 열심히 드나들었다. 몇몇 회사 경영진 가족들을 초청해 제주도 관광을 시켜주기도 했다. 하지만 관광을 마치고 돌아간 경영자들은 핑계를 대며 만나주지 않았다.

주씨는 하면 된다는 신념으로 뛰었다.

그리고 마침내 내린 결론.

'안 되는 건 아무리 해도 안 될 때가 있는 법이다.'

주씨는 마침내 백기를 들고 항복을 선언했다. 그는 회사를 정리하고 한동안 쉬기로 했다. 쉬면서 기회가 올 때까지 기다려보기로 했다. 당분간은 쉬는 일에 전념하겠다고 한다.

'하면 된다'가 유효할 수도 있다. 앞날을 누가 알겠는가. 오기와 뚝심으로 밀어붙여 기대 이상의 성과를 낼지. 하지만 '하면 된다'가 언제나 옳은 선택인 것은 아니다. 우리에게 알려진 수많은 성공 사례들이 '하면 된다'를 역설하고 있지만, 세상에는 그보다 훨씬 많아서 헤아릴 수조차 없는 '해서 망했다'는 사례들 역시 존재한다.

당분간 '하면 된다'를 금칙어로 정하자. 이런 신념은 평상시에나 통하는 말이다. 사방에 눈보라 휘날리는 지금, 무조건 하면 된다고 외칠 수는 없는 노릇이다. 하면 된다는 진리를 입증하려 들다가 애꿎은 희생자를 양산할 수도 있다. 우리는 긴밀히 연결되어 있다. 서로에 대해 책임이 있다는 말이다. 두려운 시도를 남에게 떠넘기지 말자.

2012년 사하라 사막 울트라 마라톤에 출전한 적이 있다. 6박

7일 동안 하루에 40킬로미터씩 뛰는 극한의 한계에 도전하는 마라톤이다. 이걸 완주하기 위해 분당에서 한양대까지 왕복 56킬로미터를 일요일마다 완주했고, 34층 아파트 계단을 오르락내리락했다. 체력은 그만큼 자신 있다고 생각했다.

하지만 사막은 생각보다 달리기에는 심각했다. 40도가 넘는 폭염도 문제지만 더욱 심각한 장애물은 가끔씩 나타나는 모래언덕이다. 죽을힘을 다해 달려 거의 다 올라갔어도 탄력이 부족해서 다시 바닥으로 미끄러지기 일쑤다. 나의 한계는 120킬로미터 지점이었다. 더 이상의 레이스를 이어갈 체력이 없었다. 몸이 망가지니까 몸에 거주하는 마음도 통제되지 않았다.

완주하겠다는 목표를 내려놓지 않으면 죽을 수도 있다는 위기감이 엄습해왔다. 절대로 포기하지 말라는 말을 믿고 한계에 도전하다가 사람이 죽을 수 있음을 직감했다. 한계는 머리의 언어가 아니라 몸의 언어임을 깨달았다. 한계는 한계에 도전해본 사람만이 몸으로 알 수 있는 지혜임을 알게 된 사건이 바로 사하라 사막 울트라 마라톤 완주 포기다. 하면 되는 일도 있지만, 하면 안 되는 일도 세상에는 많다.

태평양전쟁 당시 미군과 일본군이 과달카날 섬에서 맞붙었다. 과달카날 섬은 호주 북쪽에 있는 솔로몬 군도 가운데 하나.

1942년 8월. 일본군이 장악하고 있던 이 섬에 미 해병대가 상륙했다. 병력은 약 1만여 명. 미 해병대는 대부분 전투 경험이 없는 신참들이었다. 수송선들은 일본군 공격에 당할까봐 두려워서 섬 귀퉁이에 해병대를 쏟아놓자마자 도망을 가버렸다.

해병대는 과달카날 섬 지리에도 어두웠을 뿐만 아니라 일본군이 어디 있는지도 몰랐다. 상륙해서 가장 먼저 한 일이라곤 진지를 구축하고 주변에 방어용 철조망을 깐 정도였다.

일본군이 선제공격에 나섰다. 일본군은 3,000명가량의 정예부대를 편성했다. 최고의 지휘관이 병력을 통솔했다. 일본군의 사기는 드높았다. 지휘관은 애송이 미 해병대를 혼내주는 데는 3,000명까지도 필요 없다고 생각했다. 그래서 1,000명의 선봉대를 뽑아서 공격에 나섰다.

공격신호와 함께 1,000명의 병사들은 얕은 개울 건너편 미군들에게로 커다란 함성과 함께 돌진했다. 1만 명의 미 해병대는 참호 속에서 새파랗게 질렸다. 일본군이 공격을 해오는데 수가 너무 적었다. 알 수 없는 고함을 치는 것도 이상했다. 지휘관들은 무선 교신을 통해 '일본군이 뭔가 함정을 준비한 것 아니냐'면서 불안에 떨었다.

해병대 누군가가 총을 쐈다. 그것을 신호로 해병대의 사격이 시작됐다. 일본군은 줄줄이 쓰러지기 시작했다. 그런데도 일본군은 계속 밀려왔다. 해병대 신참들은 일본군이 왜 '쉬운 표적'을 자처하는지 이해할 수 없었지만 부지런히 총을 쏘았다. 일본군 1,000명은 순식간에 전멸했다. 2차, 3차 공격을 감행했지만 결과는 똑같았다. 미군 입장에서는 전투가 아닌 사냥이었다.

일본군의 '하면 된다' 정신은 그 정도에서 그치지 않았다. 병력을 2만 명으로 늘려 재공격에 나선 것이다. 일본군은 섬의 모든 병력을 끌어모았다. 대부분의 병사들이 비가 퍼붓는 정글 속을 며칠 동안 행군해서 목적지에 도착했다. 말도 못하게 피곤한 상태였다. 일본군은 춥고 배고픈 가운데서도 '하면 된다' 정신으로 공격신호와 함께 뛰쳐나갔다.

이번의 인해전술은 확실히 효과가 있었다. 미군의 방어선이 뚫린 것이다. 미군과 일본군의 육박전이 벌어졌다. 하지만 굶주린 데다 지쳐서 다리가 풀린 일본 병사들은, 신참이라지만 따뜻하게 먹고 입은 미 해병대원들의 상대가 될 수는 없었다. 한 하사관은 단검 한 자루로 수십 명의 일본군을 처치하기도 했다. 1만 명에 가까운 일본군이 목숨을 잃었다. '하면 된다' 정신의 서글픈 말로였다.

좋아하는 일을 하면서 기다려라

신씨는 유학을 놓고 갈등중이다. 그녀는 대학을 졸업한 뒤 패션회사 홍보팀에서 일해왔다. 하지만 신씨가 원하던 곳은 패션회사가 아니었다. 유학을 가서 영화 공부를 하고 싶었다. 그런 다음 돌아와서 제작 또는 마케팅 분야에서 일을 하고 싶었다. 우리나라 영화산업을 이끌고 있는 몇몇 여성 영화인들처럼 성공하겠다는 포부였다. 그녀는 얼마 전 미국의 한 대학으로부터 연락을 받았다.

"좋은 학교라서 가고는 싶은데, 한편으로는 불안해요. 학비도 부담이지만 돌아와서 잘 풀린다는 보장도 없고요. 어찌해야 할지 모르겠네요. 이번 기회를 놓치면 언제 또 기회가 올지도 모르겠고요."

그녀는 조심스럽게 좋아하는 쪽의 손을 들어주었다. 그 일을 잘하게 될지는 아직 알 수 없지만, 차근차근 준비를 하면서 기회가 올 때까지 기다리겠다는 소신이었다. 성공은, 좋아하는 일과 잘하는 일이 겹칠 경우에 한해 나타나는 현상이다. 좋아하지 않는 일에서 성공이란 있을 수 없다.

성공은 돈을 많이 벌거나 명예로운 성취를 이뤄내는 것에 한정되지 않는다. 성공의 의미는 시간이 갈수록 다변화될 것이다. 매일 스스로를 돌아보며 대견하게 생각한다면, 그것 역시 커다란 성공이다. 하루를 성공적으로 마친 것이니까.

프로페셔널은 어느 날 갑자기 하늘에서 떨어진 사람들이 아니다. 지겨워 보이는 단순반복을 거듭하면서 오랫동안 기다려온 사람들이다. 기회는 기다리는 사람에게만 보이기 마련이다. 프로는 기회가 오면 잡아채 그 위에 올라탄다. 자연스럽게.

2022년은 그 어느 해보다도 스포츠에 대한 열기가 뜨거웠던 한 해였다. 베이징 동계 올림픽을 시점으로 월드컵 축구 열기가 코로나로 얼어붙은 사람 사이의 열정을 불태우던 한 해였다. 그중 최대 관심사는 아르헨티나를 월드컵 우승으로 이끈 메시 선수의 화려한 성취다.

아르헨티나는 '전설' 디에고 마라도나가 1986년 멕시코 대회에서 우승을 이끈 이후 36년 만에 후계자 리오넬 메시(35·파리생제르맹)를 앞세워 다시 FIFA컵(월드컵 우승 트로피)에 입을 맞췄다. 메시는 고대하던 월드컵 우승트로피를 품에 안으며 '커리어 그랜드슬램', 즉 전 세계 최고의 축구선수에게 수여하는 발롱도르(Ballon d'Or)상, 유럽축구연맹(UEFA) 챔피언스리그 우승트로피, 그리고 월드컵 우승트로피까지 모두 품에 안은 역대 9번째 축구선수가 됐다.

그런데 한 가지 특이한 점은 다른 선수들은 전력을 다해서 뛰고 달리면서 공을 따라다니지만 메시는 거의 뛰지 않고 어슬렁어슬렁 걸어다니다 결정적인 찬스가 오기만을 호시탐탐 노린다는 것이다. 그러다 공이 자신에게 오는 순간, 그 누구도 잡을 수 없는 폭발적인 드리블로 찬스를 만들어주거나 결정적인 한 방을 날린다. 이번 월드컵 대회에서도 7골 3도움이라는 가공할 만한 공격력을 보인 비결은 언제나 최선을 다해서 달리는 노력에 있는 것이 아니었다.

메시는 철저하게 자세를 낮추고 전세를 파악한다. 절대로 아무 때나 전력질주하지 않고 결정적인 찬스가 다가올 때를 노린다. 그리고 공을 잡는 순간은 그 누구도 범접할 수 없는 놀라운 속도와 신기에 가까운 볼 컨트롤로 승부를 가르는 결정적인 기회를 만들어낸다. 마치 치타가 목숨 걸고 먹이를 사냥하는 것처럼. 그는 무조건 최선을 다하는 것이 아니라, 자세를 낮추고 기다리다 때가 왔을 때 전력 질주를 한다.

불안감이 피워낸 찬란한 슬픔의 꽃, 앙스트블뤼테

심한 눈보라와 눈의 난반사 때문에 사방이 온통 하얗게 보이는 현상을 화이트 아웃(white out, 백시현상)이라고 한다. 이로써 갑자기 눈이 먼 것 같은 충격을 받기도 한다. '화이트 아웃'이 발생하면 높고 낮은 것은 물론이고 방향과 거리감까지 상실한다. 눈보라가 모든 것을 덮어버리니 원근감도 느낄 수 없다.

이 현상이 나타날 때는 무모하게 움직이기보다는 다시 시야가 회복될 때까지 기다려야 한다. 무리하게 이동할 경우 조난당하기 십상이다. 기다리다 보면 언뜻 하늘과 빙원의 경계가 보인다. 방향을 가늠할 지표도 찾을 수 있다. 기회가 올 때까지 기다려야 하는 것이다.

독일의 문제적 소설가 마르틴 발저(Martin Walser)의 《불안의 꽃》. "지혜로운 사랑은 없다. 다만 격렬할 뿐이다"라는 말로 유명해진 이 소설의 원제가 앙스트블뤼테(Angstblute)다. 앙스트블뤼테는 죽음을 감지한 전나무가 마지막 남은 힘을 다해 평소 때보다 훨씬 화려하게 마지막 꽃을 피워 올리는 현상을 뜻하는 생물학적 용어다.

이 단어는 독일어로 '공포, 두려움, 불안'을 뜻하는 앙스트(Angst)와 '개화, 만발, 전성기'를 뜻하는 블뤼테(Blüte)의 합성어로서 '불안 속에 피는 꽃' 정도로 의역할 수 있다. 전나무의 불안감이 상상초월의 꽃을 피워내듯 극심한 위기와 불안감이 전대미문의 창조를 일으키는 것이다. 가장 어려운 상태를 겪은 후에 내공이 깊어진다는 사실을 전나무의 앙스트블뤼테가 가르쳐주고 있다.

"새 생명은 위기의 산물이고 꽃도 스트레스의 산물이다."

박중환의 《식물의 인문학》에 나오는 말이다. 영어 알파벳 순서대로 a는 1점, b는 2점, c는 3점 순으로 해서 z는 24점으로 환산하면 태도를 의미하는 영어 단어 attitude(1+20+20+9+20+21+4+5)는 정확히 100점이 된다. 뭔가에 임하는 자세와 태도가 중요하다는 사실이다. 그런데 놀랍게도 stress(19+20+18+5+19+19)도 100점이 된다.

적당한 스트레스 강도가 있어야 삶이 원만해진다는 이야기가 아닐까. '스트레스 받은'에 해당하는 영어 'stressed'를 뒤집으면 정확히 디저트(desserts)가 된다. 스트레스를 받으며 이겨내는 삶이야 말로 디저트처럼 달콤한 인생을 맛볼 수 있다는 의미라고 생각한다.

"편안함이 끝나고 궁핍이 시작될 때 인생의 가르침이 시작된다." 헤르만 헤세의 말이다. 그는 《유리알 유희》에서도 비슷한 말을 했다. "위험이 없는 길로는 약한 사람들만 보낸다."

공부하는 과정도 전나무의 앙스트블뤼테 같은 불안감이 열정을 불러일으켜 전대미문의 새로운 창조로 연결된다. 불멸의 작곡가 베토벤은 그의 천재적인 재능 덕분에 어릴 적부터 세계적인 명성을 얻었다고 평가받는다. 하지만 그의 나이 스물일곱 무렵 귓병으로 청력을 상실하면서 그는 안 들리기 시작했다. 소리가 안 들린다는 것은 작곡가에게는 사형선고나 다름없다. 그때부터 베토벤은 극도의 불안감에 휩싸여 평상시와는 다른 방법으로 창작에 몰두하면서 위대한 걸작을 탄생시켰다. 베토벤에겐 청력을 완전히 상실할 수 있다는 극도의 불안감과 위기의식이 위대한 창작에 몰두하게 만든 원동력이 된 셈이다.

이런 점에서 모든 불확실한 상황, 그럼에도 불구하고 미래를 믿고 흔들리지만 뒤흔들리지 않고 자신의 의지로 창작의 불꽃을 피워내려는 안간힘이 전대미문의 새로운 창작의 꽃을 피워내는 원동력이 되는 셈이다. 니체도 마지막 책인 《이 사람을 보라》를 쓰기까지 10년간을 극심한 불안감을 원료로 마지막 창작의 불꽃을 피워냈다.

　온 힘을 다해 활짝 꽃을 피우는 것은, 살고자 하는 열망이다. 꽃은 기다리고 기다리다가 순식간에 핀다. 지금은 비록 내려가고 있을지언정, 우리의 기다림도 다를 바 없다.

목표에
목숨걸다
목숨이 끊어진다

일상다반사(日常茶飯事)라는 불교용어가 있다. 일상에서 차나 식사를 하는 평범하고 소소한 일, 그 속에 깨달음의 정수가 들어 있다는 의미다. 사진작가 앙리 카르티에 브레송(Henri Cartier-Bresson)이 한 말처럼, 결정적인 순간이 따로 있는 게 아니라 모든 순간이 결정적인 순간이다. 다반사가 매순간 펼쳐지면서 사람은 누구나 시한부(時限附) 인생을 산다. 언제 죽을지 모른다.

사람은 누구도 자신에게 남은 세월이 어느 정도인지 알 수 없다. 따라서 모든 순간이 결정적인 순간이다. 시인 비스와바 쉼보르스카(Maria Wisława Anna Szymborska)가 '두 번은 없다'는 시에서 힘주어 말한 것처럼, "반복되는 하루는 단 한 번도 없다." 모든 순간은 영원히 돌이킬 수 없는 절체절명의 소중한 시간이다. 매번 다른 한순간이 모여서 한평생을 만들어간다.

다반사와 시한부 사이에서 살아가는 우리에게 소중한 미덕이 무불경(毋不敬)이다. 무불경은 《예기》에 나오는 말로, "매사에 공경하지 않음이 없다"는 뜻이다. 일상다반사에서 만나는 모든 순간과 사물, 사람과 환경과의 만남은 경이로운 기적이 탄생하는 깨달음의 무대다. 생명체는 물론 모든 비생명체도 그냥 거기에 존재하지 않는다. 저마다의 이유와 방식으로 각자의 위치에서 주어진 삶을 담담하게 감당하며 살아간다.

존경하지 않을 수 없는 존재는 없다. 모든 순간에 부여된 의미의 선물을 붙잡고 어제와 다르게 세상을 맞이하며 자신을 재서술하는 미국의 철학자 리처드 로티가 말하는 아이러니스트로 살아가는 삶이야말로 다반사와 시한부 사이에서 무불경을 몸소 실천하는 삶이 아닐까 싶다.

우리가 불행한 이유 중 하나는 목표를 달성하기 위한 직선주로를 전속력으로 달려가기 때문이다. 목표를 달성하는 여정에서 만나는 수많은 마주침을 귀히 여기기보다 목표를 달성하는 순간 느끼는 만족감이나 성취감 중심으로 살기 때문이다.

지금은 목표를 달성하기 위한 질주야말로 목숨까지 앗아가는 원흉이 된다. 목표 자체가 필요 없다는 이야기가 아니다. 목표를 달성하는 과정을 즐기지 못하고, 목표를 행복을 가져다주는 소중한 디딤돌로 생각하지 않는 데 문제의 심각성이 있다. 목표달성 자체만을 강조하고 그 결과에 몰두하다 보니 목표를 달성하는 과정에서 생기는 우연한 마주침이나 부산물이 지니는 소중한 의미를 간과하거나 무시해버린다.

목표를 달성하는 일 말고도 일상다반사는 엄청 많다. 사소한 하루 일과에서도 무불경의 자세로 살아가면 우리는 많은 것을 배울 수 있고, 존재하는 모든 게 경이로운 기적이 아닐 수 없다. 살아가는 모든 순간이 다 결정적으로 의미심장한 순간이다. 쉼보르스카 시인의 '두 번은 없다'는 시처럼, 어제와 동일하게 반복되는 순간은 한순간도 없다. 모든 순간은 반복할 수도 없고 공통점도 없는 역사적 사건이다.

목표달성은 숙제가 아니라 축제다

목표달성은 하기 싫은 일을 억지로 하면서 어쩔 수 없이 해야 하는 숙제가 아니다. 오히려 목표달성은 자신이 하고 싶은 일을 하면서 나도 모르게 몰입해서 즐기는 축제와도 같다. 목표를 남에게 보여주기 위한 가시적 결과물로 생각하는 순간, 목표를 달성하는 과정보다 결과에 치중하게 된다. 자신을 어제와 다르게 탈바꿈시키기 위한 도전 과제가 아니라 일정한 시점에서 반드시 달성해서 세상에 보여주어야 하는 노동의 산물이라고 생각하는 순간, 목표는 불행을 자초하는 장본인으로 전락한다.

목표는 보여주기 위한 '행위'가 아니다. 목표달성은 나의 존재 의미와 가치를 발견하는 '행복'의 원천이다. 자신이 하는 일을 사랑하지 않는 사람, 지금 그 일을 하는 과정에 애정과 관심이 없는 사람이 결과중심으로 일을 하면 쉽게 지치고 중도에 포기하거나 사는 것 자체가 행복하지 않을 수 있다.

자기 일을 사랑하는 사람은 결과에 연연해하지 않는다. 그것이 지금 이루어지지 않았다고 해서 그 사실이 큰 실패나 좌절을 의미하지 않기 때문이다. 내일, 어제와 다른 방법으로 도전하면서 그 일을 즐기면, 나도 모르는 사이에 거기서 생기는 우연한 부산물이 산물이 지닌 의미와 가치를 능가할 수 있다. 목표에 목숨을 거는 사람은 목표 이외의 모든 것을 목표달성을 방해하는 장애물이거나 비효율적 걸림돌로 여긴다. 반면 목표달성 과정을 즐기는 사람에게 목표라는 결과물은 또 다른 목적지로 출발하기 위한 중간 거점에 불과하다.

목표는 시공간을 초월해서 반드시 달성해야 할 난공불락의 진리 같은 이상적 상태가 아니다. 오히려 목표는 주어진 여건에 따라 달성 수준이나 결과도 달라질 수 있는 가변적 수단일 뿐이다. 오늘의 목표는 언제나 내일의 더 의미심장한 목표를 달성하기 위한 디딤돌로서의 수단임을 기억하자.

지금 우리에게 필요한 기술은 목표를 달성하기 위해 전속력으로 올라가는 기술이 아니라, 잠시 호흡을 가다듬고 더 원대하고 심장 뛰는 숭고한 목적을 달성하기 위해 내려가는 기술이다. 잘 내려가지 못하면 다시 올라갈 수도 없다. 올라가는 속도보다 내려가는 밀도가 행복감과 직결되어 있다. 내려가는 연습은 지금까지 배운 게 더 이상 통용되지 않으니 새로운 생각(rethinking)과 새로운 기술(reskill)로 무장하는 연습이다. 종전과 동일한 방법으로 목표를 달성하는 기술은 더 이상 시장에서 통용되지 않기 때문이다.

지금은 얼마나 빨리 올라가서 목표를 달성하느냐보다 얼마나 더 오랫동안 힘든 상황을 이겨내면서 다시 올라갈 힘을 바닥에서 기르느냐가 중요하다. 설혹 달성하지 못한 목표가 있다 할지라도 힘을 빼고 바닥으로 내려가 상황변화에 내 몸을 적응하는 느린 기다림이 필요한 시기다. 지금은 속도의 끝에서 밀도로 무장해 새로운 삶을 시작할 시점이다.

고정된 시선에서 눈을 떼고 시야를 넓히자

행복은 '속도'에서 오지 않고 '각도'와 '밀도'에서 온다. 그런데 지금껏 목표달성 속도가 빨라지면서 세상을 다르게 바라볼 수 있는 각도는 좁아지고 매순간 삶의 충만감을 느끼는 밀도감 역시 떨어져왔다.

　2007년 4월 11일 밤 12시 50분, 잠깐 졸다가 중앙분리대를 들이받고 차는 전복되는 대형 교통사고를 당했다. 운전자는 완전히 의식을 잃고 분당서울대 병원으로 급송된 사고가 발생한 것이다. 나는 이를 일명 4·11사태라고 명명했다. 일생일대 최대의 대형 참사였다. 죽음의 일보직전까지 내려가보았다. 그때 깨달은 체험적 지혜는 속도가 빨라지면 세상을 다르게 볼 수 있는 각도가 좁아진다는 사실. 두 달 후 퇴원한 다음, 교회 다니는 분들을 유심히 관찰한 결과 놀라운 사실을 발견했다. 교회 다니는 분들은 주행속도에 따라 찬송가가 달라진다는 사실이다.

　60Km 주와 함께 길 가는 것
　80Km 날마다 주께로 더 가까이
　100Km 요단강 건너가 만나리
　120Km 주여 나 이제 갑니다!

　즉, 속도를 높이면 주님을 빨리 영접할 수 있다는 사실이다. 세상을 다르게 보는 각도가 좁아지는 이유는 속도가 빨라지기 때문이다. 앞만 보고 달리다 주변의 다양한 행복을 즐길 수 없다. 가을날 코스모스 핀 길을 시속 200킬로로 달리면 코스모스는 점으로밖에 보이지 않는다. 속도가 가을의 아름다운 풍광도 삼켜버리기 때문이다.

아름다운 세상을 바라보기 위해서는 목표를 향해 달리는 속도를 줄이고 각도를 넓혀야 한다. 각도를 넓혀야 지금까지 살아온 방식과는 다른 삶의 가능성도 볼 수 있다. 경제 빙하기가 계속될수록 앞만 보는 시선보다 주변을 둘러보는 시야가 더 중요하다. 시선이 고정되면 사선도 무의식중에 넘어버린다. 고정된 시선에서 눈을 떼고 시야를 넓혀야 이전과 다른 시각이 생긴다.

강남에 50평짜리 아파트를 마련하려는 꿈을 실현하기 위해 부부는 휴일도 반납하고 야근도 불사했다. 드디어 꿈에 그리던 아파트를 마련하는 순간, 부부는 진한 행복감이나 가슴 벅찬 성취감을 맛볼 겨를도 없이 또 다른 목표를 향해서 달려갔다. 베란다도 테라스 카페처럼 꾸미고 비싼 독일제 커피 머신도 구입하고 극장의 음향시설처럼 첨단 오디오 시스템도 설치했다. 하지만 집안의 모든 물질적 시설을 가장 많이 즐기는 사람은 부부가 아니라 집에서 일하는 아주머니였다는 사실은 충격적이다. 부부는 자신들이 이룬 물질적 혜택을 향유할 시간이 없다. 또 다른 목표를 향해서 달려가야 하니.

부부는 아파트 평수가 부족해서 더 늘려야 하기 때문에 이전보다 더 빠른 속도로 달리면서 목표를 향해 질주했다. 아침 먹을 시간도 없어 운전하면서 짜먹는 죽으로 식사를 대신하면서까지 목표를 향한 질주를 계속했다. 그러다 어느 날 신호등을 잘못 본 탓에 안타깝게 불의의 사고로 죽었다.

행복은 속도가 아니라 밀도에서 나온다. 밀도는 우리가 매순간 느끼는 삶의 행복감이다. 전속력으로 달려서 목표를 달성하면 행복해야 하지만, 다른 목표가 이전보다 더 빠른 속도로 달려가기를 요구한다. 목표는 궁극적으로 도달해야 할 마지막 골인 지점이 아니다. 또 다른 목표를 향해 지나가야 할 간이역에 불과하다. 목적지를 향한 질주야말로 행복이 널려 있는 수많은 간이역을 지나치게 만드는 원흉이다.

물건을 사지 말고 경험을 사라

제주도에서 100킬로미터 마라톤을 뛴 경험이 있다. 첫날 한라산 중턱을 돌아오는 30킬로미터 코스부터 둘째 날 해변도로 30킬로미터를 달리는 코스는 물론 마지막 날 오름 언덕 20킬로미터를 왕복할 때까지 전속력으로 달린 일본 선수가 1등을 차지했다. 하지만 그 친구는 제주도의 아름다운 풍경은 전혀 보지 못했을 것이다. 오로지 앞만 보고 목표를 달성하기 위해 전속력으로 달렸기 때문이다.

선두권에서는 풍경이 보이지 않는다. 1등이 목표가 아닌, 후미에서 뛰는 나 같은 사람이 제주도의 아름다운 풍광을 즐길 수 있다. 풍경 속을 달리는 행복한 마라톤을 즐긴 경험이 추억의 한 페이지로 남는 것이다. 지금은 앞만 보고 달리다 경제 빙하기에 동사당할 수 있다. 이제 지금까지 설정했던 것과 전혀 다른 목표를 설정해놓고 어제와 다른 방식으로 목표 주변을 배회하면서 상황변화도 감지해야 한다. 목표 설정 자체가 순식간에 무의미해질 수 있기 때문이다.

　이제 1등이 목표로 삼았던 목적지가 목적지로 향하는 과정에서 없어질 수도 있는 시기다. 목표는 한번 정하면 상황변화에도 불구하고 무조건 달성해야 하는 절대적 이상지대가 아니다. 지금은 목표를 설정했어도 그것이 과연 달성할 만한 목표인지를 수시로 의심해야 하는 상황이다. 1등을 목표로 달리기보다 뒤에서 천천히 달리면서 주변 상황변화를 관조하는 목표달성 여정이 절실한 시점이다. 나처럼 뒤에서 달리는 사람이 달리기로 일등하기보다 달리면서 제주도의 풍광을 감상하는 데 주안점을 두는 이유다.

　"멈출 때마다 나는 듣네"라는 미국 시인 랄프 왈도 에머슨의 명구를 필사하다가 느낀 깨달음으로 시작하는 고두현 시인의 시집 《시를 놓고 살았다. 사랑을 놓고 살았다》는 사랑할 시간을 따로 떼어놓지 않고 앞만 보고 달리다 시를 놓고 살아가는 사람, 그리고 사랑을 놓고 살아가는 사람에게 울리는 한 편의 경종이자 각성제가 아닐 수 없다.

나는 목표를 세우지 않는다. 왜냐하면 목표를 달성하다 목숨이 끊길 수 있기 때문이다. 대신 내가 소중하게 생각하는 핵심가치(열정, 혁신, 신뢰, 도전, 행복)대로 매일 생각하고 행동하며 작은 스토리를 만드는 데 전력투구한다. 5가지 핵심가치대로 생각하고 행동하면서 만든 스토리를 근간으로 책을 쓰고 강연을 하면서 행복한 인생을 사는 데 주력한다.

사람은 목표가 주는 숫자보다 숫자에 담긴 의미에 목숨을 걸 때 행복해진다. 5가지 핵심가치는 내가 사람을 판단하거나 어떤 일을 계속할지 말지를 결정하는 기준이자 규범이다. 물건을 사는 욕망에 끌려다니기보다 핵심가치 관련 경험을 사서 어제와 다른 감각적 각성체험의 얼룩과 무늬를 만들어나가는 삶을 사는 게 행복한 삶이다. 목표달성하다 목숨 끊기지 말고 목표달성하는 과정에서 행복하게 사는 한 가지 방법이 바로 핵심가치 중심 경험을 사는 것이다.

추울수록
밥에
투자하라

원씨는 마주치는 사람마다 왜 자기를 측은한 눈으로 보는지 알 수 없었다. 부장이 높은 칸막이 뒤로 불렀을 때도 마찬가지였다. 부장은 이해할 수 없는 얘기들을 늘어놓으면서 '미안하다'는 말을 반복했다. 불안한 느낌이 들었다.

부장과 면담을 마치고 나왔을 때, 동료들이 걱정스런 표정을 하고 다가왔다. 원씨는 동료들 얘기를 듣고서야 자신이 구조조정 대상으로 지목돼 퇴사해야 할 처지가 됐다는 사실을 깨달았다. 까마득한 나락으로 떨어지는 기분이었다. 원씨는 그날, 회사에서 집까지 20킬로미터가 넘는 거리를 걸어서 귀가했다. 새벽까지 발에 물집이 잡히는 것도 잊은 채 걸었다고 한다.

회사에서 새로 도입한 다면평가가 발단이었다. 일을 하면서 큰 실수를 한 적은 없었다. 다만 사람들과 잘 어울리지 못하는 성격이 문제였다. 평범한 외모에 별다른 장기도 없고, 말주변까지 없는 원씨. 선배나 후배들이 그런 그에게 최하 점수를 준 것은 크게 놀랄 일이 아니었다.

다면평가 시스템이란 것이 그렇다. 부서장 평가의 단점을 개선하기 위해 도입했는데, 부서장에 선배, 동기, 후배 등 주변 모든 사람이 내린 평가를 취합하다 보니, 평판과 이미지가 가장 큰 변수로 작용하게 된 것이다. 본의 아닌 '인기투표'를 하고, 이를 인사고과에 반영하는 셈이다. 물론, 인기관리 역시 직장생활을 하는 데서 중요한 요인 가운데 하나임을 부인할 수 없다.

"어쩌겠습니까. 다들 제가 싫다는데요. 그나마 그때는 결혼을 안 해서 다행이었지요. 지금 그런 일을 당했다고 상상하면 끔찍하죠."

그가 실업급여를 받으면서 구직활동을 하는데, 한 납품업체 사장으로부터 전화가 왔다. 만나자는 것이었다.

배고플 때의 따뜻한 밥 한 그릇

점심 약속 장소는 시장 골목에 있는 닭곰탕 집이었다. 식사를 마친 뒤 자동판매기 커피를 뽑아 공원 벤치로 향했다. 눈치를 보던 사장이 입을 열었다. 거래처 중에 관리직 사원을 뽑으려는 곳이 있는데, 혹시 의향이 있느냐는 것이었다. 마다할 이유가 없었다.

원씨는 사장에게 "왜 이런 호의를 베푸느냐"고 물어보았다. 사장이 우물쭈물하더니 대답했다.

그 전해 여름의 일이다. 후배가 휴가를 떠난 사이에 그 사장으로부터 전화가 왔다. 불문곡직 '도와달라'는 것이었다. 일이 꼬이는 바람에 사흘 안에 자금을 못 구하면 큰일 난다는 사정. 물품 대금을 모레까지 결제해줄 수 있겠느냐면서 하소연을 했다. 파악해보니, 그 업체 대금 결제일은 이미 지나 있었다. 그는 별다른 생각 없이 결재 서류를 올렸고, 다음 날 대금이 지급됐다. 그 사장이 "밥을 먹자"면서 두어 번 전화를 했지만, 응하지 않았다. 괜한 오해를 살까봐 걱정이 됐다.

그 후로 한참 지나, 직장을 잃고 난감해하는데 그 사장으로부터 반가운 연락이 온 것이다. 사장은 "어렵던 시절, 고마운 분으로부터 닭곰탕을 얻어먹고 힘을 낸 적이 있다"고 원씨에게 말했다. 그때 생각이 났고, 도움에 대한 보답도 해야겠다는 마음도 들어서 닭곰탕 집으로 불렀다는 것이다.

예전과는 달리, 지금 밥을 굶는 사람은 많이 사라졌다. 그래서 밥 한 그릇 먹는 일이 대수롭지 않게 됐다. 누구에게든 사줄 수 있고, 얻어먹을 수도 있다. 그러나 절박한 사정에 몰렸을 때의 따뜻한 밥 한 그릇은 전혀 다른 얘기다. 그것은 강력한 상징이다. 생존의 확인이며 위안이자 희망이다.

그리고 발견이다.

'내가 아직 모든 것을 잃은 것은 아니구나.'

사람은, 사람으로부터 희망을 발견한다. 희망의 불씨가 아직 살아 있다는 것을 확인한 순간, 다시 일어나 걸어갈 수 있다는 자신감이 싹튼다. 밥 한 그릇이 때로는 우리들의 운명을 바꾸기도 하는 것이다. 이럴 때의 밥은 '단순한 밥 한 그릇'을 뛰어넘는 것이다.

원씨는 협력사 사장이 허기에 지쳐 쓰러지기 직전 따뜻한 밥 한 그릇을 주었고, 사장은 보답할 기회를 찾다가 원씨가 절망에 빠져 있을 때 밥 한 그릇의 희망을 일깨워주었다. 주고받는 게 세상 이치다.

툰드라 생존방식, 공존

툰드라(tundra)는 '동토지대' 즉 '얼어붙은 땅'을 의미한다. 연중 최고기온이 섭씨 10도 이하다. 연간 250일 이상 눈과 얼음에 덮여 있다. 시도 때도 없이 사방에서 휘몰아치는 강풍, 수시로 하늘을 뒤덮는 검은 구름과 안개, 땅 위의 모든 것을 짓이겨버리는 밤

톨 크기 우박, 그리고 혹독한 추위.

그런데 '어느 날 갑자기' 이런 곳에 식물들이 등장한다. 눈과 얼음이 녹아 습지를 이루자, 여기저기서 고개를 비죽 들이민다. 큰 나무는 자라지 못한다. 주로 지의류(地衣類), 선태류(蘚苔類) 등이다. 갑자기 나타난 식물들은 불과 두 달 정도 사이에 자란다.

이들이야말로 툰드라 지역의 진정한 승리자들이다. 군락의 가장 밑바닥에 함께 엎드려 칼바람을 피한다. 몸을 낮춰 추위를 피한다. 눈과 얼음의 시기가 오면 그 밑에 깔려 인고의 세월을 보낸다. 그리고 눈과 얼음의 시기가 가면 고개를 비죽 내밀고 생명의 위대함을 만천하에 알린다.

승리자들은 어깨를 바짝 붙이고 공존하는 법을 알기에 살아남는다. 동토의 척박함을 나누어 먹으면서 서로를 북돋워준다. 그것이 그들의 생존방식이다.

상상을 초월하는 혹한 속에서도 펭귄들이 살아남는 비결은 허들링(huddling)이라는 독특한 생존방식에 있다고 한다. 펭귄이 생존 자체를 위협하는 극심한 추위가 몰려와도 여전히 종족번식을 하고 살아남을 수 있는 비결은, 서로가 몸을 맞대고 눈보라나 살을 에는 듯한 바람을 돌아가면서 막아내는 방법, 즉 허들링에 있다. 바람이 정면으로 불어오는 쪽에 있는 펭귄이 몸을 등진 채 막아주는 동안 반대편 펭귄은 몸에 피어 있는 열을 다른 펭귄들과 공유하면서 몸을 녹인다. 다시 펭귄은 위치를 조금씩 바꿔가면서 혹독한 추위와 강한 눈보라를 동반하는 블리자드도 견뎌낼 수 있는 생존기술을 개발한 것이다. 이런 점에서 허들링은 펭귄들이 환경에 적응하면서 생명을 유지해온 생존 기술이자 종족 간 교류와 협력을 통해 같이 살아가는 공동체 성장의 밑거름이기도 하다.

이렇듯 '어느 날 갑자기'는 없다. 그들은 보이지 않는 시기에도 뚜렷한 비전과 목적의식을 가지고 준비한다. 그리고 그날이 오면, 찬란한 성취로 싹을 피운다.

"모든 사람의 삶은 그 두 가지가 뒤섞일 때만, 이 무미건조한 양자택일로 인해 삶이 분열되지 않을 때에만 의미가 있을 것이다." 헤르만 헤세의 《나르치스와 골드문트》에 나오는 말이다.

어느 날 갑자기의 성취와 실패는 평범하거나 비범한 어느 날의 양적 축적이 낳은 질적 반전이다. 우여곡절과 파란만장의 역경이 인생 파란을 일으키는 경력으로 모습을 바꿔 나타난다. 지금 여기서 겪는 곤경이 어느 날 갑자기 맞이하는 풍경의 배경이 되는 셈이다. 지금 인생이 막막하다는 이야기는 당신 삶에 또 다른 서막이 펼쳐질 것이라는 전조(前兆)다.

도요타 방식, "밥은 나누어 먹는 것"

'제조업의 황제'로 불리는 일본 도요타자동차.

50여 년 이상 흑자 경영을 지속하고 있는 이 회사의 가격경쟁력과 품질경쟁력은 세계에서 경쟁자를 찾을 수 없는 수준에 이르렀다고 평가를 받는다. 그 원동력으로는 '개선'에 광적일 만큼 매달리는 직원들의 마인드와 안정적인 노사관계, 도요타 특유의 정교한 자재조달 및 생산시스템을 꼽는 사람들이 많다.

경영학자들은 '한계를 모르는 원가절감'을 첫손가락에 꼽는다. 원가절감 혁신은 협력업체에서 시작된다. 도요타가 협력업체를 괴롭혀 납품가격을 짜게 매긴다는 뜻이 아니다. 도요타의 톱 브랜드 '렉서스'를 이끈 수석엔지니어 요시다 모리타카는 부품업체들과의 관계에 대해 이렇게 말했다.

"부품업체에 1,000엔짜리 부품을 800엔에 만들어오라고 하는 것은 원가절감이 아니다. 정당하게 지불할 비용은 주고 세계 정상의 부품을 만들어달라고 해야 한다. 그게 아니면 우리가 부품업체의 이익을 빼앗는 것이다."

도요타는 덴소 같은 초일류 부품기업이 있었기에 오늘날처럼 성장할 수 있었다며 협력사들을 추켜세운다. 250여 개에 달하는 도요타 1차 협력업체들의 기술력은 설계와 생산기술에서 세계 최강으로 꼽힌다.

도요타와 협력업체들을 끈끈하게 이어주는 사고방식이 있다. '밥을 나누어 먹는다'는 것이다. 도요타는 협력사들과 연구회를 구성해 원가절감을 추진해왔다. 신모델 설계부터 같이 출발한다. 그리고 원가절감에 기울인 공동노력의 성과는 정확하게 3분의 1씩 나눈다. 먼저 소비자들의 몫으로 3분의 1. 가격경쟁력과 애프터서비스 지원으로 이어진다. 또한 3분의 1은 부품업체들 몫이다. 부품업체들은 이를 신기술 개발에 투입한다. 나머지 3분의 1은 도요타의 연구개발 재원으로 사용된다. 하이브리드 자동차를 이런 돈으로 개발했다.

부품업체와 나눈 밥(원가절감으로 거둔 이익)이 투자(신기술 개발과 원가절감)로 이어지면서 더욱 큰 밥(매출 및 이익 증대)이란 결실을 거둔 셈이다. 양측은 더욱 커진 밥을 또 나누어 먹고 투자한다. 이 선순환 사이클이 끊임없이 돌면서 오늘의 도요타를 만들어냈다.

도요타는 협력업체들에게 원가 목표를 내세우고 강요하는 법이 없다. '우리 덕분에 이익이 많이 났으니까, 납품가격을 내려라' 같은 사고방식이 통하지 않는다. 하지만 이런 도요타도 협력업체들에게 가차 없이 칼을 휘두를 때가 있다. 품질 문제다. 품질에서 하자가 발견되면 탈락시킨다.

도요타에게도 위기가 있었다. 1950년대, 심각한 위기에 처했고, 금융단의 인력감축 요구에 무릎을 꿇었다. 전체 직원의 20퍼센트 이상을 감축하라는 것이었다. 노조는 75일간 파업에 돌입했다. 오랜 협상 끝에 양측이 합의에 도달했고, 회생의 길로 다시 들어서는 데 성공했다.

그로부터 60여 년 넘는 세월이 흘렀지만, 도요타는 아직도 그 일을 치욕으로 곱씹고 또 곱씹는다. 이 회사 경영자들은 미국과 유럽의 유명 인사들이 '배우겠다'며 찾아올 때마다 "우리는 시골 기업일 뿐이고, 글로벌 기업이 아니다"며 손사래를 친다.

밥을 소중하게 여기는 도요타 방식은 고용 스타일에서도 여실히 나타난다. 50년대 회생 이후 한 번도 구조조정이나 명예퇴직을 실시한 적이 없다. 유가 급등으로 자동차 판매가 확 줄어들자 미국의 GM과 포드 등이 공장 문을 닫고 인력감축에 들어갔지만, 도요타 미국 공장은 정리해고를 할 계획이 없다고 발표했다. 미국 현지 협력사들에게도 정리해고를 하지 말아달라는 뜻을 전하기도 했다.

'리버스 엔지니어링(reverse engineering)'이라는 용어가 있다. 완성품을 뜯어가면서 적용된 기술을 세밀하게 파악하는 것을 말한다. 기업들은 경쟁사 제품을 모방하거나, 특허를 회피해 기술을 개발하기 위해 리버스 엔지니어링을 활용하곤 한다.

세계 유수의 자동차 회사들이 도요타의 하이브리드 기술을 쫓아가기 위해 리버스 엔지니어링을 활용했다. 그런데 미국 자동차 회사 기술자들이 도요타의 핵심 부품을 뜯어보고는 기겁을 했다고 한다. 특허를 피해 자동차를 설계할 방법이 원천적으로 차단되어 있었기 때문이다.

도요타는 최근 10년 동안에도 지속적인 성장과 발전을 거듭해오고 있으며, 연구 개발에도 변함없는 투자를 지속함으로써 업계의 혁신적인 리더 역할을 유지하고 있다. 특히 도요타는 하이브리드와 전기차 부문에서 압도적인 우위를 점하고 있다. 끈끈한 인간적 연대 위에서 발휘되는 지속적인 혁신, 이는 미래 가치를 현실로 구현하려는 도요타의 절박함과 간절함 덕분이라고 생각한다.

내려가는 길. 살을 에는 바람이 옷깃 사이로 무자비하게 파고든다. 사람들은 체온을 빼앗기지 않으려고 발을 동동 구르다가 마침내 서로를 껴안았다. 이제는 저체온증과의 전쟁이다.

누군가가 옆 사람에게 모자를 벗어서 건네주었다. 모자를 벗은 사람의 머리 위로 허연 김이 났다. 모자는 필수품이다. 우리가 빼앗기는 체온 가운데 상당부분이 머리를 통해 빠져나간다. 잠시 후 또 다른 사람이 모자를 벗어서 건네주었다. 번갈아 썼다 벗었다 하면서 내려간다. 한 사람이 준비하지 못한 대가를 모두가 함께 나누어서 치르는 셈이다.

뒤에서 따라오던 사람이 농담을 했다. 모처럼 웃음소리가 적막한 숲에 울려퍼졌다.

'이렇게라도 힘을 내야지.'

사람들 얼굴에 미소가 떠올랐다. 온기가 느껴진다. 일행이 있다는 건 행복한 일이다. 올라올 때는 모두가 앞서가려고 그토록 기를 쓰더니.

"한밤중에 길을 걸을 때 중요한 것은 다리도 날개도 아닌 곁에서 걷는 친구의 발소리다." 발터 벤야민의 말이다. 힘든 시기에 소리만 들어도 위안이 되고 위로가 되는, 정적을 깨우는 소리다.

초콜릿 한 조각이 손에 쥐어졌다. 누군가의 배낭 깊숙이 감춰져 있던 것일 게다.

누군가가 외쳤다.

"절대로 떨어지지 맙시다. 낙오되면 그 자리에서 멈추세요. 반드시 찾아낼 테니까."

오랫동안 잊고 살았던 낱말. 신뢰. 서로 믿어야 함께 살아남을 수 있다는 것을 깨닫는다. 이렇게 단순한 진리를, 왜 까맣게 잊고 있었을까.

인연의 밥은, 아무리 사도 아깝지 않다

최씨는 독특한 원칙을 가지고 있다. 월급의 10퍼센트는 동료나 후배들 밥을 사주는 데 쓴다는 것이다. 전 직장의 임원 한 분이 그렇게 하는 것을 보고 따라 시작했다. 처음에는 이 원칙 때문에 부부싸움이 잦았다. 부인은 '출세 병이 너무 심한 것 아니냐'면서 한 푼이라도 더 모을 생각을 하지 않는 남편을 원망했다.

최씨 마음속에도 그런 생각이 완전히 없는 것은 아니었다고 한다. 괜히 멋만 부리는 것 아닌가 하는 생각과, 인심을 사면 언젠가 보답으로 돌아오지 않겠느냐는 계산이 혼재되어 있었다는 것이다.

그런데 보답은커녕 쓰디쓴 배신감만 느꼈을 뿐이다. 갑자기 한직으로 발령이 났다. 동료와 후배들은 그를 위로해준다면서 오가더니, 시간이 지나자 하나둘씩 발길을 끊기 시작했다. 자리를 옮긴 부서는 인원이 세 명뿐이었다. 최씨는 매일 그들과 점심을 함께 먹었다. 이전 부서 사람들은 점심 약속을 잡자고 해도 슬슬 피하는 분위기였다.

사람들 뇌리에서 잊힐 만할 때, 최씨 팀이 갑자기 각광을 받기 시작했다. 쥐구멍에 볕이 든 형국이었다. 인력이 보강됐지만 일거리는 점점 늘어났다. 그러다가 사고가 났다. 직원의 실수로 엉뚱한 제품이 출하된 것을, 다른 팀 직원이 선적 직전에 발견한 것이다. 컨테이너를 통째로 다시 불러들였지만, 선적 스케줄에 맞추는 것이 쉽지 않은 상황이었다. 처음으로 따낸 큰 계약이었다.

최씨는 마지막으로 시도나 한번 해보자는 심정으로 동료와 후배들에게 도와달라고 전화를 걸었다. 기대는 하지 않았다고 한다. 받을 때는 좋아하지만, 주어야 할 때에는 약삭빠르게 변신하는 사람들 모습에 체념한 상태였다.

밤 10시가 다 되어가는 시간. 사람들이 하나둘씩 모였다. 몇몇 후배들은 야식까지 챙겨서 나타났다. 최씨는 그 중 한 후배의 말을 지금까지 잊을 수 없다고 한다.

'여기서 선배님한테 밥 한 끼 안 얻어먹은 사람이 어디 있어요? 얻어먹었으면 밥값을 해야지요.'

최씨는 그 이후로 철학을 바꿨다. 인연을 위해서는, 아무리 밥을 사도 아깝지 않다고. 생색을 낼 필요도 없다고.

《범망경(梵網經)》에서는 인연을 맺은 사람끼리의 만남을 '겁(劫)'이라는 단위로 설명한다. 겁은 천지가 한 번 개벽하고 다음 개벽이 시작될 때까지의 시간을 뜻한다고 한다. 1,000년에 한 방울씩 떨어지는 낙숫물이 집채 크기의 바위를 뚫는 시간이며, 100년에 한 번씩 내려오는 선녀의 옷자락에 사방 40리 크기 바위가 닳아 없어지는 시간이다.

사람끼리 옷깃이 한번 스치려면 500겁, 부부가 되려면 7,000겁, 부모 자식 인연이 되려면 8,000겁, 형제자매 인연에는 9,000겁이 각각 필요하다고 한다. 최씨는 이런 귀중한 인연으로 맺어진 사람들한테 밥 한 끼 사주는 것이 뭐가 어렵냐고 말한다.

왜 저런 상사만 살아남는 것일까?

살아남는 직장인은 둘 중 하나다. 실력이 출중하거나, 아니면 정치력(충성심)이 탁월하거나.

새내기 직장인들의 기준은 단연코 '실력'이다. 이들의 안목으로 보면, 실력이 있어야 출세를 하고 성공도 한다. 그래서 실력 있는 선배를 우러러보며 언젠가는 그처럼 성장하겠다고 다짐한다. 실력에 인품까지 갖춘 선배는 최고다. 후배들을 자상하게 돌봐준다. 새내기들은 그렇게 멋지게 나이 들고 싶어 한다.

반면 가장 싫어하는 선배 유형은 '악덕 마름' 같은 사람이다. 힘 있는 쪽에 빌붙어 소작인들을 착취하는 스타일. 이런 사람들은 줄을 잘 선다. 어느 쪽이 실세인지 귀신같이 알아채고 달려가서 옆에 선다. 일보다는 '관계'에 신경을 쓴다. 센 사람을 많이 알고, 그들과 얼마나 친한지가 경쟁력의 지표다.

우리는 일을 하기 위해 직장에 나간다. 일을 잘해야 성과가 올라가고, 회사도 발전을 한다. 그래서 회사에서는 일 잘하는 사람이 최고다. 원칙적으로는 그렇다. 한데 시간이 흐를수록 그런 원칙이 현실과 맞지 않는다는 것을 뼈저리게 느끼게 된다. 회사는 원칙과 이성만으로 돌아가는 곳이 아니다. 그것을 깨달을 즈음이면, 어느덧 직장인으로서 기로에 서는 나이가 된다.

오랜 세월 산을 탔다는 사람들도 정상에 오른 것을 '산을 다 왔다'고 표현한다. 그러나 그것은 '다 온 것'이 아니다. 정상에서 머물러 살 수는 없다. 따라서 꼭대기에 올랐다는 것은 '절반에 이르렀다'에 가깝다. 그만큼을 다시 내려가야 함이다.

아무리 높고 귀한 자리라도 영원히 머무를 수는 없다. 대통령도 임기가 지나면 물러나야 하고 기업의 최고경영자도 내려가야 한다. 정상은 종착점이 아닌 반환점일 뿐이다.

위로 올라가기 위해 남을 밟고, 오른 후에는 남들이 올라오지 못하게 길을 무너뜨리는 사람들이 있다. 높은 자리에 악착같이 매달리는 유형이다. 이런 사람들 때문에 세상이 일견 불공평해 보이는 것도 사실이다. 그러나 어느 누구도 정상에 머물러서 살 수는 없다. 언젠가는 내려가야만 한다. 내려가기를 끝끝내 거부하고 떼를 쓴들 비참해질 뿐이다. 악착같은 사람들의 말로가 좋지 않은 것은 이런 이유에서다.

친구들과 함께하는 저녁 식사

성씨는 '비타민 성 과장'이었다. 활력이 넘치는 그를, 선배나 후배들 모두 좋아했다. 영양제를 종류별로 놓고 매일 빠짐없이 챙겨먹는다고 해서 붙여진 별명이다.

그는 '무(無)당파'이기도 했다. '김전무파'와 '박상무파'가 영역 다툼을 벌이는 와중이었다. 그를 눈여겨본 박상무파에서 러브콜을 보냈지만, 은근슬쩍 거부했다. 김전무파는 대학 선배를 파견해 회유하기도 했다.

성씨는 어느 쪽에도 가담하기 싫었다. 일은 제대로 안 하면서 첩보활동을 벌이고, 상대방에 대한 공작을 하는 게 애들처럼 유치하다는 생각이었다. 김 전무나 박 상무가 자기들보다 어린 사장 앞에서 충성경쟁을 벌이는 것도 보기 싫었다.

성씨는 파벌에 끼는 것보다 파릇파릇한 후배들과 어울리는 것이 즐거웠다. 후배들과 회사 걱정을 함께하고 아이디어를 나누는 것이 파벌싸움보다 생산적이라고 생각했다.

양쪽 파벌 입장에서는 후배들에게 인기 좋은 성씨를 끌어들이면 호박이 넝쿨째 굴러들어오는 것이라고 생각했던 모양이다. 그러나 성씨가 어느 쪽에도 끼는 것을 거부하자, 한편으론 차라리 다행이라고 하면서도, 한편으론 '건방지다'는 반응이 나왔다고 한다.

어느 날, 현장에서 안전사고가 일어났다. 애초에 설비에 문제가 있었는데, 그것을 운용하던 협력업체의 안전 불감증이 맞물리면서 사고로 이어진 것이었다. 회사가 벌집 쑤신 것처럼 소란스러워졌다. 사람들은 서로 눈치만 보고 있었다. 설비는 김 전무와 관계가 있는 회사에서 공급한 것이었고, 협력사는 박 상무가 뒤를 봐준다는 소문이 있었다.

성씨는 후배들과 저녁을 먹다가 울분을 토로하기도 했다. '경험이 없는 2세가 사장에 오르니까, 백년 묵은 너구리들이 제 세상 만나서 사람들이 뻔히 보는데도 도둑질을 한다.' 이런 내용이었다.

다음 날 출근했더니, 박 상무가 불렀다. '왜 유언비어를 유포하느냐'는 질책을 들었다. 오후에 인사위원회가 소집됐다. 그리고 현장 사고 책임을 물어 성씨와 담당 이사를 직위해제하고 인사팀 대기발령한다는 결정이 내려졌다. 김 전무와 박 상무가 야합을 한 것이다. 자기들에게 날아온 화살을 피해, 아랫사람들에게 책임을 뒤집어씌운 형국이었다.

악덕 상사들의 공통점.

'남 잘되는 꼴은 못 본다. 클 가능성이 있는 싹은 일찌감치 잘라버린다. 그래야 자리를 오래 지킬 수 있다.'

대한민국 상당수 직장 생활의 본질은 정치 투쟁인지도 모른다.

스프링복(아프리카 영양의 일종)은 욕심이 많고 성미가 급하다. 떼를 지어 다니다가 풀을 발견하면 몰려가서 열심히 뜯는다. 또한 남 잘되는 꼴을 보지 못한다. 앞의 양이 풀을 뜯어 먹으면 뒤에서 자꾸 밀어댄다. 자리를 차지한들 잠깐이다. 뒤에서 밀어대니 또 앞을 밀 수밖에 없다.

결국 상당수의 스프링복들이 풀을 제대로 뜯지 못한 채 앞으로 내몰린다. 때로는 절벽에서도 서로 밀어대는 바람에 떨어진다고 한다. 뻔히 보면서 떨어지고, 밀어서 떨어뜨리고 나니까 또 밀려서 떨어지고. 남이 잘되는 꼴을 보지 못하고 서두르기만 하다가 자멸에 이르는 것이다. 과열경쟁으로 치닫기만 하는 우리들 신세가 스프링복과 크게 다르지 않다.

성씨는 회사에 사표를 냈다. 호기를 부렸지만 살 길이 막막했다. 실업급여를 타 먹다가 사업을 한다는 고등학교 동창 소식을 들었다. 무작정 찾아갔다.

"나, 밥 좀 먹여주라."

성씨는 친구 회사에서 총무 부장으로 일하고 있다. 성씨 이후로도 직장을 그만둔 동창 둘이 합류했다. 친구들은 회사의 성장세가 가파르지는 않지만, 멀게 내다보고 천천히 가기로 했다. 친구들은 '서두른다고 해서 목적지에 빨리 도착하는 것은 아니다'라는 데 의견을 함께했다.

성씨는 "남자가 나이 들고 나면, 남는 건 친구밖에 없다"고 말한다. 회사에서는 후배들에게 밀리고, 집안에서도 아이 교육에 밀려 왕따를 당한다는 것. 서로를 알아주는 친구들과 어울려 함께 밥을 먹는 것이 즐겁다고 한다. 그는 아프리카 속담을 인용했다. '빨리 가려면 혼자 가고, 멀리 가려면 함께 가라.'

한국인만큼 자존심 강한 사람들은 세계에서 찾아보기 힘들다. 그래서인지 위에서 아래를 내려다보는 데 익숙한 사람이 많다. 낯선 대상을 발견하면 경계하다가도, 어느 정도 파악이 되면 깔보기 시작한다. 높은 곳을 지향하니까, 눈높이도 높은 곳에 올라 있는 것이다.

세상을 깔보다가 IMF 위기를 겪었지만, 여전히 높은 곳만 좇는 사고에 익숙하다. 그 이면에는 내려가는 것에 대한 두려움이 숨겨져 있다. 스스로의 결정에 따라 내려가본 적이 없기 때문이다. 외부환경 변화에 저항하다가 떠밀렸던 경험이 너무 아프고 치욕스러워서 느끼는 공포다.

내려가는 것에 대한 거부감은 사회적 편견 때문이기도 하다. 올라가는 것은 당연하고 내려가는 것은 비정상적인 것으로 인식되어왔다. 많은 사람들에게, 내려가는 것은 자존심 상하는 일로 여겨진다. 기업들은 오로지 성장을 예측하는 데만 초점을 맞추었다.

어쨌든 지금은 내려가는 길. 자존심이 상한다면 이렇게 생각해보자. 더 이상 오르막길이 없기 때문에 내려가는 것뿐이라고.

천천히
서둘러라

로마의 역사가 수에토니우스(Suetonius)가 쓴《황제전(De vita Cae-
sarum)》에 이런 말이 나온다.

'천천히 서둘러라(Festina lente).'

원래 아우구스투스(Augustus) 황제가 한 말이라고 한다. 그는 카
이사르가 암살된 이후 벌어졌던 피비린내 나는 내란을 종식시킨
후 이 말을 자신의 좌우명으로 삼았다고 한다.

'Festina lente'라는 말은 '서둘러라'를 의미하는 'festina'와 '천천
히'를 의미하는 'lente'의 합성어다. 서두르다 보면 천천히 할 수
없고, 천천히 하다 보면 서두를 수 없다. 따라서 '천천히 서둘러
라'라는 말은 논리적 모순이다. 하지만 이 말은 모순을 넘어서 역
설적으로 들린다. 서두르지만 전후좌우를 따져보면서 서두르라

는 말이다.

바쁜 우리들은 방향과 목적의식을 잃고 자신이 왜 서두르는 지조차 망각하는 경우가 있다. 목적 없는 질주는 가만히 앉아 있는 것만 못하다. 그래서 멈춰야 할 시기를 아는 지혜와 '천천히'의 여유가 조급함보다 중요하다.

'천천히 서둘러라.'

이 말은 두 가지에서 의미심장하다. 먼저, 서두르되 내가 무엇을 위해 서두르는지를 분명하게 인식하라는 것이다. 다음으로 급할수록 돌아가라는 의미다. 상식적으로는, 곡선으로 가는 것보다 직선으로 가는 길이 빠른 길이다. 그러나 빨리 가는 직선 길에는 장애물도 많고 경쟁자도 많은 법이다. 그래서 우회하는 길보다 시간이 더 많이 걸릴 수도 있다.

달러 빚을 내서라도 직원들은 먹여라

최씨는 지난 6년간 IT(정보기술) 업체를 운영하면서 손바닥의 손금만큼 마음에 주름이 잡혔다고 말한다. '내가 왜 이런 일까지 겪으면서 사업을 해야 하나'라는 생각이 들 때가 많았다는 것이다. 누군가 회사를 사겠다고 하면 얼른 넘기고 도망가고 싶었다고 한다.

그러다가도 위기가 닥치면 살아남기 위해서 기를 쓰다가 어영부영 오늘까지 왔다는 것이 그의 겸손 섞인 설명이다. 그는 엔지니어 출신이다. 원래는 남의 말을 잘 안 듣고 쏘아붙이는 스타일이었는데, 사장 노릇을 몇 년 하더니 철학자 수준이 되었다는 것이 주변 사람들의 평가다.

최씨는 "나 혼자 잘났다고 생각하면서 살았었는데 사업을 하다 보니 그게 아니었다"면서 "무슨 사업을 하든, 가장 두려운 사람은 직원들"이라고 이야기했다. 고객은 직원들 다음이라는 것이다.

그의 얘기를 정리해보니까 재미있는 요소들을 도출할 수 있었다. 다른 경영자들한테서도 비슷한 이야기를 여러 차례 들은 적 있었다. 메모들을 찾아 하나로 추려서 '직원 최우선의 법칙'이라고 이름을 붙여보았다.

직원 최우선의 법칙

• 직원들 월급이 무조건 첫째다. 돈이 없으면 달러 빚을 내서라도 직원들 월급은 제 날짜에 주어야 한다. 이것은 모든 사업에서 제1의 법칙이다. 내 아이 학비가 밀리는 한이 있어도, 사무실 임대료를 못 내는 한이 있어도 직원들 월급은 월급날 주어야 한다. 월급이 밀리면 회사 기둥에 금이 가기 시작한다. 불신의 금이다. 사장만 그것을 못 본다. 사장이 방

심하는 사이에 기둥에 균열이 생긴다.

- 사장이 직원들에게 월급을 주는 게 아니다(많은 경영자들이 처음에는 그런 줄 알았다가 여러 번 혼이 나고서야 이를 깨닫는다). 직원들이 회사를 먹여살리는 것이다.

- 직원들이 최초의 고객이다. 직원들은 새로운 기술과 서비스를 만들어 처음으로 체험하는 고객들이다. 다른 고객들과 달리, 회사 안에 있을 뿐이다. 직원들이 먼저 써보고 그들이 안심한 다음에 납품해야, 비로소 '회사가 팔아먹을 것'이 나온다. 첫 번째 고객이 만족 못하면 다음 고객을 기대할 수 없다. 회사 밖의 고객들은 그다음이다.

- 직원들은 사장의 마음을 모른다. 수줍어하면 안 된다. 속마음을 과감하게 표현하라. 자신들이 얼마나 사랑받고 있는지, 그들이 알아야 한다. 자기가 사랑받고 있음을 아는 사람은 어려운 시기에 기적을 만들어낸다. 기적은 누군가가 혼자 만들어내는 것이 아니다. 여러 사람의 사랑과 믿음이 어우러져 하늘을 감동시키는 것이다(특히 지금 같은 빙하기에는 더욱 따뜻한 사랑이 필요하다).

- 직원들이 스스로를 소중히 여기도록 자긍심을 세워주어야 한다. 자긍심 없는 직원은 고객을 최고로 대접하지 못한다. 자긍심은 돈으로만 해결되는 것이 아니다. 조직원 모두가 서로에 대해 세심하게 배려하는 기업문화를 만들어야 한

다. 사실, 독보적인 기업들의 장점은 여기에 있다. 그런 기업들은 직원들의 잘못을 따질 때조차 그들의 자존심에 신경을 써준다.

직원 편에 서고, 직원을 두려워하라

- 결국은 직원 편을 들어주어야 한다. 직원이 고객 또는 협력사와 마찰을 일으켰을 경우, 그 앞에서 직원을 꾸짖을 수 있다. 그러나 그 상황이 끝난 뒤에는 반드시 따로 불러서 자초지종을 다시 들어보아야 한다. 옳은 행동에 대해서는 칭찬해주고, 잘못한 부분에 대해서는 스스로 시정할 수 있도록 따뜻하게 지도해주어야 한다. 거의 모든 직원들은 이제 겨우 배워가는 중이다. 한꺼번에 많은 것을 바랄 수 없다.

- 말을 뱉기 전에 신중하게 생각하라. 사업에서 가장 큰 자본이 신용이다. 직원들에게 약속을 남발하지 말라. '이 일만 잘되면 보너스 듬뿍 준다.' '이번 계약 잘되면 전 직원 괌 여행 시켜준다.' 기분이 좋다고 해서, 흥을 돋우려고 이런 식의 약속을 하는 경영자들이 있다. 대개는 나중에 '그런 적 없다'고 잡아뗀다. 직원들이 사장을 믿지 못하면, 어려운 시기를 함께 넘길 수 없게 된다. 배가 조금이라도 흔들리면, 좌초한 줄

알고 집단 탈출한다. 사장의 약속 남발은 '나를 우습게 봐도 좋다'고 공언하는 것이나 다름없다.

- 직원들의 고객 서비스를 개선하고 싶다면, 스스로부터 돌아보라. 나쁜 서비스는 사장 책임이다. 직원들은 사장이 하는 만큼 한다. 사장이 협력사나 납품업체를 우습게 여기고 대금 결제를 미루면 직원들도 고객을 함부로 대한다.

- 때로는 가장 무서운 적(敵)이 직원들이다. 사업을 하다 보면 불가피하게 적을 만드는 경우가 있다. 여러 이해관계가 얽히다 보니 피할 수 없을 때가 있다. 하지만 그 중에서 직원을 적으로 돌리는 것이 가장 큰 실책이다. 반감을 품은 직원이 핵심 기술이나 장부를 가지고 나갈 경우의 피해를 생각해보라. 오싹할 것이다.

- 직원, 특히 MZ 세대에게 업무를 부여할 때, '3요 질문'의 본질을 알아야 한다. 3요 질문은 상사가 뭔가를 하라고 지시하면 젊은 직원이 '이걸요, 제가요, 왜요'라고 되묻는 질문이다. 그들이 이런 질문을 한다고 버르장머리가 없다고 야단을 치는 순간 퇴근과 함께 퇴사할지도 모른다. 왜 내가 이 일을 해야 하는지에 대한 분명한 이유와 목적을 사전에 충분히 납득이 가게 설명하고, 이 일을 함으로써 얻을 수 있는 보람과 가치가 무엇인지도 함께 공감한다면 더욱 적극적으로 열정을 갖고 참여할 것이다. 예전 세대와 다른 직업관과

가치관을 지닌 MZ 세대를 포용하고 인정해야 새로운 직장 문화가 구축될 것이다.

먹여주어야 먹을 수 있다

사업을 잘 한다는 것은, 객관화를 얼마나 잘 하느냐의 능력에서 비롯된다. 객관적 시각에서 출발해 객관적인 결론에 이르는 과정이다. '나는 이것이 마음에 드는데, 다른 사람들도 그럴까?' '나는 이 조건에 거래를 하고 싶은데, 저 사람도 이 조건을 마음에 들어 할까?'

객관적 시각으로 보면, 상대방 마음을 읽을 수 있다. 따라서 누군가의 마음을 움직이기 위해서는 차분하게 객관화된 시선으로 바라보는 것이 첫 번째다.

성공이란, 사람들이 원하는 것을 해줌으로써 한 계단씩 쌓아가는 것이다. 주변 사람들을 팽개친 채 혼자만의 힘으로 혼자만의 성공을 이뤄낸 사람은 찾기 어렵다. 성공하려면 집안부터 일으켜 세워야 한다. 식구들을 만족시키지 못한 성공은 의미가 없다.

사업에서의 성공은 직원과 관계회사들을 배불리 먹여주면서 시작된다. 고객에게는 푸짐한 만족을 선사해야 한다. 국가 역시 마찬가지다.

'국민 여러분, 조국이 여러분을 위해 무엇을 해줄 수 있는지 묻지 말고 여러분이 조국을 위해 무엇을 할 수 있는지 스스로에게 물어보십시오.'

케네디 대통령의 말이다. 그런데 이 말은 이제 통하지 않는다. 국민들을 제대로 먹여주지 않는 나라는 국민으로부터 버림을 당한다. 국민을 봉으로 보고, '걷어가는 데는 열심-먹여주는 데는 무관심'인 나라는 국민을 잃고 만다.

세계화 시대. 국적도 돈 주고 사는 시대다. 선진국들은 꼬리에 꼬리를 물고 이어지는 부자들의 세금 회피성 국적 이탈에 골머리를 앓고 있다.

빙하기의 국가들은 부유한 사람을 한 명이라도 더 국민으로 끌어들이기 위해 치열한 경쟁을 벌이게 될 것이다. 슬프고 한심해 보이는 현실이지만, 어쩔 수 없다. 국가들도 살아남아야 하니까.

사장은 직원들에게로 내려가야 한다. 직원들과 함께 서서 세상을 보아야 한다. 정치인들 역시 국민들에게로 내려가야 한다. 상대방의 시각으로 다시 느껴보아야 한다. 마음을 읽을 줄 알아야 한다. 글을 읽지 못하는 것이 20세기 문맹이라면, 마음을 읽지 못하는 것은 21세기형 문맹이다. 마음을 읽지 못하는 사람이 많을수록 행복은 멀어진다. 물건을 훔치면 범인이지만 마음을 훔치면 연인이 된다. 사장이 직원들을 위해 해야 할 가장 최우선의 일은 마음관리다. 특히 경제 빙하기 시대에는 다른 모든 관리보다 마음을 관리할 필요가 있다. 마음을 불태우면 다른 것이 힘든 상황에서도 직원들이 힘을 합쳐 난국을 돌파할 혜안과 대안을 만들어낸다.

바이올린 스트라디바리우스의 비밀

바이올린의 정점, 스트라디바리우스는 가격도 어마어마하지만 다른 바이올린들이 흉내 낼 수 없는 소리를 낸다는 점에서 '신비'에 둘러싸여 있다. '안토니오 스트라디바리(Antonio Stradivari)'라는 이탈리아 사람이 만든 바이올린으로 전 세계에 500~700개가량 남아 있는 것으로 추정된다. 상태에 따라 우리 돈으로 수십 억 원에 거래되기도 한다.

17~18세기 이탈리아는 불후의 명작 바이올린들을 많이 남겼다. 스트라디바리우스 외에도 과르네리, 아마티, 과다니니 등이 제작됐다. 특히 스트라디바리우스와 과르네리가 쌍벽을 이루는데, 스트라디바리우스가 여성적이고 섬세한 소리를 내는 데 비해 과르네리는 남성적이고 풍부한 소리를 낸다는 평가를 받는다.

음악 애호가들은 지금이 17~18세기보다 과학기술이 훨씬 발달했는데 왜 스트라디바리우스 같은 바이올린을 만들 수 없는지에 대해 의문을 품어왔다. 그리고 스트라디바리우스 소리의 비밀이 어디에서 비롯되는지에 대해 논쟁을 벌여왔다.

최근 식물학자와 기후학자 연구팀이 그 비밀을 밝혀냈다고 해서 주목을 끌었다. 스트라디바리우스 소리의 비밀은 나무 재질에 있다는 것이다. 연구팀에 따르면, 1400년대 중반부터 1800년대 중반 유럽은 '소빙하기(Little Ice Age)'라고 불릴 정도로 추운 날씨가 거듭되었다고 한다. 여름에도 으슬으슬 추웠고, 겨울에는 혹독한 추위가 몰아쳤다는 것이다.

연구팀은 소빙하기의 강추위 때문에 나무들이 제대로 성장하지 못했다는 것에 착안했다. 나무들이 성장하는 대신 매우 내밀해졌다는 것이다. 나무가 어떻게 자랐는지는 나이테를 보면 알 수 있다. 나이테 간격이 넓은 것은 여름에 자란 흔적이고, 나이테 간격이 좁은 것은 겨울의 기록이다. 따라서 나이테 간격이 극히 좁다는 것은, 그만큼 외부 환경이 녹록지 않았음을 의미하는 것이다. 살을 에는 듯한 추위와 눈보라에도 나무는 나목으로 버틴다.

안토니오 스트라디바리는 1700년부터 1737년까지 바이올린을 제작했다. 그가 바이올린을 만들 때 사용한 재료들은 모두 '소빙하기'의 극도로 추운 날씨 때문에 내밀하게 자라난 나무들이었던 셈이다. 결국 스트라디바리우스는 나무가 자라면서 겪은 '진통'을 아름다운 선율로 녹여낸 결정(結晶)이었다. 스트라디바리우스의 '전통'도 '진통'에서 태어난 것이다.

'진통'이 '전통'을 만들어낸다. '진통' 없는 '전통'은 한순간에 전락할 수 있다. 내가 겪은 진통의 체험과 흔적이 나만의 음색을 만든다.

어떤 나무들은 빙하기에도 견디면서 자란다. 사람들이 알아채기 어려울 정도로 미세하게 자란다. 작은 성장이지만 의미심장한 성숙을 통해 튼튼하게 자란다. 그런 나무는 외형 성장보다 내면 성숙을 통해 거듭난다. 빠르게 성장한 나무는 충격에 약하다. 자칫하면 부러진다. 그러나 더디게 자라난 나무는 웬만한 충격과 압력에도 쉽게 부러지지 않는 내성을 갖고 있다. 시련과 역경을 견뎌낸 대가이기도 하다.

스트라디바리우스의 신비는 혹독한 추위를 버티면서 참아내고, 그 세월을 마침내 내면으로 승화시킨 나무가 들려주는 매혹의 소리인 것이다.

"나이테는 그 여름의 연서이자 그 겨울의 난중일기이다 / 나이테는 제 가슴에 새긴 목판 경전이다."

반칠환 시인의《둥근 시집》에 나오는 일부 구절이다. 여름에는 별 고생 없이 나무가 자라서 나이테에 사랑이 넘치는 연서가 쌓이지만, 환경이 열악한 겨울에는 사투를 벌이는 흔적이 난중일기로 나이테에 기록된다는 것이 시인의 발상이다.

그렇듯 혹독한 환경 속에서 살아내려는 삶의 의지가 고스란히 기록된 나이테, 그것이 신비한 소리를 내는 원동력이라는 것이 스트라디바리우스의 매력이다.

경제 빙하기는 내면 성숙의 시간

서울시가 2022년 11월에 10대 이상 서울시민 1,037명을 대상으로 실시한 온라인 조사에서, 5년 전에 비해 서울시민의 인쇄매체(종이책, 종이신문, 종이잡지) 이용은 크게 줄어든 반면, 유튜브 등의 영상 보기와 인터넷신문 읽기, 인터넷 검색 정보 읽기 등의 인터넷 기반 정보 이용은 크게 증가한 것으로 나타났다. 누구나 체감하는 일이다. 특히 5년 전보다 독서량이 감소했다고 응답한 시민들(36.0%)이 독서 대신 하는 활동으로 꼽은 것은 '(영상과 인터넷 등) 다른 매체 이용'(42.4%), '운동'(18.4%), '취미활동'(14.4%), '경제활동'(13.6%) 등이었다. 서울시 산하기관인 서울기술연구원이 펴낸 '디지털 환경에 따른 시민 독서문화 활성화 방안'의 조사 결과다.

책을 읽지 않고 뭔가 다른 생각을 하고 남다르게 성공하기를 원하는 사람의 꿈은 몽상이나 망상에 불과하다. 우리는 성공하기를 원한다. 행복하게 살고 싶어 한다. 원하는 것을 이루고 싶어 한다. 그러면서도 열심히 공부하지 않고 꿈을 머리로만 꾸는 경우가 많다. 주식에 대한 투자 전략도 공부를 한 다음 좋은 주식을 사야 한다. 하지만 그렇게 하지 않는다. 돈도 마련하지 않고, 공부도 안 하고, 주식도 안 산다. 그러면서 높은 수익률을 꿈만 꾼다.

꿈꾸기 전에 꿈에서 깨야 한다. 꿈은 머리로 꾸는 게 아니라 몸으로 꾸는 것이다. 경제 빙하기일수록 세상을 내다보는 안목을 키우기 위해 더욱 공부해야 한다. 지금이 절호의 찬스다. 궁리에 궁리를 거듭하며 실험하고 모색하며 몸으로 배우고 익혀야 한다.

로또 1등에 당첨되기 위해서는 매주 열심히 로또를 구입해야 한다. 로또 1등 당첨자들은 꾸준하게 로또를 샀던 사람들이다. 우리도 안다. 그러나 로또를 사지 않는다. 그러면서 1등 당첨을 꿈꾼다.

우리는 성공한 사람들이 하나같이 독서광이었다는 사실을 알고 있다. 그들이 독서를 통해 새로운 사실들을 접하고, 깨달음을 얻고, 다르게 생각하는 방식을 배웠다는 것을, 하다못해 TV 쇼 프로그램을 통해서도 보았다. 꾸준한 독서가 사람들 삶을 어떻게 바꾸어놓는지 조명한 TV 프로그램을 여러 번 접했다. 하루 15분의 독서습관이 얼마나 큰 차이를 부르는지도 보았다.

그런데도 책을 읽지 않는다.

경제 빙하기는 우리에게 성숙을 요구하고 있다. 혹독한 추위 속에서 나이테를 스스로 좁혀가며 내밀한 성장을 이루라는 것이다. 이 같은 환경 변화 요구를 받아들이지 않는다면 생존에 위협을 받을 수도 있다는 무언의 메시지를 보내고 있다.

프로페셔널로 살아남기 위해, 우리는 내면을 성숙시키는 시간적 여유를 가져야만 한다. 그것이 바로 독서다. 독서는 상상과 사색이라는 선물을 준다. 그 선물은 시련과 역경에 부딪혔을 때 유효하다. 요모조모 따져보면서 침착하게 대처할 수 있다. 독서광들이 성공에 이른 경쟁력은 사실, 여기에서 비롯되는 것이다. 책과 경험을 통해 빙하기 나무의 나이테처럼 다져진 지혜 말이다.

일본의 전천후 철학적 작가는 '지성의 폐활량'이라는 개념을 만들었다. 복잡한 문제를 만나면 쉽게 해결하려고 하기보다 천장에 거꾸로 매달려 얽힌 실타래를 풀듯 그 문제를 하나씩 해결하려는 지적 인내심이 바로 지성의 폐활량이다. 책을 많이 읽은 사람은 지성의 폐활량이 정상인보다 수십 배 크다. 복잡한 문제를 만나도 당황하지 않는 이유다.

경제 빙하기가 계속되는 난국에도 좁혀야 할 거리가 있다. 바로 책과의 거리다. 읽을거리를 많이 준비해서 고독한 시간 속에서 저자의 생각과 내 생각을 접목시켜 색다른 생각을 잉태하는 시간이 많아질수록 난국을 극복하고 돌파할 수 있는 멘탈 머슬(mental muscle)과 복잡한 문제를 조급해하지 않고 풀어낼 지성의 폐활량도 늘어난다.

독서는 생각의 독소를 제거하는 해독(解毒)과정이자 저자의 의미심장한 메시지를 풀어내는 해독(解讀)과정이기도 하다. 진짜 책 읽기의 완성은 책장의 마지막 페이지를 덮는 순간이 아니다. 읽으면서 메모하고 느낀 점을 다른 사람과 함께 토론한 다음 내 삶에 적용하고 실천하는 순간이다.

지혜롭지 못하면 작은 장애물과 걸림돌에도 쉽게 넘어진다. 걸림돌을 걷어차봐야 발만 아플 뿐이다.

베스트셀러는 반드시 보라

낯선 학생이 연구실에 찾아왔다. 상담을 해달라는 것이다. 언론사 입사 시험에 1차 합격해 논술과 면접을 남겨놓고 있는데, 도움이 될 만한 책들을 추천해달라는 것이었다. 일단 축하해주고 따뜻한 차를 한 잔 대접했다. 학생이 차를 마시는 사이, 요즘 화두에 오르는 책들 리스트를 만들어 프린트해주었다.

그런데 그 학생 표정이 그다지 유쾌해 보이지 않았다. 무시당했다는 듯한 떨떠름한 표정이었다.

"왜? 그 책들, 다 본 건가?"

학생이 종이를 아무렇게나 가방에 넣더니 말했다.

"이것들, 거의가 베스트셀러잖아요. 저는 베스트셀러는 안 보는데…. 그리고 남들 다 읽은 책은 도움도 안 될 텐데요."

신문기자가 되겠다는 친구가 그렇게 고루한 얘기를 할 줄은 몰랐다. 그래서 주로 어떤 책을 보는지 물어보았더니 우물쭈물 하면서 소설이나 인문서를 주로 본다고 대답했다.

"최근에 본 소설 중에 가장 기억에 남는 게 뭐지?"

대화를 오래 할 필요도 없었다. 학생의 밑천이 금방 바닥을 드 러낸 것이다. 상식 공부를 열심히 해온 데다 신문도 열심히 봤는 지 아는 게 많았다. 언론사 시험을 오랫동안 준비했다고 하니 그 럴 만도 했다. 하지만 한 치만 들어가면 그게 끝이었다. 책을 많 이 읽어서 아는 것이 아니라, 그런 책에 대한 소개를 많이 보고 상식시험 준비를 해왔을 뿐이다. 깊이를 추구하는 상상과 사색, 때로는 고통스럽기까지 한 과정은 생략된 채.

사람들을 만나다 보면 이 학생 같은 부류의 사람들을 간혹 접 하게 된다.

'나는 이런 책은 싫어하는데.'

자기는 뭔가 특별하고도 남다른 취향을 갖고 있다는 것을 은 근히 과시하려는 경향을 보인다. 그러나 대화를 나누어보면, 이 런 사람들치고 책을 많이 보는 사람이 거의 없다. 독서를 즐기는 것이 아니라, 남의 시선을 즐기는 것이다. 사실 다른 이들은 그의 독서 취향이나 수준에 대해 그다지 관심이 없다. 독서는 남에게 자랑하려고 하는 것이 아니다.

이런 사람이 많으면 독서 저변 확대에도 방해가 된다. 책을 읽는 행위를 거창한 무엇인가로 포장하려 들기 때문이다. 하지만 지하철에서 가볍게 본 책에서도 일생일대의 깨달음을 얻을 수 있다. 그리고 진정한 독서가들은 책을 가리지 않는다. 어떤 책에서든 배울 것을 찾아내기 때문이다.

세상에 나쁜 책은 없다. 다만 책을 읽는 나쁜 마음이 존재할 뿐이다. 리뷰를 쓰더라도 상식 이하의 책이라고 하면서 배울 게 없다는 사람도 많다. 시간낭비다. 나를 제외한 모든 사람과 사물 전부 나에게 깨달음을 주는 스승이라고 생각하자. 챗 GPT가 인간지능을 능가하는 시대, 인간은 이전과 다른 질문으로 무장해야 한다.

책은 내가 찾는 정답을 주기보다 새로운 질문을 품게 만드는 매개체다. 책을 읽으면서 끊임없이 질문을 던지는 사람만이 새로운 질문을 잉태할 수 있다. 질문 없는 독서는 독소(毒素)다. 내가 모르는 것이 무엇인지를 정확히 알고 자세를 낮추고 끊임없이 배우는 노력을 전개할 필요가 있다. 인생의 주연 배우는 하나같이 끊임없이 배우는 사람이다.

취업을 준비하고 있다면, 경쟁이 치열한 분야의 일을 한다면, 베스트셀러는 반드시 읽어야 한다. 베스트셀러는 트렌드다. 빙하기에 살아남으려면 트렌드를 읽어내고 분석할 줄 알아야 한다. '나는 이런 책 싫어해' 하면서 무시할 일이 아니다. 대기업들이 직원들에게 필독서로 추천하는 책 가운데는 베스트셀러가 많다. 기업들이 굳이 베스트셀러를 추천하는 데는 그만한 이유가 있다. 대기업 담당자들이 우리보다 수준이 낮아서 그런 책들을 권하는 것이 아니다.

먼저, 그 책이 사회적 이슈가 된 만큼, 읽어둘 필요가 있다는 판단이다. 사회 이슈는 대화에서 자주 등장할 가능성이 높다. 비즈니스 모임에서 그 이슈가 공통분모로 떠오를 경우 대화의 흐름이 자연스럽게 이어진다.

특히 면접을 앞둔 취업 준비생들이라면 각 분야의 대표적인 베스트셀러들을 두루 섭렵할 필요가 있다. 면접관들도 회사 직원들이다. 그 회사가 지정한 필독서들을 읽었을 것이다. 책과 관련된 질문이 나올 경우, 공통분모를 발견할 수도 있다. 사람은 비슷한 경험을 가진 사람에게 호감을 갖기 마련이다.

베스트셀러는 소비자의 의식을 반영한다. 많이 팔리는 책들은 소비자들의 의식세계를 비추는 일종의 '거울'이다. 따라서 베스트셀러를 꼼꼼하게 읽다 보면 소비자 대중의 심리를 간접적으로 체험할 수 있다.

기업들이 궁극적으로 지향하는 대상은 고객들이다. 상품 또는 서비스를 만들어 판매할 때까지 끊임없이 다듬고 손질을 한다. 고객들의 마음을 얻기 위해서다. 그러나 사람들의 마음은 수시로 변한다. 트렌드는 그런 '마음의 흐름'이다. 트렌드를 파악하기 위해서는 사람들이 많이 찾는 책을 읽고, 그 행간에 숨겨진 고객들의 정서를 발견하는 것이 필수다.

트렌드를 읽어야 기회를 포착할 수 있다. 책을 많이 읽었다고 해서 고생길을 면하는 것은 아니다. 책을 읽는 사람과 읽지 않는 사람의 차이는 고생의 뒤안길에서 갈라진다. 독서가들은 상처의 흉터를 아름다운 추억으로 기록한다. 도전의 성취와 보람을 최고의 가치로 추구한다. 이런 사람들에게서는 깊고 아름다운 소리가 난다. 스트라디바리우스에 비견되는 '인간 명품'인 것이다.

새로운 패러다임은 '인간 명품 간의 전쟁'으로 시작됐다. 세계 각국이 프로페셔널 인재를 육성하기 위해 팔을 걷어붙였다. 이른바 독서 지원 프로그램이다. 선진국들은 지금 다가오는 탈(脫)산업화–탈 지식사회에서는 사고의 유연성과 창의력, 생각하는 힘이 국가경쟁력의 원동력이 될 것이라고 분석하고 있다. '깊이도 있지만, 폭도 넓은 인재'를 키우는 것이 새로운 패러다임의 경제 전쟁에서 살아남는 비결이라고 생각하는 것이다.

다른 눈으로 보아야 한다. '책을 읽읍시다'는 더 이상 정부나 지방자치단체의 국민 계몽 구호가 아니다. 경제 빙하기에서 생존을 모색하기 위한 결단의 전략이다.

빙하기는 우리들에게 내면적 성숙을 요구하고 있다. 거듭나기 위해 책을 읽자. '텅 빈 오만함'에서 '꽉 찬 겸손함'으로 내려가자.

요구에
호소하지 말고
욕망의 물줄기를 찾아라

'금융'은 필요하지만 '은행'은 필요하지 않다. 빌 게이츠의 말이다. 제품의 기능만 강조하는 기관은 사라지지만, 제품이 담고 있는 가치는 변하지 않는다는 말이다. 즉 '기능'을 제공하는 '기관'은 사라지지만, '본능'을 강조하는 '감각기관(경험)'은 시간이 흐를수록 더욱 강조된다는 의미다. 오프라인 점포에서 금융업을 했던 금융 기관은 사라지고 있지만, 금융 자체의 업의 본질은 변하지 않고 여전히 살아 있다. 오프라인 점포 중심의 아날로그 은행은 사라지지만, 온라인 중심으로 새로운 경험을 제공하는 디지털 금융이 혁신을 거듭하며 발전해가는 이유다.

가전제품은 무엇보다도 디자인을 강조해왔다. 예전보다 성능을 발전시키기 위해 기술적 경쟁을 계속해온 것도 물론이다. 예를 들면 세탁기 성능만 봐도 놀라울 정도의 기술 발전으로 주부들의 세탁걱정과 부담을 많이 덜어준 것도 사실이다. 하지만 주거비용이 만만치 않게 부담이 되면서 집 전체 면적이 한정되어 예전처럼 중형 이상 세탁기나 건조기를 가전제품으로 사는 것도 부담이다.

이제 세탁기와 건조기의 제품 성능이나 효능을 기술적으로 강조해서는 시장 경쟁력을 잃을 수밖에 없다. 기능과 품질은 거의 기술적으로 상향평준화 상태다. 이런 시기에는 고객의 필요나 요구가 무엇인지를 밝혀내기보다 고객의 잠재된 욕망이 무엇인지를 찾아내야 한다. 그렇지 않으면 시장에서 순식간에 도태될 가능성이 높다.

'런드리고'라는 비대면 모바일 세탁 서비스가 등장하면서 세탁기와 건조기 시장은 일대 변혁기를 맞고 있다. 런드리고는 당일 밤 11시까지 세탁물을 문 앞에 내놓으면 수거 후 24시간 이내에 세탁해서 다시 문 앞에 가져다준다. 2019년 3월에 오픈한 이 서비스는 혁신적인 세탁경험을 고객에게 제공하면서 전국적으로 확산되어 2021년 11월 기준 6만여 가구가 정기적으로 이용하고 있다. 벌써 6만여 가구가 빨래를 집에 있는 세탁기나 건조기를 사용하지 않고 런드리고에 맡기고 있다. 즉 이들은 이미 '빨래 없는 삶'이라는 새로운 세탁경험을 하며 살고 있는 셈이다. 런드리고는 세탁을 통해 안심과 신속이라는 고객의 욕망에 부응하고 있는 셈이다.

세탁을 위한 가전제품 기술과 성능은 갈수록 진화를 거듭해 왔지만, 세탁을 하고, 말리고, 접어서 옷장에 넣는 세탁의 본질은 변한 게 없다. 세탁 기술은 혁신을 거듭하면서 발전해왔지만, 세탁의 경험은 변하지 않았다. 세탁기와 건조기의 기술적 성능이나 효능만 강조해서는 이제 시장에서 존재이유나 가치를 순식간에 잃어버릴 수 있음을 런드리고를 통해서 알 수 있다.

양초도 마찬가지다. 양초의 존재 이유는 어둠을 밝히는 데 있다. 양초의 품질은 오랫동안 변하지 않고 어둠을 밝게 빛나게 해주는 기술적 기능이 차별화 포인트였다. 그런데 양초의 성능만 강조하다 양초 산업도 사양길에 접어들었다. 이제 양초는 어둠 밝히기가 아니라 향기와 분위기를 조성하는 것으로 의미가 바뀌었다.

한양대학교 경영학과 차경진 교수의 책《데이터로 경험을 디자인하라》에 따르면, 이제 사람들은 단순히 제품을 구입하지 않고 의미나 경험을 구입한다. 예를 들면 전기가 들어오면서 성능 면에서 양초는 전기를 따라잡기가 어려웠다. 양초의 과거 기능이나 성능에만 초점을 두고 양초 산업을 계속한다면 망하는 지름길을 선택하는 것이나 다름없다. 하지만 어떤 회사는 양초의 존재의미와 가치를 전혀 다르게 포지셔닝해서 성공했다. 바로 양키캔들이라는 회사다.

이제 양초는 어둠 밝히기가 아니라 분위기를 돋우는 새로운 경험 제공자로 재설정된다. 양초 산업은 시장에서 없어지고 있지만, 분위기를 새롭게 설계함으로써 이전과 다른 경험을 제공하는 양키캔들은 대낮처럼 밝은 밤에도 여전히 자신의 자리를 굳건히 지키고 있다.

고객의 경험을 설계해서 의미를 부여하라

상온에서 음식을 썩지 않게 보관하는 방법을 연구해온 인류는 냉장고를 만나면서 복잡한 고민을 하루아침에 해결할 수 있었다.

"냉장고 문이 열리는 순간, 인류가 오랜 시간 축적한 귀중한 앎이 닫힌다."《사람의 부엌》을 쓴 디자이너 류지현의 말이다. 냉장고라는 가전제품이 생기기 전 인간은 최대한의 능력을 발휘해 음식을 썩지 않게 보관하는 방법을 궁리해왔다. 그러다 어느 순간 냉장고가 나오자 사람들은 힘들게 얻은 음식보관 노하우를 버리고 어떤 음식이든 냉장고에 넣으면 된다는 생각을 하게 됐다. 결국 냉장고가 고장나거나 쓸 수 없으면 속수무책의 상황으로 몰리게 되는 위험을 안고 살아왔다.

하지만 새벽배송이라는 이름으로 유통과 물류혁신을 일으킨 마켓컬리 덕분에 사람들은 더 이상 냉장고에 신경 쓰지 않게 되었다. 냉장고가 고장나거나 아예 없어져도 먹고 싶은 음식을 언제든지 배달해서 먹을 수 있는 시스템을 갖게 되었다. 냉장고를 만드는 가전제품 회사들은 냉장고 사이즈를 비롯해 냉장기술은 물론 냉장온도 변화를 감지하거나 사물 인터넷을 활용하는 갖가지 편리한 기술적 혁신을 거듭해왔다. 이제 냉장고의 성능이나 품질은 상향평준화되어 기술적 경쟁력의 차이는 극히 미묘할 정도다. 그만큼 핵심역량은 무의미해져가고 있다. 냉장고를 음식보관기계로 생각하는 한 냉장고는 더 이상 기술경쟁력으로 차별화되지 않는다. 냉장고의 기능은 음식을 신선하게 만들어주는 데 있다.

2015년 출시된 마켓컬리는 냉장고의 신선 기능에 신속이라는 경험을 추가, 굳이 냉장고가 없어도 새벽에 신선한 식자재는 물론 음식을 배달해 먹을 수 있는 물류 시스템을 구축했다. 마켓컬리는 설립 첫해부터 '새벽배송'이라는 파격적인 배송서비스로 주목을 받았다. 신선한 채소, 과일, 수산물을 밤 11시 이전에만 주문하면 다음 날 새벽 집 앞에 도착하는 서비스를 선보이면서 고객들로부터 폭발적인 반응을 얻었다.

퇴근 후 장을 못 본 주부들의 아픔을 감지하고 그 아픔을 어떻게 치유할 것인지 상상력을 발휘해 지금과 같은 신개념 유통 물류 서비스 회사를 현실에 구현한 것이다. '너무 편리하다'며 고객들로부터 뜨거운 호평을 받고 있는 마켓컬리는 올해 가입자가 580만 명을 넘어섰다.

샛별배송은 유통 분야 혁신에서 독특한 사고방식의 전환을 보여준 사례다. 하지만 마켓컬리가 처음부터 혁신을 목표로 의

도적으로 도입한 사례가 아니다. 온라인 신선식품을 판매하기 위해 생산지 직매입과 배송시간 단축 방법을 찾다가 무수한 시행착오 끝에 우연히 부각된 혁신 사례다. 새벽배송은 신선식품을 언제 주문해도 빨리 배송받고 싶다는 고객의 요구를 충족시키려는 고민 끝에 부각된 서비스의 하나다.

김슬아 마켓컬리 대표는 "새벽배송 자체가 중요한 게 아니라 소비자의 온라인 식품구매 경험을 얼마나 개선할 수 있는지가 관건"이라며 혁신적 발상을 하게 된 사연과 배경을 설명했다. 마켓컬리의 새벽배송은 다양한 기술과 소비자의 욕망을 접목, 최상의 해결대안을 모색하다 찾아낸 혁신적 솔루션이라는 것이다. "예를 들어 오후 4시에 고객의 주문을 받아 전복 산지에 주문을 넣으면 다음 날 배송이 힘들다. 생산지에서 고객 식탁 위까지 18시간 내에 물건을 배송하려면 미리 재고를 예측해 마켓컬리 물류센터에 가져다놓아야 한다"면서 "AI는 고객 구매 데이터 분석을 통해 수요 예측을 했고, 성실하게 데이터를 쌓다 보니 재고예측 정확도가 매우 높아져서 요즘은 재고가 거의 발생하지 않는다"고 마켓컬리 대표는 설명하고 있다.

혁신은 철저하게 고객의 욕망이 구체적인 현장에서 어떻게 구현되는지를 고객 경험 입장에서 관찰하고 분석, 그 결과를 기술적으로 치밀하게 고민하고 실험하는 와중에서 탄생된다. 제품의 효능이나 성능을 강조해서 고객의 필요나 요구를 강조하는 시장은 이미 포화되었다. 이제 고객이 당장 원하지는 않지만 잠재적으로 내면에 갖고 있는 비기능적 요구에 집중해야 한다. 제품과 브랜드가 추구하는 철학과 신념으로 사고 싶은 고객의 욕망을 자극하면 시장은 언제나 무한대로 열려 있다.

경제 빙하기에 접어들수록 과거 비즈니스 혁신을 통해 성공한 경험을 과감하게 버리고 이전과 근본적으로 다른 혁신을 거듭해야 살아남는다. 경제 빙하기가 지속될수록 이전에는 볼 수 없었던 고객의 행동을 유심히 관찰, 그들이 경험에서 얻는 통찰을 활용, 제품과 서비스에 새로운 의미를 담아 팔아야 한다. 단순히 경쟁사와 품질 경쟁을 통한 차별화에 집중하기보다 고객에게 잊을 수 없는 경험을 제공해야 한다. 그렇듯 새로운 의미를 발견하기 위한 철저한 노력 와중에 혁신적 씨앗은 발아된다.

돼지는 죽을 때까지 하늘을 볼 수 없는 동물이다. 원래는 하늘을 볼 수 있었다는데, 아주 오랜 기간 땅에서 먹이를 찾다 보니 목뼈가 퇴화되었다. 이제 아무리 고개를 들려고 노력해도 수평 이상은 불가능하다. 당연히 하늘을 볼 수 없다(물론 먼 지평선 정도는 볼 수 있지만).

이런 돼지에게도 하늘이 보일 때가 있다. 넘어져서 발라당 뒤집혔을 때다. 뒤집힌 돼지는 처음으로 하늘을 발견한다. 돼지에게는 신세계가 열리는 셈이다. 세상에는 땅만 있는 것이 아니라,

저렇게 높고 아름다운 하늘도 있다는 사실을 알게 되는 것이다.

넘어져서 발라당 뒤집히는 것은 좋은 일이 아니다. 그러나 세상에는 넘어지고 뒤집혀야만 발견할 수 있는 진실들이 있다. 지금까지 살아온 세상과 전혀 다른 세상이다.

성공의 오르막길을 전력 질주해 올라간 사람들은, 인생에는 성공 이외의 다른 가치가 없을 것이라고 생각한다. 성공을 추앙하고, 올라오다가 포기한 사람들을 경멸한다. 그리고 성공이 무너져 내리막길로 내몰린 뒤에야 세상에 또 다른 귀중한 것들이 있었다는 것을 뒤늦게 깨닫는다.

우리는 그동안 돼지처럼 살아왔는지도 모른다. 오로지 정상을 향해 저돌적으로 달렸고, 지금 이렇게 내리막길에서 버티다가 넘어져 있다. 넘어져서 발라당 뒤집힌 김에 하늘을 조금만 더 보자. 그리고 한동안 잊었던 감정들을 되살려보자. 고마운 사람들의 얼굴이 떠오르지 않는가.

정상에 오르고 싶다면 최고의 경쟁자와 함께하라

스포츠 심리학자인 그레이엄 존스(Graham Jones)는 1996년 애틀란타 올림픽을 앞두고 영국 육상 대표팀과 일하고 있었다. 그는 독특한 훈련 방식을 도입했다. 선수들을 자극하기 위해 외국의 유망주들을 초청해 함께 연습하도록 했던 것이다. 아프리카의 최고 선수들이 초청됐다.

사람들은 고개를 갸우뚱했다. 국내 선수들끼리 훈련을 해도 충분한데, 왜 외국 선수들을, 그것도 아프리카 선수들을 비싼 비용을 치러가며 데려오는지 이해할 수 없었기 때문이다.

훈련은 맨숭맨숭했다. 언어도 다르고 문화도 다른 아프리카 선수들과 같이 훈련하는 것이 재미있을 턱이 없었다. 그런데 어느 정도 시간이 지나자 재미있는 현상이 나타났다. 영국 선수들이 아프리카 선수들의 흉내를 내기 시작했던 것이다. 처음에는 웃기려고 한 것이었다. 아프리카 선수들 특성을 눈여겨본 일부 영국 선수들이 시작했다. 그러자 이번에는 아프리카 선수들이 영국 선수들을 흉내냈다.

선수들은 차츰 친밀감을 느꼈고, 함께 훈련하는 시간이 늘어났다. 처음에는 얼렁뚱땅 넘어가려 했던 기록 경쟁이 본격적으로 달아오르기 시작했다. 상대방이 좋은 기록을 세울 때마다 환호를 보내주었다. 훈련이 끝났을 때, 상당수 영국 선수들이 자신의 기록을 경신한 상태였다. 아프리카 선수들도 합동훈련에 매우 만족해했다. 선수들은 올림픽에서 좋은 성적을 거두었고, 서로의 성취를 축하해주었다.

그레이엄 존스의 생각이 멋지게 적중한 것이다. 그는 선수들로 하여금 최상의 기량을 발휘하게 하려면 '최고의 경쟁자'와 '실전을 방불케 하는' 훈련이 필요하다고 생각했다. 경쟁을 통해 자신을 극한까지 몰고 가고, 그런 경험이 쌓여 자신감이 생길 때에야 선수들이 거듭날 수 있다고 판단했던 것이다.

그런데 왜 하필이면 외국, 그것도 말이 안 통하는 아프리카 선수들이었을까. 그레이엄 존스의 기발한 아이디어가 이 부분에서도 빛이 난다. 그는 언어나 문화 관습이 엇비슷한 구미 선수들과 훈련할 경우, 선수들 간의 경쟁심이 비뚤어진 승부욕이나 감정 싸움으로 번질 것을 우려한 것이다.

실제로 여러 나라 사람이 섞여 지내다 보면, 먼 나라 사람들과는 잘 지내는데 오히려 주변 국가 사람들과 불화를 빚는 경우가 많다. '잘 안다'고 생각해 방심하기도 하지만, 깔보는 심리가 은연중 나타나기 때문이다.

그레이엄 존스는 이런 측면까지 면밀하게 간파해 합동훈련을 실시했고, 그의 경쟁을 통한 윈윈(win-win) 전략은 좋은 성과를 거두었다. 그는 "정말로 최정상에 오르고 싶다면 자신을 극한으로 몰고 갈 수 있는 경쟁자와 훈련하는 것이 최상의 방법"이라고 강조한다.

경쟁자들은 위대하다

우리 사회에는 아직도 '몽테뉴 방식의 사고'에서 벗어나지 못하는 사람들이 많다. 16세기 프랑스 철학자 몽테뉴의 낡은 주장을, 21세기에 접어든 지금까지도 되뇌면서 바이블로 삼고 있는 것이다. 몽테뉴는 이렇게 말했다.

'누군가의 이익은 다른 이의 손실을 의미한다. 따라서 다른 이에게 손실을 주지 않고 이익을 보는 방법이란 없다.'

우리 사회에서는 몽테뉴 방식이 이렇게 바뀐다.

'1등만이 살아남는다.'

'죽이지 못하면 내가 죽는다.'

이런 사고방식이 우리 세상을 장악했고, 죽기 살기 경쟁을 만들어냈다. 그래서 경쟁자는 '인간의 탈을 쓴 악마'로 여겨진다. 내 삶을 위협하는 위험천만의 존재이며, 살아남기 위해서는 반드시 무찔러야 할 타도대상이다.

한국화된 몽테뉴 방식은 오리지널보다 훨씬 과격하고 아슬아슬하다. 사회 전체 파이를 키울 생각보다는 경쟁자들이 얼마나 가지고 있는지에 관심을 가진다. 경쟁자들을 우습게 보고 경쟁자가 가진 것을 쉽게 빼앗을 수 있다고 생각한다. 그러나 이것은 매우 위험한 착각이다.

우리는 계속 내려간다.

누구에게나 마찬가지다. 이런 위기를 겪는 것은 난생 처음이다. 이럴 때 어떻게 대처해야 할지 학교에서 배운 적도 없다. 그런데도 우리는 이렇게 잘 버티며 내려가고 있다.

다른 사람들 덕분이다. 오를 때는 치열하게 경쟁했던 사람들.

우리는 경쟁자들이 어떻게 대처하는지 눈여겨보면서 따라 내려간다. 서로서로 눈치를 보면서 어기적거리면서 우왕좌왕 간다. 내려가는 일에 대단히 뛰어난 사람은 없다. 각자가 시행착오를 나누면서 살 길을 모색하는 것이다. 부지불식간에 상호협조가 이뤄지는 셈이다.

이제야 깨닫는다. 경쟁자들 덕분에 이 추위에서 얼어 죽지 않은 것이다. 경쟁자들과 앞서거니 뒤서거니 내려가며 지금까지 버텨온 것이다. 함께 내려가기 때문에 외롭지 않은 것이다.

모두에게 감사해야 한다. 나는 더 이상 그들이 발을 헛딛고 굴러 떨어지기를 바라지 않겠다. 그다음은 내 차례니까. 경쟁자들은 적(敵)이 아니다. 동반자다. 그들이 나를 성숙하게 해준다. 그들은 위대하다.

쓰러졌을 때 기꺼이 배우고 다시 일어나라

쓰러지고 넘어져봐야 비로소 정체성을 발견할 수 있다. 무엇을 할 수 있고, 무엇을 할 수 없는지 말이다. 쓰러지고 넘어지는 것이 실패가 아니다. 쓰러지고 넘어진 다음 다시 일어서지 않는 것이 실패다. 실패는 그만두는 순간 시작된다.

색다른 결과는 색다른 시도에서 비롯된다. 색다른 시도를 하다 보면 실수할 수도 있고 실패할 수도 있다.

실패는 누구나 다 경험하는 것이다. 하지만 실패를 통해 교훈을 얻고 그 실패로 인해 우뚝 서는 사람은 많지 않다. 우리들 대부분은 똑같은 실패를 반복한다. 실패를 통한 학습(learning by failure)을 하지 않기 때문이다.

우리가 보는 남들의 성공은 한결같이 '완성형'이다. 그 속에 담겨 있는 수많은 회의와 좌절, 실패의 흔적은 보지 못한다. 어느 날 갑자기 뚝 떨어진 것으로 오해한다. 그리하여 자신에게 그런 재능을 주지 않은 신을 원망한다.

하지만 그 성공을 빚어낸 사람 입장에서 볼 때 그것은 수많은 세월 동안 걸어온 길일 뿐이다. 그들은 그 성공을 '완성작'으로 보지 않는다. 오히려 '개선할 여지가 많은 작품'으로 여긴다. 실패한 부분을 끊임없이 찾아내고 고치려고 한다. 성공한 사람들에게 성공은 '미완성'이다. 미완성이므로 아직 가야 할 길이 멀다.

성공한 사람들이 그렇지 않은 사람들과 다른 점은, 쓰러질 때마다 기꺼이 배운다는 것이다. 노여워하거나 원망하지 않는다. 그래서 다시 일어나서 도전을 반복하는 것이다.

세 번 망하고 네 번 일어선 도미노피자 창업자

도미노피자 창업자 톰 모나건만큼 극적인 실패와 성공을 거듭해온 인물을 찾기란 쉽지 않다. 톰 모나건은 4세 때 아버지를 잃고 어머니에게서도 버림받아 고아로 자랐다. 미시간대학을 다니다가 등록금을 벌지 못해 중퇴를 하고, 스물세 살에 피자가게 주인이 되었다. 500달러에 부채를 떠안는 조건이었다. '도미니크'라는 가게였다.

그는 소비자들 불만에 귀를 기울였다. 가장 큰 불만은 '배달 온 피자가 훼손됐다'는 것이었다. 그래서 큰 사각형 골판지 상자를 만들어 피자를 넣었다. 배달되는 동안 식지 않도록 보온상자까지 만들었다. 그의 피자는 선풍적인 인기를 끌었다. 요즘 배달 피자의 원형을 톰 모나건이 만들어낸 셈이다.

그런데도 가게는 망했다. 동업자가 돈을 빼돌리는 바람에 막대한 빚을 지고 파산위기에 몰린 것이다. 1964년이었다. 변호사는 파산을 신청하라고 충고했다. 하지만 모나건은 채권자들에게 빚을 갚겠다고 약속했다. 사업을 다시 정비한 결과, 이듬해에 5만 달러의 이익을 냈다.

모나건은 피자가게 이름을 도미노로 바꾸고 공격적인 경영을 하기 시작했다. 그런데 이번에는 불이 났다. 본점에 발생한 화재는 피해액이 15만 달러에 이르렀으나 보험 회사에서는 1만 3000

달러밖에 보상해주지 않았다. 모나건은 체인점에서 직접 피자를 만들 수 있는 체제로 전환해 위기를 돌파했다.

다음에는 무리한 사업 확장이 화를 불러들였다. 회사 수표가 부도 처리되면서 도미노피자는 무너지고 말았다. 1970년이었다. 두 번째로 망한 것이다. 하지만 모나건은 이번 실패를 통해 확실히 깨달은 것이 있었다.

모나건은 술렁이는 가맹점 사장들 앞에 섰다.

"여러분, 제 이름의 첫 글자 TMS(Thomas Steven Monaghan)를 아시죠? 이제 도미노는 TMS입니다. 'Thirty-minutes service(30분 내에 배달한다)'로 다시 시작할 겁니다."

모나건은 사람들이 어떤 피자를 원하는지 알고 있었다. 따뜻해야만 했다. 그래야 피자의 제 맛이 난다. 그는 배달에 승부를 걸기로 마음을 먹었다. 30분 이내 배달은 도미노피자의 상징이 되었다.

결국 다시 일어섰다. 이번에는 더욱 큰 기세였다. 도미노피자는 미국 피자시장 점유율을 50퍼센트 이상 장악하며 업계의 공룡으로 부상했다. 그 결과, 모나건은 1980년대 미국을 대표하는 갑부 반열에 올랐다. 그러나 곧 오만함의 함정에 빠지고 말았다. 그는 자기가 좋아하던 야구단을 인수했다. 취미생활을 위해 박물관과 극장을 사들였다. 값비싼 호사가용 자동차를 마구 수집했다.

도미노피자는 1990년대 들어서 다시 한 번 코너에 몰렸다. 피자헛 등의 공세에 밀려 시장점유율이 20퍼센트 이하로 급락한 것이다.

모나건은 회사 경영에서 손을 뗀 채 취미생활에 몰두하고 있었다. 은행들은 대출을 기피했고 성난 가맹점 사장들이 모나건에게 몰려갔다. 모나건은 어쩔 수 없이 나서야 했다. 그는 자신의 지분을 포기하고 경영자로 복귀했다. 회사를 살리기 위한 고강도 구조조정에 착수했다. 그러나 이번의 시도는 큰 성과를 거두지 못했다. 그는 1998년 전문투자회사에 도미노피자를 매각하고 손을 들었다.

그러나 모나건의 실패는 실패로 끝나지 않았다. 다시 서는 데 성공한 것이다. 그는 이번에는 자선사업가로 변신했다. 가톨릭 자선단체를 설립해 쓰러진 사람들에게 다시 설 수 있는 용기를 북돋워주고 있다. 그는 강연할 때마다 이렇게 외친다.

"그냥 주저앉아서는 안 됩니다. 계속 나아가야 합니다. 끊임없이 생각하고 아이디어를 고안하십시오. 계획을 세운 뒤에는 결과를 얻으려고 노력하십시오."

여러 번의 위기에도 불구하고 코로나 난국도 극복하고 지속적인 성장을 거듭하는 도미노피자의 성공 비결은 무엇이었을까?

위기에 빠질수록 도미노피자는 역발상을 통해 근본적인 업의 본질을 재고해보았다. 피자는 맛도 있어야 하지만 그보다 더 중요하게 작용하는 고객의 평판은 신속한 배달을 통한 따듯한 피자에 달려 있다. 이를 감안해 도미노피자는 그 어떤 기업과도 비교할 수 없는 디지털 기반 주문과 배달 기술의 혁신을 거듭해왔다. 2010년 도미노피자 CEO로 취임한 패트릭 도일은 "도미노피자는 기술 기업(Tech Company)이다"라고 선언했을 정도다. 이러한 기조는 2018년부터 도미노피자를 맡고 있는 리치 앨리슨에게까지 명맥을 유지하면서 디지털 트랜스포메이션으로 혁신적인 주문과 배송 서비스를 개척하는 전통을 만들어가고 있다.

도미노피자는 피자 만드는 회사의 업의 본질을 재정의한 이래로 피자 맛을 개발하는 방향보다 어떻게 하면 고객이 원하는 시간과 장소에 신속하고 정확하게 배달할 수 있을지를 지속적인 혁신과제로 삼아왔다. 물론 맛의 차별화는 기본이다.

도미노피자는 2007년 온라인/모바일 주문을 시작으로 언제 어디서 주문해도 신속하게 배달한다는 'Domino's Anyware(도미노 애니웨어)' 전략을 핵심 배달 서비스 전략으로 활용하고 있다. 도미노피자가 다른 회사 배달 플랫폼을 사용하지 않고 자체 개발한 배달 플랫폼을 고집하는 이유는 따로 있다. 2019년 리치 앨리슨 도미노피자 최고경영자(CEO)는 미국 CNBC 방송과의 인터뷰에서, 도미노피자는 그들이 가진 소비자 데이터와 로열티, 품질과 안전을 제3의 배달업체에 넘길 수 없다고 했다.

이런 노력 덕분에 도미노피자는 2015년 세계 최초 피자배달

로봇을 도입해서 업계에 큰 반향을 일으켰다. 최근에는 무인 자율주행로봇 기업인 뉴로와 손잡고 '무인 자율주행 차량' 배달 서비스를 본격화한다는 뉴스도 들리고 있다. 도미노피자는 배달기술을 자체 개발하기도 하지만, 기술력을 갖춘 다른 회사와 전략적으로 제휴해서 신속하고 정확한 배달 서비스를 통해 고객의 감동을 부르고 있다. 2019년 시범운영을 거쳐 2021년 4월부터 자율주행 차량인 'R2'를 이용해 텍사스주 휴스턴에서 피자배달 서비스를 시작하기도 했다.

다른 경쟁 피자 업체가 코로나 사태로 위기에 직면하고 있는 시장 상황과는 다르게 도미노피자는 최근 5년간 주가가 245.7퍼센트 성장했고, 매년 매출과 순이익도 10퍼센트 이상 성장하고 있다. 도미노피자가 자체 배달 플랫폼을 비롯해 지속적으로 디지털 기반 기술혁신을 거듭해온 덕분이다.

도미노피자는 자신이 하고 있는 업의 본질을 재정의하면서 자사를 피자 판매 업체가 아닌 '피자를 파는 정보기술(IT) 업체'라고 규정했다. 도미노 하면 피자 회사라고 생각하는 고객들의 인식도 혁신적으로 바꾸려고 노력하는 이유다. 또한 도미노피자가 구글, 아마존 같은 빅테크 회사를 지향하는 이유다.

도미노피자의 성공은 '맛있는 피자를 만드는 기업'으로 결정되지 않고 '맛있는 피자를 주문받아 배달하는 기업'으로 결정되는 셈이다. 경제 빙하기에도 불구하고 위기를 정면 돌파하는 혁신을 거듭하는 도미노피자의 정신이 빛나지 않을 수 없다.

넘어졌다 일어날수록 강해진다

많이 넘어져본 아이가 빨리 걷는다. 넘어지지 않으려고 아무리 노력해봐야 넘어질 수밖에 없다. 넘어져봐야 안 넘어지는 방법을 알 수 있다. 누구나 살면서 여러 번 넘어진다.

실패한 사람이 성공한 사람과 다른 점은, 넘어졌을 때 그냥 주저앉는다는 것이다. 몸은 넘어져도 마음은 넘어지지 말아야 한다.

넘어지는 데는 '마지막'이 없다. 수도 없이, 하염없이 넘어질 수 있다. 풀잎도 바람보다 먼저 넘어진다. 그러나 아주 넘어지지는 않는다. 바람이 지나간 다음에 다시 일어선다. 수없이 넘어져도 다시 일어서는 게 인생이다.

"네 살 아들이 스마트폰으로 게임을 하다가 'fail'이 뜨자 좋아했다. 의아해진 아버지가 묻는다. 'fail이 무슨 뜻인지 아니?' '응, 아빠. 실패라는 뜻이잖아.' '그러면 실패가 무슨 뜻인지는 아니?' '그럼, 아빠. 다시 하라는 거잖아.'"

김연수의 《소설가의 일》에 나오는 말이다. 실패는 모든 게 끝난 마지막이 아니라 다시 시작하는 출발점이다.

실패를 두려워하지 말자. 실패는 새로운 가능성을 물구나무

세운 것이다. 실패는 재정비할 수 있는 절호의 찬스다. 실패는 망각의 대상이 아니라 학습의 대상이다. 잘되는 방법만이 아니라 안 되는 방법까지 배워야 성공할 수 있다. 실패의 안쪽에는 성공의 불씨가 잠자고 있다.

조씨는 장기간의 입원과 요양을 마치고 일상에 적응하는 중이다. 그는 "길을 걷다가 넘어졌더니, 옆에 있던 담벼락이 무너져 그 밑에 깔린 신세였다"고 자기 처지를 소개했다.

조씨는 수입업체에 다니다가 일찌감치 독립을 했다. 일본에서 고급 스포츠용품을 들여다가 풀었는데 인라인 스케이트 붐이 일어나는 바람에 호시절을 구가한 적도 있다.

주변 사람들이 자꾸 권했다. '골프가 대중화되고 있으니 골프채를 수입해서 팔아보라'는 것이다. 일본을 드나들며 거래처를 물색했다. 그러다가 재일교포를 소개받았다. 교포는 "잘 아는 거래처에 모 브랜드 풀세트가 3,000세트 있는데, 재고품이라 모두 인수하면 좋은 조건에 받을 수 있다"고 말했다. 한국 사람들이 매우 좋아하는 브랜드였다.

오사카 외곽에 있는 그 거래처의 창고까지 가보았다. 각종 브랜드의 골프채들이 산더미처럼 쌓여 있었다. 욕심이 났다. '다른 브랜드도 같이 인수할 테니 가격을 더 깎아달라'고 요청했다. 어렵게 협상이 타결되었다. 거래처로부터 서류도 제대로 왔다. 절차를 모두 마친 골프채들이 창고에 도착했을 때는 가슴이 터질 것 같았다고 한다.

조씨는 온라인 골프용품 전문점을 돌면서 마케팅을 시작했다. 몇 군데에서 바로 반응이 들어왔다. 인터넷에 소문이 나자 주문이 밀려들었다. 직원을 늘리고 사무실을 이전했다.

그런데 자꾸 속이 쓰리고 더부룩한 것이 좋지 않았다. 스트레스를 많이 받아서 그런가 하고 참다가 병원에 가서 검사를 받았다. 결과는 위암이었다. 수술을 받아야 한다고 했다. 낙담해 있는데 전화가 오기 시작했다. 골프채에 문제가 있어 고객들로부터 항의가 자꾸 들어온다는 것이었다. 가장 많은 항의는 '필드에 나가면 비거리가 제멋대로다'라는 것이었다.

몇 세트는 새 것으로 교체해주었다. 태도가 강경한 고객에게는 환불을 해주도록 했다. 그런데도 불만이 계속 접수되었다. 결국 몇몇 용품점들이 골프채 공식 수입사에 골프채 분석을 의뢰했고, 수입사는 미국과 일본의 본사로 골프채들을 보냈다.

결과는 '중국산 짝퉁'이었다. 지금은 상당수 골프 동호인들에게 알려진 사실이지만, 그 당시만 해도 유명 골프채들이 중국으로 생산 거점을 옮긴 사실을 아는 사람이 거의 없었다. 헤드와 샤프트는 중국에서 만들고, 그것을 미국이나 일본으로 가져가 조립한 다음 수출하는 것이었다. 지금은 아예 중국에서 모든 공정을 마친다고 한다. 그런데 조씨가 일본에서 들여온 골프채들은 중국 공장에서 밖으로 빼돌린 헤드와 샤프트를 홍콩에서 조립해 일본으로 넘긴 물량들이었다.

일본 거래처는 연락이 되지 않았다. 소개해준 재일교포는 '모르는 일'이라고 잡아뗐다. 환불 요구가 밀려들었다. 완전히 망한 것이다. 조씨는 짝퉁 골프채들을 헐값에 처분한 뒤 입원을 하고 수술을 받았다. 암은 그 이듬해에 재발했고, 그 이후 오랜 투병생활이 시작되었다.

지금 그에게 남은 건 가족밖에 없다. 가족은 다가구주택 방 두 칸짜리 반지하방에서 산다. 그의 아내가 대형할인점 계산원으로 일해 생계비를 벌고, 고등학생 딸과 중학생 아들은 아르바이트를 한다. 조씨는 남부럽지 않게 살던 가족들을 고생시켜서 아버지 체면이 말이 아니라고 한다. 하루 속히 건강을 회복해 다시 일어서겠다는 것이 그의 다부진 각오다.

사랑까지 잃지 않았다면 아직 실패한 것이 아니다. 실패는 우리의 사랑을 더욱 단단하게 다져주는 압착 롤러다. 우리들의 사랑과 믿음도 실패를 통해 성장하고 거듭난다. 끊임없는 깨달음을 주는 실패에게 오히려 감사의 뜻을 전하자.

시련에게로 기꺼이 내려가자. 시련이 우리를 더욱 단련시킬 것이다. 우리는 밑바닥에 이르러서야 정상에서도 느끼지 못했던 여유를 찾아낸다. 여유를 통해 깨달음을 얻는다. 그러니 바닥을 두려워하지 말자.

우리는 내려가는 한 걸음 한 걸음마다 배운다. 넘어지고 일어나면서 경쟁자들에게 고마워하고, 소중한 사람들의 사랑과 믿음이 얼마나 중요한지 깨닫는다.

눈이 무릎 높이까지 쌓였다. 발이 푹푹 빠진다. 넘어졌다가 일어나기를 몇 차례. 앞서가던 사람들이 보이지 않는다. 사방을 둘러봐도 오로지 눈뿐이다. 얼굴에 느낌이 없다. 바람이 매섭게 불어오지만 차가운지 어떤지 알 수 없다. 감각이 마비된 것이다.

미끄러지면서 넘어지면서 내려가본다. 모두들 어디로 간 것일까. 바람소리가 귀곡성처럼 들린다. 그렇게 얼마나 헤맸을까. 뒤에서 따라오던 사람 하나가 눈에 드러눕는다. 눈이 사람 하나를 순식간에 삼켜버린다.

"힘들어서 못 가겠어요. 여기서 조금만 자고 갑시다."

다른 사람이 그 옆에 벌러덩 눕는다.

"죽을 때 죽더라도 일단 쉬고 가요."

추위와 피로 때문에 탈진한 것이다. 사람들이 동요한다. 이러다 꼼짝없이 얼어 죽는 것은 아닌지. 영하 50도. 이건 그냥 추위가 아니다. 움직이지 않으면 살아남을 수 없다. 움직임을 멈추는 순간 동상이 손끝 발끝부터 우리를 먹어 들어갈 것이다. 우리들의 운명을 예고하는 것일까. 나무들 사이로 불어오는 바람이 악마처럼 날뛴다. 아이들이 두려움에 울음을 터뜨린다.

"그래도 일단 움직여봅시다. 이렇게 누우면 안 된다고요."

몇몇 사람들이 누운 사람들을 억지로 일으켜세운다. 누웠던 사람들은 발코니에 걸린 빨래처럼 흐느적거린다. 그들을 양쪽에서 부축해 다시 걸음을 옮긴다.

그때 아래쪽 멀리서 불빛이 나타난다.

"어이! 어이!"

사람들의 고함소리가 들린다. 그들은 우리를 잊지 않았다. 그래서 이렇게 찾으러 돌아온 것이다.

"여기요!"

불빛이 오는 방향으로 소리를 지른다. 탈진했던 사람들 눈동자에 생기가 돌아온다. 부축을 뿌리치더니 뛰어 내려간다. 그리고 격한 포옹.

• 끊어내기 전에 시작해야 할 것들 •

01. 버리기

쓰지 않는 물건 버리기, 욕심 버리기, 체면 버리기, 질투 버리기

02. 줄이기

체지방 줄이기, 기초생활비 줄이기,
잦은 외식 줄이기, 과한 여행 줄이기

03. 힘쓰기

운동에 힘쓰기, 독서에 힘쓰기, 자기계발에 힘쓰기,
지금 하는 일에 힘쓰기

04. 말하기

가족, 연인, 친구에게 사랑과 우정 표현하기,
힘들 땐 힘들다고 말하기

05. 나누기

작은 기쁨 나누기, 음식 나누어 먹기, 걱정 나누기, 희망 나누기

낮은 곳에서 다시 시작하자

3부

항상
최악을
상상하라

조개는 살아남기 위해 진주를 만들어낸다. 진주는 외부로부터의 위기로 생성된다. 조개가 입을 벌리고 활동할 때 왕모래 같은 이물질이 들어온다. 조개는 분비물을 내뿜어 이물질을 감싸기 시작한다. 이물질로부터 상처를 받지 않으려고 자꾸 감싸는 것이다. 이것이 진주가 된다. 진주는 살아남기 위한 조개의 몸부림인 셈이다.

조개가 입을 벌리고 있다가 난데없는 침입자를 맞이한 것은 분명 위기의 순간이었다. 그러나 조개는 그런 순간을 받아들이고 품어내어, 마침내 자신보다 더욱 아름다운 진주를 창조해낸다. 자신의 고통을 '~때문'이라면서 탓하지 않고, 오히려 '~덕분'이라며 진주를 키워내는 셈이다.

고통을 '~덕분'으로 받아들이는 것이 성숙된 자세다.

성장은 완성된 목표를 향한 일사불란한 행진곡을 지향한다. 성장은 양적 발전을 추구한다. 당연히 속도를 중시한다. 반면 성숙은 미완성 교향곡이나 변주곡을 지향한다. 성숙은 질적 반전을 추구한다. 당연히 모든 순간의 밀도를 소중하게 생각한다. 성장이 효율을 추구하면서 빠른 길을 찾는 데 반해 성숙은 우회축적을 통해 이른 길을 찾는다. 성장은 계획 대비 목표 달성과 실적에 초점을 맞춘다. 이에 비해 성숙은 실적보다는 목적지에 이르는 여정에 초점을 맞춘다. 그 과정에서 보고 느끼는 깨달음을 중요하게 여긴다.

성숙이 더욱 의미 있는 성장을 부른다. 성숙한 사람은 예기치 않은 변화에 휘둘리지 않으며 이익의 탈을 쓴 위험을 분간해내는 통찰력을 가지고 있다. 지금은 무한 성장을 잠시 멈추고 내면적 성숙을 기할 때다. 성숙을 통해 성장도 의미변화를 겪는다. 무엇이 성장이고 왜 성장하려고 하는지를 근본적으로 물어보기 때문이다.

성숙한 사람들은 어떤 사태든 만만하게 보지 않는다. 우리는 빙하기를 맞이해 '가능성'을 무한대로 활짝 열어놓아야 한다. 최악, 그 이상의 상황도 닥칠 수 있다고 마음에 미리 경고 신호를 보내야 한다. 가능성을 열어두면 예상치 못한 상황을 대처하고 극복하는 데 큰 도움이 된다.

담벼락 위를 걸어온 기업-닌텐도

닌텐도(任天堂)가 일본 주식 시가총액(발행주식 수와 주가를 곱한 것. 시가가 1만 원이고 발행주식 수가 1천만 주인 종목의 시가총액은 1천억 원이다)에서 2위를 차지했을 때 사람들은 깜짝 놀랐다. 고작 게임기를 만드는 회사가 도요타자동차에 이어 2위라는 사실을 믿기 어려웠다. 마쓰시타와 소니, 혼다 같은 굴지의 기업들을 누른 셈이다.

사회적으로 이 회사에 대한 재조명이 이루어졌다. 사람들이 닌텐도에 대해 알고 있는 것은 '닌텐도 DS'와 '닌텐도 위(Wii)' 같은 개인용 또는 가정용 게임기 정도다. 닌텐도는 이들 제품이 성공하는 바람에 하루아침에 떼돈을 번 게임회사로 여겨졌다. 그러나 닌텐도에 대한 심층적인 분석이 이뤄지자, 재미있는 사실들이 드러났다.

닌텐도는 화투를 만들던 업체였다. 1889년 교토에서 창업해 100년이 넘도록 화투를 만들었다. 원래 회사 이름도 '닌텐도골패'였다.

닌텐도는 100년이 넘도록 아슬아슬하게 담벼락 위를 걸어온 회사였다. 게임과는 무관한 호텔업과 택시회사, 유아용품에까지 뛰어들었다가 모두 실패했다. 실내 클레이 사격장을 만들었다가 빚더미에 앉기도 했다. 휴대용 액정게임기와 오락실용 게임사업 등 '현대적 게임'으로 잠시 성공을 구가하기도 했지만 수많은 경쟁자들의 등장으로 다시 위기에 몰렸다.

또 하나의 포인트는 소니나 마이크로소프트 같은 초대형 기업을 상대로 '매운 맛'을 보여주었다는 점이다. 그것도 어린애들 장난감 같은 기술로 최첨단 멀티미디어 기술의 코를 납작하게 해주었다는 것이다. 2000년대 들어 소니는 '플레이스테이션'을, 미국 마이크로소프트는 'X-Box'를 각각 내놓고 첨단 멀티미디어 게임시대를 선언함으로써 닌텐도를 벼랑 끝으로 밀어냈다.

닌텐도에게는 미래가 없어 보였다. 화투나 만들던 회사가 첨단 멀티미디어 시대까지 버틴 것만 해도 다행이었다.

난초는 지극한 정성을 쏟지 않으면 어이없을 정도로 쉽게 죽는다. 따뜻한 손길로 보살펴주어야만 한다. 온실 속 화초도 마찬가지다. 모진 바람이 비닐하우스를 날려버리면, 온실에서 자라던 화초는 바로 얼어 죽는다.

반면, 들판의 야생화를 보라. 누구 하나 보호막이 되어주지 않는다. 그럼에도 살아남는다. 살아남은 자들은 모두 질기다.

남의 도움으로 자라는 콩나물은 약하지만, 자기 힘으로 자라는 콩나무는 강하다. 성장을 위해서는 누군가의 도움을 받을 수 있다. 그러나 성숙은 다른 사람 도움으로 이룰 수 있는 범주의 것이 아니다.

잡초는 어떤 상황에도 버티면서 자란다. 씨앗이 어디에 떨어졌든, 거기서 희망의 싹을 틔운다. 아무리 좋지 않은 조건에서도 불평불만을 하지 않는다. 주어진 상황을 인정하고 그다음 자신의 생존을 모색한다.

잡초는 위로 자란 줄기와 가지보다 아래로 자란 뿌리가 훨씬 깊다. 잡초들의 질긴 생명력, 그 원천은 겉으로는 보이지 않는 땅속 뿌리에 있다. 2할이 겉모습이라면 8할이 뿌리다. 식물들은 고산지역으로 올라갈수록 덜 자라면서 뿌리를 깊게 내린다. 산메발톱은 겉모습의 세 배를 뿌리로 가지고 있다. 돌꽃은 무려 4배다.

닌텐도의 뿌리도 깊었다. 그들은 바닥에서 다시 시작했다. 그리고 다른 관점으로 게임 시장을 바라보았다.

'게임이 너무 어렵다. 누구나 함께 즐길 수 있는 게임이 필요하다.'

이렇게 해서 나온 것이 2005년 말에 발표된 '닌텐도 DS'와 '닌텐도 위(Wii)'였다.

닌텐도 DS는 어떻게 보면 별것 아니었다. 두 개 화면을 터치펜으로 조작해 즐기는 게임으로, 소니나 마이크로소프트 제품에 비해 단순하고 초라해 보였다. 위(Wii)는 TV와 연결해 동작으로 즐기는 게임인데 플레이스테이션이나 X-Box 같은 화려한 그래픽이나 스토리가 없다.

그런데도 닌텐도 DS는 어른 아이 할 것 없이 모두가 들고 다니는 '국민 장난감'이 되었다. 닌텐도의 위(Wii)는 나온 지 1주일 만에 북미에서만 60만 대 이상 판매되는 기록을 세웠다.

닌텐도는 다시 게임업계 정상 자리를 되찾았다. 그들은 밑바닥까지 내려간 후에야 소비자들이 진정으로 원하는 게 무엇인지 깨달았다. 현란한 그래픽이나 박진감 넘치는 액션, 높은 수위의 폭력이 아니었다. 소비자들은 게임을 하면서 함께 보내는 즐거운 시간을 원했다.

닌텐도는 다시 정상에 오르는 데 성공했지만, 담벼락 위를 걷는 위기의식은 여전히 버리지 않고 있다. 이런 사고방식은 닌텐도의 경영철학에도 여지없이 나타난다.

'결코 무리하지 않는다. 경쟁사보다 한 발 이상 앞서 나갈 생각을 하지 않는다. 다만 반걸음 정도만 앞서 나가면 된다.'

언뜻 보면 지나친 보수성으로 보이기도 한다. 그러나 닌텐도가 지금까지 걸어온 길을 보면 그 이유를 수긍할 만하다. 언제나 최악의 상황을 가정하고, 그것에 맞춰 유연하게 대응하고 살아남는 것. 이것이 오늘날의 닌텐도를 만들어낸 생존 철학이다.

닌텐도가 명실상부한 글로벌 게임산업 분야의 리딩 기업이라는 사실을 부정할 사람은 아무도 없다. 화투패 제작사에서 출발한 닌텐도는 1977년 게임산업에 진출한 이후, 가족 친화적인 게임사로서 튼실한 기반을 쌓아왔다. 게임 이용자인 부모가 아이에게 첫 게임 기기를 선물할 때 가장 먼저 고려하는 선택지가 바로 '닌텐도 스위치(Nintendo Switch)'일 정도로 닌텐도 게임은 게임기의 대명사라고 해도 과언이 아닐 것이다.

닌텐도는 수십 년간의 성공과 실패를 발판으로 수백 종의 포켓몬스터 등의 캐릭터를 개발해왔다. 글로벌 컨설팅 업체 엑센츄어(Accenture)의 벤 빌보(Ben Bilboul) 이사는 "나에게 닌텐도는 게임산업의 디즈니다. 모든 연령대, 특히 가족들에게 매우 매력적인 세상을 창조했다"고 평가하기도 했다.

닌텐도 성공의 열쇠는 디지털 기반 기술혁신에 있다. 닌텐도는 증강현실(AR)은 물론 다양한 IT 기술을 접목하기 위해 구글의 자회사였던 나이언틱과 투자·기술협업을 맺고 온라인 게임 세계와 현실 세계를 잇는 새로운 게임 영역을 만들기도 했다. 코로나19 시대를 맞아 대부분의 기업이 고전을 면치 못하고 있지만 닌텐도의 주가와 기업가치는 더욱 성장하고 있다. 종래의 경영방식에 의존하지 않고 새로운 기술을 무기로 시대변화를 주도하는 게임 시장을 개척한 덕분이다.

닌텐도는 히트작을 개발한 직원에게 거액의 보너스를 주는 일이 없다. 스타 직원을 키워 대외적으로 홍보하지도 않는다. 내일을 기약할 수 없는 게임기업의 태생적 한계와 위험성을, 100년이 넘는 세월 동안 뼛속 깊이 인식해왔기 때문이다.

이런 기업들은 오르막길을 신나게 오르고 있다고 해서 남들 앞에서 뻐기지 않는다. 오를 때부터 최악을 미리 상상하기 때문이다.

난초가 아닌, 잡초가 되자

오랫동안 자리를 지키고 있는 기업이나 사람들이 있다. 그들은 마치 붙박이 의자에 앉은 것처럼 언제나 그 자리에 있다. 거품이 부풀든 터지든 그들 자리는 항상 일정하다. 그들은 언제나 꿋꿋하다.

이런 능력은 어디에서 오는 것일까. 최악의 가능성을 언제나 열어놓기 때문이다. 최악, 그 이상을 염두에 놓고 리스크를 관리해온 결과가 오늘의 생존으로 이어지는 것이다. 최악의 가능성을 열어놓으면 웬만한 위험이 다가와도 여유를 확보할 수 있다. 여유는 위험 속에서도 주변 사람들까지 챙길 수 있게 해준다. 서로를 격려하고 칭찬해 위험을 돌파할 지혜를 모아낸다.

더욱 큰 이점은, 만족의 눈금이 낮아진다는 것이다. '최악으로 치달을 수도 있는데, 지금 이 정도면 얼마나 다행이야' 하면서 현재 상황에 만족하게 된다. 지금에 만족하면 차분해진다. 무리할 필요를 느끼지 않는다.

만족은 조개가 뿜어내는 분비물 같은 작용을 한다. 외부에서 뚫고 들어온 온갖 뾰족하고 위험한 물질을 감싸고 또 감싼다. 그래서 영롱한 색깔의 진주로 만들어낸다.

만족으로 뾰족한 것을 감싸지 않으면, 내면에 상처를 입을 가능성이 높다. 공포에 질려 잘못된 판단을 내리고, 결국에는 밧줄을 놓아버리는 비이성적 행동을 하기도 한다.

하염없이 이어진 내리막길을 내려가는 시기, 자책은 스스로의 마음에 비수를 꽂는 행위나 다름없다. 우리는 내려가면서 마음 연습을 해야 한다. 만족하자고 말이다. 만족으로 아픔을 감싸면 언젠가 진주처럼 영롱한 결과물을 얻을 수 있다.

보이지도 않는 곳을 보려고 까치발을 들 이유가 없다. 어차피 눈보라에 가려 보이지 않으니까. 먼 미래의 꿈을 이루기 위해 안달할 필요가 없다. 목표에 집착하지 말자. 천천히 한 걸음씩 옮겨도 충분하다.

잡초처럼 질기고 강하게 살아남겠다고 스스로에게 맹세하자. 마음속의 마지막 뚜껑을 열자. 최악의 가능성을 열어두자. 우리는 그 속에서 잡초처럼 성숙한 우리들 자신을 발견할 수 있을 것이다. 난초가 되지 말고, 잡초가 되자.

잡초는 힘겨울수록 더욱 아래로 내려간다. 그래서 살아남는다.

먼동이 터오는 것이 보인다. 이제 곧 아침이다. 덩달아 희망도 터온다.

최악의 습관, 시간 도둑질

시간 약속을 지키지 않는 사람들 중에서 잘 풀리는 사람을 찾아보기 힘들다. 지금까지 한 사람도 본 적이 없다. 주변의 선배나 동료들을 돌아보자. 대개는 이 분류에서 벗어나지 않는다.

약속을 칼처럼 지키는 정확한 사람은 일을 진행할 때 실수가 드물고 매듭도 잘 짓는다. 그들은 회사의 구조조정 때문에 안절부절 떠는 경우가 없다.

반대로 시간 약속을 지키지 않는 사람은 언제나 바빠서 허둥대지만, 막상 뚜껑을 열어보면 해놓은 게 없다. 공동 작업에서 걸핏하면 구멍을 낸다. 언제나 불안해한다. 그런데도 몸이 움직여주지 않는다. 습관이 되었기 때문이다.

시간관념이 흐린 것은, 위험을 불러들이는 습관이기도 하다. 언젠가는 나를 둘러싼 모든 이들을 적으로 만들어버릴 수도 있기 때문이다. 시간 개념은 공교롭게 돈과도 맞물려 있다. 시간 약속을 지키지 않는 사람들은, 셈에도 흐린 경우가 대부분이다.

전씨는 직장 선배와 카풀을 한다. 집에서 5분 거리에 있는 선배 오피스텔에 들렀다가 회사로 간다. 전씨는 "왜 그런 걸 시작해서 고생을 사서 하는지 모르겠다"면서 푸념을 한다.

선배의 오피스텔에서 늦어도 일곱 시에는 출발을 해야만 한다. 하지만 선배는 그 시간에 내려온 적이 한 번도 없었다. 재촉 전화를 두 번 이상 한 후에야 부스스한 얼굴로 내려온다. 차가 꽉 막힌 도로에 이르면 거울을 꺼내 눈 화장을 하고 립스틱을 바른다.

전씨는 급기야 화를 냈고, 선배로부터 다짐을 받아냈다. 출발 시간을 20분 앞당기기로 한 것이다. 다음 날 일찌감치 도착해 선배에게 전화를 했다. 선배가 잠깐 올라오라고 했다. 그녀는 '도대체 뭘 하느라 늦는지' 궁금해서 오피스텔로 올라갔다.

전씨는 오피스텔에 들어갔다가 속이 뒤집히는 줄 알았다. 선배가 욕실에서 머리를 감다가 문을 열어주는 것이었다. 선배는 약속을 정해놓고도, 그것을 꼭 지켜야 한다는 개념을 갖지 않는 사람이었다.

회사 일도 그런 식이었다. 일을 제 날짜에 마치는 법이 없었고, 거래처와의 약속에도 밥 먹듯이 늦었다. 일이 밀리다 보니 걸핏하면 야근을 했다. 주변 사람들로부터 5만 원, 10만 원씩 돈을 빌려가서는 갚지 않았다. '달라'고 하면 '알았다'면서 차일피일 미루기만 했다.

이런 사람들은 둔한 척 위장을 하지만, 알고 보면 자기 생각만 하는 약아빠진 사람들이다. 남들 호의를 예측해서 그 한도까지 게으름을 만끽하는 것이다. 한마디로 남의 배려를 이용하는 셈이다. 이들은 남들이 멍청해서 자기에게 당한다고 생각한다.

성공은 '시간에 대한 생각 차이'에서 비롯된다. 시간을 잘 활용한 것이 성공이고, 성공은 그 대가로 보람찬 시간을 선물해준다. 성공하는 사람들은 그래서 시간을 아까워한다. 남의 시간 역시 소중하게 생각한다. 양측의 시간들이 어우러지면서 더욱 성공적인 시간을 만들어간다는 것을 그들은 깨닫고 있다.

이런 관점에서 볼 때, 시간 약속을 지키지 않는 것은 나의 성공에 대한 포기다. 약속시간에 늦는 습관을 가진 사람들이, 그 시간만큼을 어디선가 생산적으로 활용한 다음에 나타나는 법이란 없다. 대개는 약속시간이 임박했는데 양치질을 하며 TV 드라마에 빠져 있다. 그것은 느긋함이 아니다.

지각습관은 나의 성공에 대한 포기에서 그치는 것이 아니다. 남의 시간을 도둑질함으로써 남의 성공적 시간을 방해하는 행위다. 상대방이 성공한 사람일수록 그 타격을 매우 크게 받아들인다. 그렇게 방해를 받은 사람들은 '시간도둑'에 대해 어떻게 생각할까.

대부분의 실패는 우리가 무의미하게 흘려보냈던 시간들이 쌓였다가 다시 되돌아오는 '시간의 복수극'이다. 나의 시간 외에, 내가 낭비했던 남들 시간까지 차곡차곡 쌓여 있다가 한꺼번에 휘몰아친다. 최악의 상황은 최악의 습관에서 비롯되는 경우가 많다.

이기철 시인의 '삶의 양식'이라는 시에는 '습관의 수저질'이라는 표현이 나온다. 매 순간이 기적이고 경이로운 감동의 순간인데, 우리는 습관적으로 살면서 타성에 젖기 시작한다. 일상에서 만나는 작은 마주침에도 감탄하는 시인 같은 사람이 있는가 하면, 습관의 덫에 걸려 살아가는, 의미와 감동을 잃은 사람도 많다.

시간은 최고의 자산이자 최악의 리스크다

나이키는 이슬람권과의 오해와 마찰 때문에 지옥 문턱을 밟은 적이 있다. 90년대 중반, 리복에게 밀려 고전하다가 간신히 정상을 탈환했는데, 이번에는 이슬람교도들이 반(反) 나이키 운동을 벌이겠다며 나선 것이다.

발단은 이렇다. 나이키가 불꽃 모양 장식물을 부착한 농구화 신제품을 내놓기로 했다. 그런데 중동의 한 대리점이 그 디자인에 대해 문제제기를 했다. 불꽃 모양 장식물이 '알라'를 뜻하는 아랍어 문자와 유사하다는 것이었다. 알라 문양을 신발에 넣는 것은 이슬람교도들에게 생각할 수도 없는 일이었다.

나이키는 대리점의 문제제기를 대수롭지 않게 생각했다. 그래서 제품을 그대로 출시했지만, 예상대로 반대운동이 일어났다. 나이키는 반대운동이 잠깐일 뿐 금방 사라질 것이라고 생각했다. 대응하지 않고 '시간 끌기 전략'을 구사했다.

그러나 불매운동은 더욱 확산되었다. 미국 내 이슬람신도들에 이어 중동은 물론 동남아시아까지 확대됐다. 회사는 더 이상 버틸 수 없었다. 결국 백기를 들고 투항을 선언했다. 판매 차질로 인한 손실도 막대했지만, 이슬람권에서 실추된 브랜드 이미지를 다시 올리려면 얼마를 쏟아부어야 할지 가늠할 수 없었다.

회사는 이처럼 값비싼 대가를 치르고서야 문제가 된 농구화를 리콜하기 시작했다. 불꽃 장식물에 대해 사과했고, 이미 팔린 제품을 모두 회수하는 것은 물론 앞으로도 생산하지 않겠다고 약속했다.

중국 속담에 '우리를 괴롭히는 것은 먼 산이 아니라, 신발 속에 들어간 작은 모래다'라는 말이 있다. 우리는 흔히 갈 길은 멀고 마음은 급해서 사소해 보이는 것을 처리할 여유조차 갖지 않는다. 아주 잠깐이면 신발을 벗어 모래를 털어낼 수 있지만 먼 산만 보면서 애를 태운다. 그러고는 계속 걸으면서 신발 속 모래 때문에 아픔을 겪는다. 결국 작은 모래로 인한 상처가 곪으면서 부상이 심해진다.

시간은 기업들에게 최고의 자산이자 최악의 리스크다. 어떻게 활용하느냐에 따라 큰 성공을 가져오기도 하지만, 잘못 활용하거나 타이밍을 놓칠 경우 회사를 존폐 기로에 세우는 위험요인이 되는 것이다.

나이키는 고객들 불만에 대해 시간 끌기로 버티다가 위태로운 순간을 겪기도 했지만, 결국 그로 인해 큰 교훈을 얻었다.

'소비자에게 절대 맞서지 말고, 소비자가 옳음을 재빨리 인정

하라.'

이 교훈을 거울삼아 공격적이고 거칠었던 회사 이미지를 부드럽게 재정비하기 시작했다. 우선 회사 이름표기를 대문자(NIKE)에서 소문자(nike)로 바꾸었다. 고객들에게 다정다감하며 귀여운 이미지를 주겠다는 전략이다. 아울러 '일단 해봐(Just Do It)'로 상징되는 캐치프레이즈를 '난 할 수 있어(I Can)'로 교체했다. 이로 인해 과거에는 오만하게 느껴졌던 회사 이미지를 부드럽고 친근한 분위기로 바꾸는 데 성공했다.

나이키 하면 떠오르는 브랜드 아이덴티티는 'Just Do It'이다. 망설이지 말고 무조건 도전하라는 의미다. 2022년 브랜드 런칭 50주년을 맞아 나이키는 지난 50년과 다가올 50년을 대표하는 키워드 세 가지를 제시했다. 'play(놀이)', 'people(사람)', 'planet(지구)'이다.

우선 2021년에 공개된 'Play New' 광고는 더 진화된 'Just Do It' 정신을 보여준다. 아이돌이나 스포츠 스타만 내세우는 광고에서 운동하는 사람은 누구든지 새로운 것에 도전해서 실패해도 괜찮다는 장면을 그려낸다. 그냥 해보라는 메시지에서, 성패에 관계없이 도전은 아름다운 시도라는 점을 부각시킨다.

과잉 진압으로 흑인 남성이 사망에 이른 조지 플로이드 사건. 사회에 충격적인 의미로 다가왔던 이 사건을 나이키는 사람을 상징적 이미지로 포지셔닝하는 새로운 계기로 삼았다. 즉 'Just Do It'을 비틀어 'For Once, Don't Do It(이번 한 번만은, 하지 마라)'이라는 문구로 인종차별에 반대했다.

마지막으로 나이키는 2030년까지 '무브 투 제로' 정책을 통해 탄소 배출량과 폐기물을 점차 줄여나간다는 공격적인 지구환경 보호 정책을 펼친다. 이 정책의 일환으로 2022년 9월 '나이키 포워드'를 발표했다. 옷 만드는 기술적 변화를 통해 탄소감소정책에 부응한다는 것이다. 나이키는 기존의 니트나 뜨개질 방식 대신 얇은 레이어 여러 개를 연결하는 니들 펀칭 기술을 이용, 탄소 배출량을 75퍼센트 줄이는 혁신적 기술을 선보였다.

나이키 하면 떠오르는 브랜드 정체성은 도전정신을 강조하는 'Just Do It'이다. 나이키는 브랜드 철학과 정체성은 간직하면서도 시대 흐름에 맞게 다양한 디지털 기술을 활용하여 지속적인 혁신을 거듭해왔다. 이것이 바로 나이키가 세월이 흘러도 여전히 고객으로부터 존경과 환대를 동시에 받는 러브마크가 된 비결이다.

위협은 '성공의 또 다른 얼굴'이다. 성공은 잠깐 방심하는 순간, 야누스의 얼굴을 보여준다. 그리고 끔찍한 재앙을 내린다. 오랜 시간을 투자해 쌓아올린 성공을, 짧은 시간의 실수가 송두리째 무너뜨리기도 한다.

빙하기는 성공과 위협이 민감하게 교차하는 시간이다. 우리

는 성공보다 위협에 집중해야 한다. 거의 모든 위협은 '관계'에서
비롯된다.

관계를 위협으로부터 지키기 위해, 높았던 내 시간에서 낮았
던 남의 시간으로 내려가자. 남의 시간에서 바라본 내 시간이 그
동안 얼마나 높았는지 깨닫자. 우리는 시간을 성공적으로 조화
시켜야 한다.

평상시에는 적이 많다는 것이 성공의 척도일 수도 있다. 그러
나 지금은 빙하기다. 모두가 생존 스트레스로 눈이 벌겋다. 예전
의 게임 규칙이 통하지 않을 수도 있다. 온갖 반칙이 난무할 수도
있다.

"이 길이 아닌 것 같은데요. 저쪽 능선으로 이어져서 다시 올
라가는 길 같아요."

누군가 외쳤다. 우리는 길을 잃었다. 내려가는 길을 찾지 못
하고 능선을 따라 이리 갔다가 저리 갔다가를 반복하고 있다.

"무슨 소리! 나를 어떻게 보고 그래요? 이 길이 맞다니까요."

앞서 가던 사람이 버럭 화를 냈다. 자존심이 상한다는 표정이
었다. 일행은 그를 따라 다시 걸음을 옮겼다. 이상하게도 다시 오
르막이 이어진다. 사람들 간에 다시 논쟁이 벌어졌다. 앞선 사람
은 계속 가자고 주장했다. 자기가 옳다는 것을 기어이 입증하고
야 말겠다는 투다.

논란 끝에 계속 가자던 사람이 고집을 꺾었다.

우리는 또 하나의 원칙을 정했다. 모르는 문제가 생기면 다시 원점으로 돌아가기로.

컴퓨터를 만지다가 온갖 프로그램이 꼬여 에러가 날 때, 우리는 리셋(reset) 버튼을 눌러 강제 종료시키곤 한다. 그런 다음 전원을 켜서 다시 시작하는 것처럼, 문제가 발생하기 전의 지점으로 되돌아가기로 했다.

자존심. 물론 중요하다. 자아를 떠받치는 정신적 주춧돌이니까. 그러나 지금은 자존심을 내세울 때가 아니다. 자존심 때문에 고집을 부리다가 엉뚱한 사람들의 생명까지 위협받을 수도 있는 상황이다. 우리는 밑으로 내려갈 때까지 자존심을 유예하기로 규칙을 정했다.

본전 생각을 손절매하고 남을 치켜세우라

유씨는 두 사람 몫의 일을 해야 했다. 과장은 새로운 일이 생길 때마다 유씨에게 전부 맡겨놓고 종일 농땡이를 부렸다. 유씨는 점심과 저녁을 김밥과 햄버거로 때우면서 자료를 찾고 요점을 추려 정리했다. 밤늦게 컴퓨터를 끌 때면 눈이 침침할 정도였다.

과장은 유씨가 정리한 자료를 받아보더니 글자 몇 개를 고쳤다. 그리고 윗사람들 앞에서는 큰 고생을 한 것처럼 생색을 냈다. 간혹 누군가가 실수를 지적하면, 유씨가 조사를 잘못한 것처럼 책임을 전가했다. 유씨는 그럴 때마다 '계급장 떼고 한 판 붙고 싶었다.'

유씨는 회사를 그만둘까 고심하다가 옛 은사님을 찾아갔다. 자초지종을 들은 은사님께서 말씀하셨다.

"로스 컷(Loss Cut)이라는 말을 아는가?"

유씨는 어리둥절했다. 은사님이 왜 주식투자 용어를 쓰는지 이해할 수 없었다.

로스 컷은 우리말로 '손절매'라고 한다. 통상적으로 기관투자가들의 손절매를 뜻하는데, 주가가 떨어질 때 과감히 팔아 손해를 보더라도 추가 하락에 따른 손실을 피하고자 하는 것이다. 주가가 오르길 기다리다가 오히려 경영의 건전성에 문제가 생기는 것을 차단하기 위한 규칙이다.

"본전 생각을 손절매하고, 남을 치켜세워주어라. 그러면 위험은 피할 수 있다."

얼마나 열심히 일을 했든, 남들이 알아주기를 바라는 마음(본전 생각)을 버리라는 것이었다.

유씨는 과장에게 통쾌하게 복수하고 싶었고, 승진과 성공도 하고 싶었다. 하지만 은사님은 "그런 마음은 오히려 발전을 막을 뿐"이라고 대답했다.

유씨가 은사님 말씀을 뒤늦게 절감한 것은 그 해 말 인사철이었다. 과장이 지방의 지역본부로 발령이 났다. 승진해서 갔지만 사실상은 좌천이라는 이야기가 돌았다. 유씨는 송년회 저녁 자리에서 본부장에게 이런 말을 들었다.

"그동안 자네가 고생 많았다면서? 앞으로도 열심히 해."

막후에서 일어난 일을 요약하면 이렇다. 유씨가 본전 생각을 버리고 일에 매달리자, 과장의 성과가 더욱 두드러졌다. 과장은 높아진 평판을 열심히 즐겼다. 그런데 과장의 경쟁자들이 위협을 느꼈다. 경쟁자들은 각자 윗사람들에게 여러 경로로 진실을 전달했다. 결국 윗사람들은 과장을 불러 사실 관계를 확인하고 인사상 불이익을 주기로 한 것이다.

결국 유씨가 본전 생각을 버린 것이 그에게는 전화위복이 된 셈이었다. 업무 능력도 향상됐고, 윗사람들 인정까지 받게 됐다. 하지만 그는 앞으로도 계속 조심하고 살기로 했다. 회사에는 '겉으로 드러나지 않는 흐름'이란 게 있다는 것을 깨달았기 때문이다.

손절매에는 어영부영, 안절부절, 대충대충이 통하지 않는다. 이것저것이냐 양자택일을 하든, 이것과 저것을 동시에 끌어안든 과감한 선택과 결단을 신속하게 내리는 것이 중요하다.

'본전' 생각하다 '본질'까지 잃을 수도 있다. 이제 본전보다 본질을 고민하고 찾아야 할 때다. 본전은 이해타산으로 얽혀 있는 경제적 가치지만, 본질은 근본과 핵심이 내재되어 있는 본연의 가치다. 본전의 경제적 가치보다 본질이 내포하고 있는 본연의 가치에 주목할 필요가 있다.

우리의 본질은 나목(裸木)처럼 모두 버리고 나서 가벼운 마음으로 출발선에 설 때에야 비로소 드러나는 법이다.

빙하기는 어쩌다 재수 없게 찾아온 환경적 위협이 아니다. 우리가 성숙하기 위해 반드시 내려가야 하는, 어디가 끝인지 도무지 알 수 없는 첩첩산중 내리막길이다. 올라갈 때는 정상만 보고 가뿐하게 움직였지만, 내려갈 때는 눈보라까지 휘날려 난생 처음 보는 새로운 세상이다.

빙하기 세상은 눈과 얼음에 덮인 하얀 세상이다. 튀면 쉽게 눈에 띈다.

남들이 알아주기를 바라지 말자. 고개를 숙이고 발밑만 쳐다보고 내려가야 한다. 자꾸 멀리 보려고 고개를 들다가는 넘어지는 수가 있다.

성공한 사람들은 최단 거리로 질주해 지금 그 자리에 이르지 않았다. 그들은 오랜 기간에 걸쳐 위험에 대비하고 위험을 관리해왔기 때문에 지금 그 자리에 앉아 있는 것이다. 성공이란 위험 관리의 다른 표현이기도 하다. 언제나 최악을 염두에 두자. 방심으로 인한 실패 정도는 예방할 수 있다.

손절매는 아무나 할 수 있는 것이 아니다. 작은 싸움을 내주고 큰 싸움에서 이기는 지혜를 얻기 위해 우리는 더욱 더 내려가보아야 한다. 지혜는, 이겨서 오를 때보다 패배하고 내려갈 때 비로소 얻어지는 법이라고 선현들은 말했다.

마음의
불씨를
지펴라

질경이는 비옥한 땅보다는 척박한 땅을 골라 뿌리를 내린다. 작은 키에 보잘것없는 모양이다. 그래서 살아남는다. 질긴 식물이다.

질경이가 척박한 땅을 고르는 것은, 비옥한 땅에서 큰 키의 식물들과 경쟁해봐야 결과가 뻔하기 때문이다. 차라리 길에 싹을 틔워 밟히고 치이면서 자라는 게 낫다. 비록 고난은 당하지만, 이로써 질경이에게는 자기만의 영역과 자유가 생긴다.

척박한 환경을 선택한 질경이의 생존은 차라리 눈물겹다. 숱한 발길질로부터 살아남기 위해 잎은 바닥에 납작 퍼진다. 질기면서도 유연하다. 갈라지기는 하지만 좀처럼 꺾이지는 않는다.

질경이는 밟히는 것을 오히려 기회로 활용한다. 사람의 신발이나 짐승의 발, 자동차 바퀴 등에 씨앗을 묻혀 널리 퍼뜨리도록 한다.

질경이는 한계를 기회로 바꾸어 삶을 이어가는 지혜의 풀이다. 바닥에 납작 엎드려 살아남고, 밟히는 순간조차 번식의 기회로 만든다.

사람도 마찬가지다. 좋은 기회는 자세를 낮추는 사람에게만 보인다. 많은 사람들이 좋은 기회가 높은 곳에 있다고 착각하지만, 대개의 경우 땅바닥에 깔려 있다고, 앞서 경험했던 사람들이 말한다.

대기업의 채용 담당자들을 만났다. 취업 면접 이야기가 화제였다. 한 담당자가 요즘 취업준비생들에 대해 불만을 토로했다.

"면접에 처음 들어갔을 때는 '요즘 애들 왜 이렇게 똑똑하냐'고 감탄했었죠. 그런데 면접을 자꾸 보니까 웃기더군요. 대답 내용이 천편일률에 대동소이라는 겁니다. 거의 모든 애들이 인터넷 뒤져서 모범답안을 준비해오는 것이더군요."

이제 챗 GPT가 어지간한 인간 지능을 능가하는 지식을 갖고 다양한 경우의 수에 상응하는 대답을 만들어낼 수 있다. 질문이 어설프면 챗 GPT의 대답도 천편일률적이다. 사람을 놀라게 하는 뜻밖의 대답을 원한다면 챗 GPP도 쩔쩔매는 뜻밖의 질문을 던져야 한다.

다른 담당자들도 비슷한 경험을 이야기했다. 한마디로 추리자면, 거의 모든 취업준비생들이 '정답'을 맞히려고 애를 쓴다는 것이다. 하지만 면접에서 정답이란 있을 수 없다는 게 담당자들의 견해였다.

'로또에서 1등 당첨된다면 어떻게 하겠습니까.'

'가장 감명 깊게 읽은 책은 무엇입니까.'

이런 질문에는 정답이 없다. '부모님께 드리겠습니다'도 좋고 '통속 소설'이어도 상관없다. 다만, 왜 그렇게 느끼고 생각하는지가 중요하다. 대답에 진심이 담겨 있고, 듣는 사람이 공감할 만한 이유를 제시해야 한다. 면접은 사람의 깊이와 폭을 알아보기 위해 이야기를 나눠보는 시간이다.

얼마나 똑똑한지가 중요한 게 아니다. 전반적으로 균형 잡힌 사람인지가 중요하다. 그래서 인터넷에 나와 있는 수많은 모범 답안은 '정답'이 아니다.

면접관들이 보고 싶은 것은 상대방의 '토대'다. 실력뿐 아니라 성격, 품위, 발전 가능성 등을 여러 가지 질문을 통해 유추해낸다. 면접관들은 정직한 사람에게 끌리는 성향이 있다. 스스로의 한계를 솔직하게 인정하는 사람이 해답을 찾으려 노력하기 때문에 발전 가능성이 높다는 이야기다.

한 채용 담당자는 "요즘은 실력이 엇비슷한 사람들이 많이 오기 때문에, 인성에 초점을 맞춰서 질문을 준비하는 경향이 늘고 있다"고 말한다.

무엇보다도 얼마나 많이 알고 있는지보다 다양한 상황에서 터지는 문제에 얼마나 임기응변을 발휘해 유연하게 대처하느냐가 중요하다. 내가 모든 걸 알고 있다는 자신감이나 오만함보다 나도 모르는 게 너무 많다는 겸손함으로 뭐든지 새롭게 배워보겠다는 자세가 필요하다.

예를 들자면 뽑아봐야 금방 퇴사할 것 같은 취업준비생을, 다양한 질문을 통해 솎아내는 것이다.

상당수 대기업들이 금방 나가는 신입사원들 때문에 골머리를 앓고 있다고 한다. 2022년 5월 휴넷이 MZ세대(1980~2000년대 초반 출생자) 신입사원을 대상으로 진행한 '직장 생활 만족도' 설문 조사 결과에 따르면, MZ(밀레니얼+Z)세대 신입사원들 중 절반 이상이 3년 이내 이직 의사가 있다고 했다. 기업들로선 교육비용도 아깝고, 신입사원 퇴사에 따른 부작용도 감수해야 하니, 면접단계에서 철저하게 가려낼 필요가 있다는 설명이다.

최근 대기업 임원들 사이에서 이른바 MZ세대의 '3요' 주의보가 확산되고 있다. 상사의 업무 지시에 '이걸요?' '제가요?' '왜요?'라고 되묻는 젊은 직원들의 질문 3종 세트를 '3요 질문'이라고 한다.

아날로그 세대는 상사의 업무지시는 무조건 따라야 하는 행동강령이었다. 반면 MZ세대는 기성세대와 다르게 이 일을 왜 내가 지금 이 시점에서 해야 하는지를 분명하게 이해하지 못하면, 이런 '3요' 질문 세트로 반항하는 듯한 분위기를 만들 수 있다.

하지만 기업에서 일을 하다 보면 어쩔 수 없이 계획에 없던 일도 생기기 마련이다. 기업을 둘러싼 환경변화가 예측하기 어려운 불확실성 속에서 생각지도 못한 방향으로 일어나기 때문이다. 배우겠다는 자세를 지닌 사람은 어떤 일이 주어져도 거기에서 삶의 지혜를 깨닫기 위해 노력한다.

성장하는 인간은 여섯 단계를 거친다.

첫 번째가 '안다'이다. 인식하는 것이다. 알기 위해서 학교에서 배우고 책을 본다. 대한민국 사람들은 직장에 취업하기 전까지 '알기 위해' 열심히 노력한다. 직장에 들어간 이후에는 그런 노력을 포기하는 경우가 많지만.

다음은 '분석한다.' 아는 것에 그치지 않고 여러 가지 사실을 분석하고 이면을 발견한다. 분석을 통해 '아는 것'이 '아는 것 이상'으로 나아가게 하는 힘이다.

그리고 '해본다.' 알고 분석한 것을 토대로 실천한다. 실천을 통해 아는 것을 검증해보는 것이다. 실천은 도전이며 새로운 세상으로 통하는 문을 여는 행위다.

마침내 '성공한다.' 해봐야 성공할 수 있다. 성공의 희열을 맛보고서야 해보기를 잘했음을 느낀다.

그래서 '성과가 생긴다.' 성과는 그간의 노력에 대한 보답이다. 우리는 그 보답을 만끽하며, 보답을 얻기 위해서는 먼저 무엇을 해야 하는지 비로소 깨닫는다.

그리고 결국은 '습관이 된다.' 새로운 것을 알기 위해 노력하고, 분석하고 해보고, 성공하고 성과를 얻는 생활이 반복되어 마침내 습관이 되는 것이다.

성숙한 사람은 여섯 단계를 오랜 기간 동안 끊임없이 반복해온 사람이다. 단지 '아는 것'에 그치지 않고 실천하면서 깨닫는 과정이 몸에 밴 사람이다.

우리들 대부분은 "그것, 나도 알아"라고 말한다. 알면 끝이다. '나도 아는데, 왜 저들과 다를까'라고 분석해보는 경우도 거의 없다. 그냥 '아는데'에서 그친다. 신입사원 퇴직자들도 마찬가지다. 직장 선배들과 '아는 것'에서 차이가 없는데, 오히려 자기가 더 많이 아는데, 그런 사실을 인정해주지 않고 오히려 하찮은 일을 맡기는 것이 억울해서 '적성에 맞지 않는다'면서 사직서를 낸다.

다시 한 번 생각해보자. 아는 것을 실천에 옮겨보고 성공한 경우가 얼마나 되는지. 대부분은 '나도 알아'로 끝을 맺지 않았는지.

자세를 낮춰 새로운 각도로 세상을 보자. 분석하고 시도해보자. 기회를 발견할 수 있다.

작은 것에 올인하라

IDEO(아이디오)라는 이름을 들어보았는지. 세계적인 디자인 기업이다. 애플이나 마이크로소프트, P&G 같은 거대 기업들에게 디자인 서비스를 해주고 있다. 국내 대기업들도 이 회사의 고객이다.

아이디오는 1978년 불과 다섯 명의 직원으로 미국 팔로알토의 옷가게 2층에서 문을 열었다. 이 회사는 〈비즈니스위크〉의 산업디자인 대상을 10년 연속 수상하는 파란을 일으키며 세계 디자인업계의 기린아로 부상했다. 세계 최초의 마우스(애플컴퓨터용)와 P&G의 어린이용 칫솔, 개인휴대단말기(PDA) 팜(Palm) 등이 이 회사의 간판작품들이다.

몇 년 전 방송사 사람들이 아이디오를 찾아가 재미있는 방송을 제안했다. 쇼핑센터용 카트를 전혀 새로운 디자인으로 만들어보라는 일종의 내기였다. 천편일률적인 쇼핑 카트를 바꿔봄으로써 디자인 이노베이션이 어떤 것인지를 보여달라는 것. 시한은 불과 닷새였다.

아이디오는 TV 카메라 앞에서 디자인에 착수했다. 팀을 구성하는 과정부터 자료 수집, 토론, 시제품 제작 등의 모든 과정이 녹화되었다. 그리고 마침내 새로운 디자인이 완성되었다. 시청자들은 방송을 보면서 감탄을 터뜨렸다. 아름답고 유려한 곡선에 아이를 태울 공간은 물론, 컵 걸이까지 달려 있는 '친숙하면서도 낯선' 카트였다. 방송은 그해 최고의 시청률을 기록했다.

아이디오 회의의 특징은 '작은 것에 집중한다'는 점이다. 열정적인 회의를 통해 사소한 부분까지 파고든다. 회의에는 높은 사람과 낮은 사람 구분이 없다. 누구든 혁신적인 아이디어를 내놓으면 그 방향으로 아이디어가 몰린다. 엉뚱한 아이디어를 내도 타박하는 사람이 없다.

아이디오의 '작은 것에 대한 집중'에는 이유가 있다. 더 이상 '원래 그런 것'이 통하는 세상이 아니란 판단에서다. 하루가 다르게 혁신적인 제품들이 등장한다. 아름답고 편리하며 신뢰성 높은 제품들이 쏟아진다. 수많은 경쟁자들이 '상상도 못했던' 제품을 들고 나타난다.

소비자들은 '작은 차이'에 민감하다. 그래서 아주 작은 차이만 눈에 들어와도 어제의 제품을 고르지 않는다는 얘기다. 결국 살아남으려면 '아주 작은 차이'까지 감지하고 혁신을 이루어내는 '아주 섬세한 안목'이 필요하다는 것이 아이디오의 철학이다.

회사는 가장 전망 좋은 공간을 회의실이나 카페로 제공했다. 직원들을 위한 회사 측의 작은 배려다.

아이디오는 회의에 대한 충고로 '회의를 망치는 여섯 가지 방법'을 들었다.

1. 언제나 보스가 먼저 말한다. 2. 모두가 말해야 한다. 3. 전문

가가 혼자 말한다. 4. 장소는 언제나 회의실이어야 한다. 5. 모두가 열심히 적어야 한다. 6. 농담금지. 진지한 말만 해야 한다.

회의 생산성을 높이기 위해 다양한 시도를 하고 있는 우리 기업들도 관심 있게 봐두어야 할 대목이다.

무화과(無花果)는 꽃이 없는 열매라는 뜻이다. 그래서 대부분의 사람들이 꽃 없이 열매만 열린다고 알고 있다. 그러나 이것은 사실이 아니다. 꽃이 피기는 하지만 꽃받침과 꽃자루가 주머니 모양처럼 부풀어오르면서 꽃들을 안으로 감추는 것이다. 무화과 열매를 잘라보면 그 안에서 '작은 꽃들'을 발견할 수 있다.

꽃을 감추니까 사람들이 보지 못한 것이고, 꽃은 보지도 못했는데 열매가 열렸으니, 어쩔 수 없이 '꽃 없는 과일 무화과'로 이름 붙여졌다.

지금껏 우리는 '크고 높은 목표'에 다가가기 위해 이론과 계획을 세웠다. 확립된 이론에 부합하지 않는 것들은 거들떠보지도 않았다. 그런 것은 '비이성', '비과학'으로 낙인찍었다. 이론과 과학을 맹신한 것이다. 그리고 지금, 그 과학적 이론들이 눈과 얼음을 불러와 세상을 꽁꽁 얼려버렸다. 그런데도 우리는 여전히 과학과 이론 속에서 해답을 찾으려고 헤맨다.

디자이너 피터 스킬맨(Peter Skillman)이 처음 제안한 '마시멜로 챌린지(Marshmallow challenge)'라는 일종의 게임이 있다. 4명이 한 팀을 이루어 파스타 20가닥, 테이프, 실, 마시멜로 1개를 가지고 18분 내에 가장 높은 탑을 쌓은 다음, 탑의 맨 위에 마시멜로를 올려놓는 게임이다.

흥미로운 결과는 이 게임에서 MBA를 막 졸업한 학생들이 꼴찌를 했고, 유치원생들로 구성된 팀이 2등을 했다는 사실이다. 왜 MBA 학생들은 유치원생만도 못한 결과를 낳았을까? 학교에서 배운 지식을 기반으로 분석하고 계획하다가 별다른 시도도 못해보고 제한시간을 맞이했기 때문이다. 이들은 저마다의 다양한 의견을 종합하고 분석해서 가장 효율적이라고 생각되는 방식을 선택한 후 행동에 옮긴다. 하지만 그 사이 시간은 훌쩍 지나간다. 반면 유치원생들은 분석하고 검토하는 시간에 실제로 이리저리 시도하면서 가장 효율적인 방법을 행동으로 찾는다.

목표를 달성하는 가장 이상적인 방법은 이론이나 완벽한 계획과 분석에서 나오지 않고, 실제로 행동하면서 시행착오를 경험하는 가운데 나온다. MBA 학생들은 이론적 기반 사유를 통해 묘안을 찾아내려는 접근을 시도했고, 유치원생은 시행착오를 거듭하며 판단착오를 줄여나가는 접근을 선택했다.

다른 눈으로 보자. 지금은 '감'을 발동할 때다. 무화과의 꽃들처럼 숨어 있던 다른 눈, 감은 유연성의 시작이며 천변만화(千變萬化)하는 세상에 대한 가장 빠른 직관적 대응책이다. 계획과 설계의 맹신에서 벗어나 직관적 능력을 발휘해보자.

모든 것은 감에서 시작된다. 이론 역시 처음에는 감에서 출발한다. 덴마크의 미래학자 롤프 옌센(Rolf Jensen)은 그의 저서《꿈의 사회(Dream society)》에서 이렇게 말했다.

"세상은 물질적인 재화를 사고파는 산업사회에서 정보와 지식을 사고파는 정보사회를 거쳐 마침내 만족과 욕망, 자부심, 스토리 같은 꿈의 가치를 사고파는 꿈의 사회로 진화할 것이다."

꿈의 사회에서 가장 핵심이 되는 가치는, 상징적 가치다. 상품의 경제적 가치 이외의 정신적이고도 심미적인 의미에서의 가치를 뜻한다. 그것은 감의 영역이다. '아는 것'으로 풀이되는 영역을 초월하는 것이다.

세계 유수의 기업들이 디자인에 눈을 돌리고, 앞 다퉈 감성경영과 창조경영을 선언한 데는 이 같은 배경이 있다. 기업들은 이성을 넘어서는 감성이 새로운 시대를 여는 핵심 수단이라고 내다보고 준비해온 것이다.

'아는 것'에 치중하는 지금의 주입식 교육 시스템을 충실히 밟는 것으로는 새로운 시대가 원하는 인재로 결코 성장할 수 없다. 새로운 패러다임이 다가오고 있는데 우리는 언제까지 과거의 틀에 집착하고 있을 것인가.

정답을 찾아내는 모범생보다 전대미문의 질문이나 문제를 일으키는 모험생이 세상을 이끌어가는 리더가 되는 시대다. 지금까지의 성공신화는 앞으로의 성공신화를 가로막는 장본인이 될 수 있다. 경험이 소중한 스승이기도 하지만, 경험이 또 다른 상상력과 지혜를 창조하는 데 걸림돌이 될 수도 있다. 경제 빙하기 시대는 훈풍이 세상을 따뜻하게 녹이던 시대의 이론적 틀만으로는 전혀 해석되지 않는 특별함을 갖는, 전무후무한 시기다.

매일 스스로에게 던지는 세 가지 질문

김씨가 회사에 도착하는 시간은 아침 7시 50분이다. 그는 플래너를 꺼내 날짜 밑에 깨알 같은 글씨로 적는다.

'활기찬 출발. 최고다.'

만나기로 한 고객들 명단을 정리하고 신문을 본다. 회의는 8시 30분에 시작된다. 지점장이 직원들을 하나씩 호명하면서 실적을 '쫀다.' 직원들의 사기가 자라목처럼 움츠러든다. 그러나 김씨에게만은 예외다. 지점장은 김씨를 선배님이라고 부르면서 받들어 모신다.

오전 업무를 마친 김씨는 충분한 여유를 가지고 지점을 나와 점심 약속 장소로 간다. 언제나 약속시간 10분 전에는 도착해 고객을 기다린다. 그는 플래너를 꺼내 이렇게 적는다.

'행복하다. 끝내준다.'

오후 내내 고객들을 만난다. 웬만한 거리는 걸어 다닌다. 간혹 마음의 상처를 받는 경우도 있지만, 거리의 사람들을 관찰하며 잊으려 노력한다. 세상에는 이렇게 많은 예비 고객들이 있으니까 괜찮다고 생각한다. 걸으면서 아이디어를 얻고 안부전화를 걸어 약속을 잡기도 한다.

저녁 약속. 고객과 함께 나온 예비 고객을 만난다. 다양한 주제로 이야기가 오가고 예비 고객이 김씨에게 호감을 보인다. 김씨의 파란만장한 경험담과 해박한 지식에 흥미를 느낀 모양이다. 김씨는 사람들과 헤어진 후 회사에 들러 내일 스케줄을 점검한다.

집에 돌아와서는 아내가 깎아주는 과일을 먹으면서 독서를 한다. 중학생 딸이 공부를 마치고 잠드는 시간(밤 12시)까지 책을 보며 함께 있어준다. 가방에서 플래너를 꺼내 간단하게 적고 잠든 아내 곁에 눕는다.

'오늘도 보람차게 살았다. 나는 위대하다.'

약 2년 전, 김씨의 일과는 지금과 딴판이었다. 김씨로부터 들은 이야기를 재구성해보면 이렇다.

아침에 눈을 뜨면 일곱 시가 넘어 있었다. 식탁에서 언쟁이 벌어졌다. 김씨는 아내와 딸에게 쏘아붙이면서 현관문을 나섰다. '힘들게 벌어주는 것 가지고 편하게 쓰는 것들이 왜 이 모양이야.'

아침 회의에는 지각을 했고, 지점장으로부터 수모를 당했다. 누가 뭐라고 하든 관심도 없었다. 고객이란 작자들이 어디 호락

호락해야 말이지.

점심은 혼자 먹었다. 동창이나 옛 회사 동료들은 김씨의 전화를 받을 때마다 '약속이 있다'고 평계를 댔다. 주차단속이 없는 곳에서 낮잠을 잤다. 처음에는 열심히 영업을 했지만 돌아온 것은 수치심과 자괴감뿐이었다. 이따금 친구들 모임에 갔으나 그때마다 실랑이가 벌어졌다. 집에 돌아가면 부부싸움이었다.

얼마 전 이른바 '동양학의 고수'를 우연히 만난 적이 있다. 사주팔자 전문가 말이다. 평소 사주에 관심을 가질 기회가 없었는데, 그분 이야기 중에 흥미로운 대목이 있었다.

"우리가 인생을 살아가는 데 세 가지 불행이 있어요. 첫째는 초년에 출세하는 것이죠. 둘째는 중년에 배우자를 잃는 것이고, 마지막 세 번째는 노년에 빈곤하게 사는 겁니다."

'초년 출세가 불행'이라는 얘기가 이색적이었다. 그런데 조금 생각해보니 일리가 있다. 우리 조상들도 누차 강조했다. '초년고생은 돈 주고도 못 산다'고 말이다.

두 가지 해석이 가능하다. 초년고생을 굳이 '돈 주고 못 산다'고 표현한 것을 보면, 초년고생을 스스로 불러들일 경우, 좋은 결과로 보답한다는 것이다. 그리고 '초년 출세가 불행'이라는 점에 비춰볼 때, 초년에 편안하고 호화로운 시절을 보내면 나중에 그 대가를 치러야 한다는 것이다.

김씨 역시 초년에 출세했던 경우다. 남부럽지 않은 집에서 자라나 명문대 경영학 석사까지 마쳤으니 대한민국 상위 몇 퍼센트 안에 드는 사람이다. 게다가 대기업의 인기부서를 거쳐 창업까지 해보았으니 전형적인 '초년 출세'에 해당한다고 볼 수 있겠다.

자포자기였던 김씨의 인생이 바뀌기 시작한 것은, 본사 발령을 받은 전임 지점장이 돌린 선물을 받으면서부터였다. 얇은 책 한 권이었다. 그는 그 책을 반복해서 읽었고, 비슷한 책들을 구입해 요점을 정리하면서 탐독했다. 그가 한참 잘나갈 때는 '사람들이 왜 이런 책을 볼까' 하면서 무시하던 종류의 책이었다.

김씨는 인터넷 카페에 가입해 여러 사람들과 의견을 교환했다. 강연회를 찾아다니면서 들은 얘기를 정리해 올리기도 했다. 그는 이렇게 결심을 했다.

'하루에 세 가지 질문을 스스로에게 던지는 거야.'

질문을 추렸다.

- 나는 오늘을 활기차게 시작했는가.
- 나는 오늘 가장 행복하게 살았는가.
- 나는 오늘 하루일과를 마감하면서 무엇을 배웠는가.

그는 아침을 활기차게 시작하기 위해 일찍 일어나기로 했다. 아내나 딸에게 말을 조심하려고 애를 썼다. 아침부터 화를 내면 그날 하루가 망가진다는 생각에서였다. 그리고 차를 두고 대중

교통을 이용했다.

　김씨는 '더불어 행복한' 점심시간을 만들기로 했다. 혼자 먹는 점심 습관을 집어치웠다. 친구나 옛 동료들에게 연락해서 사과를 했다. 점심을 함께 먹으면서 즐거운 이야기를 하는 데 집중했다. 뜸했던 사람들로부터 안부 전화가 걸려오기 시작했다.

　김씨는 하루 일과를 마치고 나서 '행복하게 살았는지' 평가하고 반성했다. 하루를 만족스럽게 살았다는 것은 내일도 그럴 가능성이 있다는 것을 의미했다. 하루는 인생에서 극히 짧은 시간이지만, 하루가 모여서 일주일이 되고 한 달이 되고 일 년이 된다. 성공은 우리가 무심히 지나치는 하루에서 시작된다는 것을, 그는 뒤늦게나마 깨달은 것이다.

　김씨는 "딸아이가 나중에 취직할 때 나한테 물어보면 '판매직부터 시작하라'고 대답해줄 것"이라고 말한다. 한 살이라도 어릴 때 인생의 핵심 기술을 터득해놓는 것이, 나중에 승진을 하거나 독립했을 때 뻗어나가기 유리하다는 것이다. 책상머리에 앉아서 보는 세상과 실제 세상은 전혀 다르다는 게 그의 주장이다.

　《파는 것이 인간이다》라는 책의 저자 다니엘 핑크에 따르면, 꼭 영업사원만 뭔가를 파는 사람이 아니다. 우리 모두는 저마다의 아이디어를 파는 사람이다. 뭔가를 팔려면 나의 상품이나 아이디어 또는 콘텐츠를 사고 싶도록 상대방의 마음을 매력적으로 훔쳐야 한다. 물건을 훔치면 범인이지만 마음을 훔치면 연인이다. 상대의 마음을 훔치는 과정에서 우리는 인생의 많은 걸 배우게 된다.

배려를 팔아라

남편은 윤씨와 세 살배기 딸을 버린 채 사라졌다. 12년 전 이삿날이었다. 남편은 윤씨에게 '아이를 데리고 먼저 가 있으라'고 했다. 집주인에게 전세금을 받아서 곧 따라온다는 것이었다.

이사 갈 다가구주택 앞에 도착하니 이삿짐 트럭이 이미 도착해 있었다. 집주인이 잔금을 달라고 했다. 윤씨는 남편이 곧 가지고 올 테니까 문을 열어달라고 했다. 그런데 기사 아저씨 휴대폰을 빌려 전화를 걸어보니 남편 전화기가 꺼져 있었다. 집주인 아줌마는 이상하게 생각했는지 잔금을 먼저 내야 집 열쇠를 주겠다고 했다.

세 시간이 지나도록 남편은 나타나지 않았다. 그러다가 남편 친구와 통화가 됐다. 윤씨는 주저앉아버렸다. 남편이 그들 모녀를 버린 것이다. 울고 있는데 주인집 아주머니가 말을 걸었다.

"애기엄마, 일단 짐부터 옮겨놓고 얘기합시다."

아저씨들이 짐을 옮겨다 풀어놓았다. 집주인 아줌마가 나서서 일을 시키고 가재도구들을 정리했다. 이웃 아줌마들이 일손

을 돕는 것도 보였다. 넋을 잃고 앉아 있는 그녀에게 주인아줌마
가 죽을 내밀었다. 다른 아줌마들이 아이를 어르고 먹여주었다.

윤씨는 밤새 누워서 생각하다가 '모진 결심'을 했다. 자리에서
일어나는데 딸이 치맛자락을 잡으면서 매달렸다.

"엄마, 싫어. 가지 마. 싫어."

어리둥절한 것도 잠시였다. 세 살배기 아이가 엄마의 위험을
직감으로 느낀 것이다.

"아냐. 엄마는 아무데도 안 가."

윤씨는 아이를 안고 울음을 터뜨렸다고 한다. 처음에는 슬퍼
서 울었고, 나중에는 자신이 한심해서 울었다. 남편이 다른 생각
을 품고 있던 것을 까맣게 몰랐던 자신이 그렇게 한심할 수가 없
었다.

집주인 아줌마가 반찬거리를 들고 내려왔다. 아줌마가 윤씨에
게 제안을 했다. 계약금 받았던 금액으로 전세 계약을 하자는 것
이었다. 아줌마의 도움으로 동네 학교 앞 분식집에 취직을 했다.

지금, 윤씨는 분식집 사장님이다. 사장 부부가 작년에 은퇴하
면서 윤씨가 인수해주었으면 좋겠다고 했다. 윤씨가 모은 돈으
로는 어림도 없었지만 사장 부부가 매달 일정액씩 갚는 조건을
제시했다. 연금처럼 타서 생활하는 게 좋다는 것이었다. 윤씨를
10년이 넘도록 지켜보니 믿고 맡길 수 있겠다고 결심했단다.

윤씨의 분식집은 학생들 사이에서 인심 좋은 가게로 통한다.

어린 손님들이 배고프다고 하면 듬뿍 집어서 접시에 담아준다. 급식비를 못 내 점심을 굶는 아이가 있다는 얘기를 들으면 김밥을 전해주기도 한다. 많이 남는 장사는 아니지만, 크게 밑지지도 않는다. 아이들과 어울리는 게 즐겁다. 딸 친구들도 매일 놀러온다.

윤씨는 생애를 통틀어 지금이 가장 행복하다고 말한다. 주변 사람들의 배려 덕분이라고 생각한다. 그래서 '행복은 빚(부채)'이라는 것이 그녀의 철학이다. 빚을 져서 행복해졌으니, 그 빚을 갚을 줄도 알아야 한다고 이야기한다. 빚을 갚는 대상이 어린 학생들이다. 이웃들에게 받은 배려를 그 자녀들에게 돌려주겠다는 생각이다.

성공은 세상과의 연애다. 수많은 사람들과 어울리는 과정에서 우리는 연애의 단순한 진리를 깨닫는다. 그 진리란 '주고받기'다.

간혹 이해하기 어려운 사람들이 있다. 대단히 특출한 것도 없고 잘나지도 않았는데 많은 사람들로부터 인정을 받는다. 괜히 질투를 해보지만, 딱히 미워할 만한 구석도 찾아보기 어렵다.

이런 사람들을 면밀하게 관찰하면 남다른 자질을 발견할 수 있다. 남들을 위해 뛰어난 상상력을 발휘하고 있다는 점이다. 원하는 것을 뛰어넘는 감동을 만들어준다. 그래서 사랑과 관심을 받는다. 배려는 성공의 선순환 시스템이다. 주고받는 과정에서 더욱 커진다.

기업들이 '열려 있는 인재'를 원하는 데는 이유가 있다. 어울림을 통해 자신과 회사, 세상의 균형 있는 발전을 모색하는 사람이어야 한다는 것이다. 기업들은 조직력이나 자금력, 기술력, 마케팅 능력만으로는 한계가 있음을 인정한다. 그래서 기업정신과 기업문화를 그토록 강조하는 것이다.

　최고의 기업은 상품이나 서비스가 아닌 배려를 고객에게 전한다. 그것이야말로 최고의 가치다.

　많은 교육 전문가들이 말한다. 아이를 인재로 키우려면 감성을 계발하는 데 집중하라고. 위대한 어머니의 표본 장병혜 박사는 '배려할 줄 아는 아이가 큰 인물이 된다'면서 더불어 사는 지혜를 일깨워줄 것을 항상 강조한다.

　그러나 대다수 어머니들은 '그런 건 시간이 남아돌아서 한가할 때 생각해볼 문제'로 여기는 듯하다. 아이들에게 지식을 우겨넣으면서 이겨야 살아남는다고 가르친다. 인생에는 오르는 길밖에 없다면서 몰아붙인다. 아이들은 오르다가 미끄러지고, 헛딛고 넘어지면서도 하염없이 오르기만 한다. 어머니도 불행하고, 아이도 불행하다.

　최근 조선일보 보도(2023년 2월 18일)에 따르면, 초등학교 6학년 대상 학원 커리큘럼이 '의대반'과 'SKY(서울·고려·연세대)반', '일반반'으로 나뉜다고 한다. 한 학부모가 "아이를 의대에 보내고 싶다"고 하자 "너무 늦었다"는 답이 돌아왔단다. 학원 관계자는 "요즘은 의대에 보내려면 최소 초등 4학년부터 준비해야 한다"며 "초등 6학년 커리큘럼의 경우 중학교 1~2학년 과정은 여러 번 공부하고 중3 기본 개념까지 공부한 학생들이 들어갈 수 있다"고 했단다. 4년치 선행 학습이 돼 있어야 한다는 것이다. 초6 수학만 예습했던 어느 아이의 엄마는 자신의 딸이 테스트 결과 일반반 대상으로 들어갈 수밖에 없다는 학원 측의 말을 듣고 아연실색했다.

그렇게 일찍부터 의대를 생각하고 S대를 꿈꾸는 어린 아이들의 미래는 어떻게 될까? 남을 배려하는 마음과 자세는 눈곱만큼도 없고 오로지 자기 안위와 성공을 위해 앞만 보고 달리며 모든 사람을 경쟁상대로 생각하는 어린 마음에는 잘못된 가치관이 뿌리박기 시작한다. 그런 사람이 의사가 되어도 위험한 의술을 상술에 담아 발휘할 뿐이다.

지금 행복하지 않은 것은, 남에게 패배했기 때문이 아니다. 배려하지 않았기 때문이다.

우리는 그동안 '고급'의 삶을 추구해왔다. 남들이 모르는 이론과 지식을 갖추면 고급이 된다고 믿었다. 그래서 첨단 이론과 지식의 산에 오르면서 세상을 내려다보았다. 근거 없는 이론이었고 현실에 뿌리 내리지 못한 지식이었다. 공부할수록 허망한 관념의 파편으로 뇌리는 얼룩져갈 뿐이다.

내려가는 길을 다시 찾아냈다. 산등성이 위로 높게 솟은 해가 사방을 환하게 비춰준다. 사람들이 환호성을 지른다. 바람이 잦아들었다. 사람들이 하얀 입김을 내뿜으면서 내려가기 시작했다. 밤새 걷느라 피곤이 극에 달할 터이지만 가뿐한 걸음으로 이야기를 나누며 내려간다. 모두가 자기 페이스를 찾은 것 같다.

자기 수준을 깨닫는다는 것, 이것이야말로 모든 발전의 기초다. 우리는 자기 수준도 모른 채 무리하게 도전했다가 탈진하고 마침내 실패한다. 그러고는 가슴속 깊이 분노의 씨앗을 심어놓는다. 사실은 자기 수준을, 모두가 알고 있다. 다만 그것을 인정하지 않으려는 것뿐이다. 지는 것을 죽는 것만큼이나 두려워하니까.

모퉁이를 돌자 시야가 확 트인다. 넓게 펼쳐진 들판이 눈에 들어온다. 피식 웃음이 나온다. 어떻게 내려갈 것인지, 내려가기 전에는 두려움만 앞섰다. 하지만 일단 발길을 조금씩 내딛으면서 체중을 버티면서 내려가기 시작하는 순간, 내리막길은 내 몸속으로 파고들면서 길과 나는 한몸이 되어갔다. 내려가는 길은 명상이다. 두렵고 힘든 길이지만 한 발자국 내딛을 때마다 발바닥과 무릎 연골에 실리는 체중을 온몸으로 감지하면서 깊은 명상에 빠지다 보면 어느새 바닥으로 내려온 자신을 발견할 것이다. 왜 그렇게 분노에 빠져 있었던 것일까. 담담하게 받아들이면 되는데. 흐르는 대로 흐르면 되는데.

"모든 시작은 위험하다"고 니체도 말하지 않았던가. 내려가는 길도 올라가는 길 못지않게 위험하다. 위험의 차원이 다르다. 올라가는 위험과 내려가는 위험은 힘주는 방식에서도 현격하게 차이가 난다. 올라가는 데 관여하는 신체 근육과 내려가는 데 힘을 쓰는 근육이 다르다. 올라가는 근육은 익숙하게 단련되어 있지만 내려가는 근육은 연습을 해본 적이 별로 없어 조금만 힘을 잘못 주어도 근육에 예상치 못한 힘이 들어가서 상처가 생길 수 있다.

"야호!"

누군가 외쳤다. 이어지는 웃음의 물결. 한 걸음의 진지한 반복이 내 몸을 안전하게 바닥까지 데려다주었다. 작은 실천의 진지한 반복이 꿈에 그리던 안전한 바닥으로 내 몸을 옮겨주었다.

빙하기는
역전
찬스다

일류와 이류의 차이는 흐름을 타느냐, 흐름을 놓치느냐로 갈린다. 삼류와 사류는 흐름에 맞선다. 안목이 없기 때문이다.

일류는 흐름을 파악하고, 내려가야 할 때임을 가장 먼저 깨닫는다. 감히 맞설 수 없을 때는 가장 먼저 포기한다. 먼저 내려가면서 바람의 흐름을 탄다. 골짜기를 휘몰아치는 칼바람에 몸을 맡긴다. 바람이 밀어줄 때는 힘을 빼고, 맞바람이 달려들 때는 자세를 낮추거나 옆으로 걸어 압력을 해소한다. 완급을 조절하면서 흐름을 타는 셈이다.

이류는 일류를 흉내 내려 한다. 일류가 떠나는 것을 보고 따라 내려간다. 하지만 높은 곳에 대한 미련을 버리지 못해 가끔씩 뒤돌아본다. 그러다가 바람의 흐름을 놓친다. 완급을 조절하는 데 익숙하지 못하다. 맞바람 때문에 고생을 한다.

삼류와 사류는 마지막까지 높은 곳을 포기하지 못한다. 본전이 아까워서 고집을 부린다. 그러다가 안전하게 내려갈 수 있는 시기를 놓친다. 손해가 너무 막심해서 손절매를 할 수 없는 지경에 몰린다. 결국에는 끝까지 버티기로 한다. 그러나 세상의 흐름을 거스를 수는 없다. 내려가는 길이 사라지고 추락의 위험이 높아진다. 쩔쩔매면서 내려간다. 사류는 세상을 원망하며 구시렁거린다.

요즘 '몸'이 정면으로 부각되면서 멘탈보다 피지컬을 강조하는 사회적 트렌드가 관심을 끌고 있다. '피지컬: 100'이라는 프로그램은 2023년 1월 24일부터 공개중인 넷플릭스 오리지널 프로그램이다. 가장 완벽한 신체 능력을 갖춘 최고의 '몸'을 찾기 위해, 최강의 신체 능력을 자부하는 100인이 벌이는 대한민국 생존경쟁 예능이다. 예능까지 '몸'을 부각하다 보니, 보디 프로필을 찍기 위해 운동에 몰두하는 직장인이 크게 늘고 있다.

운동하는 직장인들의 모습은 대강 세 가지 부류로 나뉜다.

- **매일매일형**: 매일 빠짐없이 헬스클럽에 나와 열심히 운동한다. 그날 달성해야 할 운동량을 포함해 더 많은 운동을 트레이너와 함께 한다.
- **포기안해형**: 이따금 빠지지만 꾸준히 나오기는 한다. 근근이 운동량을 채운다. 목표가 버거울 때는 레벨을 낮춰서라

도 한다.

- **작심삼일형**: 남들에게 밀리는 것이 싫고, 대세를 따라야 하니 운동을 시작했지만 초반에 포기한다. 다시 도전해보는 경우도 있지만 역시 작심삼일이다.

직장인 나씨는 지난 2년간을 얼추 분석해보니, 작심삼일형 수강생이 전체의 80퍼센트를 넘는 것 같다고 한다. 2년 전 운동을 같이 시작했던 동료들 가운데 나씨 혼자만 남았다. 대부분이 초반에 나가떨어졌다.

누구나 처음에는 열의를 가지고 시작한다. 운동으로 몸을 바꾸겠다고 피트니스 센터에 등록하는 사람들 중에서 '얼렁뚱땅 해보다가 그만두자'는 결심으로 시작하는 사람은 없다. 다들 처음에는 '끝을 보겠다'고 결심한다. 이제 운동으로 몸을 만드는 일은 거스를 수 없는 물결이다. '피지컬로 몸을 정면으로 드러내는 흐름에 올라타야 할 때'라는 것을 웬만한 직장인들은 깨닫고 있다.

그러나 그 결심이 며칠을 못 가니 문제다. 약속 때문에 혹은 부서 회식 때문에 불가피하다면서 스스로의 결심에 예외를 허용한다. 예외는 핑계가 되고 핑계는 중도 포기로 직행한다.

나씨의 경우 '매일매일형' 선배를 벤치마킹한 것이 도움이 됐다고 말한다.

- 매일 밥 먹듯이 피트니스 센터에 간다. 언제까지나 초보 정신. 모르는 것을 아는 척하지 않는다.

- 무조건 몸을 움직여 피트니스 센터로 간다. 할까 말까 망설일 때 무조건 운동하러 간다.
- 무리하면 오래 못 간다. 운동은 작게 시작해서 꾸준히 반복해야 오래간다.
- 매일 꾸준히 반복하고(30분 이상이면 된다), 휴일에도 예외규정을 두지 않는다.
- 운동은 물줄기를 따라 끊임없이 내려가는 것과 비슷하다. 처음에는 작은 시냇물이지만 오랜 시간 동안 흘러서 계속하다 보면 몸도 좋아져서 몸 둘 바를 모른다.

나씨의 모델이 되어준 선배는 주 5일 이상 꾸준히 운동을 해서 몸이 몰라보게 달라졌다. 모든 일에는 흐름이 있다. 고수들은 그 흐름을 간파하고 올라타서 흐름과 함께 흐른다. 밥 먹듯이 습관적으로 반복하다 보면 반전을 만드는 순간이 온다.

하수들은 고수들의 이런 모습을 보면서 우둔하다고 놀려댄다. 그렇게 고생을 안 해도 요령 있게 살 수 있는 방법이 얼마든지 있다고 한다. 사실 그래서 하수다.

소싸움의 기본자세는 머리를 최대한 낮추는 데 있다. 머리를 들면 상대방의 뿔에 당한다. 이기기 위해서는 머리를 상대편보다 낮춰야 한다. 강한 소일수록 최대한 낮추면서 적에게 접근한다. 싸움소는 수명이 길다. 관록이 붙으면 10년 이상 주인으로부터 극진한 대접을 받는다. 태어난 지 2년도 안 되어 도축장으로 끌려가는 소들과 다른 운명이다.

씨름에서도 안정적인 자세를 갖추려면 몸을 낮춰야 한다. 일어설수록 상대방 공격에 균형을 잃기 십상이다. 승부는 순식간이다.

두메양귀비는 맑은 날 꽃을 활짝 피우고, 바람이 불면 꽃잎을 오므리고 고개를 숙인다. 많이 배운 사람일수록 자세를 낮추고 고개를 숙인다. 무능은 겸손이 아니다. 실력 있는 사람만이 겸손할 자격을 얻는다. 겸손은 땅에서 멀어질수록 없어진다.

자세를 낮추는 것은 비굴이 아니다. 그것은 내려갈 수 있는 바닥까지 내려가는 것이다. 그것은 또한 솟구쳐오를 무한한 가능성을 여는 것이기도 하다.

바닥은 신념이다. 바닥에 도달하면 신념이 바뀐다. 그리고 사람이 변한다. 겸손한 '낮음의 미학'이 거들먹거리는 '높음의 어리석음'을 무너뜨린다. 바닥을 찍은 사람만이 흐름을 타면서도 자기중심을 잡을 수 있다.

걸림돌은 디딤돌의 다른 이름이다

일류와 이류의 차이는 도전에 한계를 두느냐 아니면 한계에 도전하느냐로 갈린다. 이류들은 도전하기 전에 한계를 먼저 그어놓는다. 그 한계는 물리적 한계가 아니라 심리적 한계다. 도전을 해보기도 전에 '내 능력으로는 도저히 되지 않을 것'이라고 결론부터 내리는 것이다. 심약한 결론 뒤에는 두려움이 놓여 있다. 그보다 깊은 내면에는 아예 도전해보고 싶다는 의욕조차 없다. '어렵다'는 생각 뒤에는 '사실은 하고 싶지 않다'는 의지가 숨어 있다.

세상의 위대한 성취를 이룬 사람들이 처음부터 일류였던 것은 아니다. 그들 역시 이류 또는 삼류, 아니 심지어는 사류였다. 그런데도 그들은 남들이 불가능이라고 단정 짓고 포기했던 것들에 정면 도전해 역사에 길이 남을 업적을 남겼다.

지금은 내려가는 길이다. 모두가 오르는 연습에만 열중해왔다. 그래서 내려가는 길은 누구에게나 낯설다. 지금은 우리들을 위한 역전의 찬스다.

〈더 록〉〈콘에어〉〈아마겟돈〉〈크림슨 타이드〉〈에너미 오브 스테이트〉〈식스티 세컨즈〉〈진주만〉〈나쁜 녀석들: 포에버〉〈탑건: 매버릭〉.

우리에게 익숙한 영화 제목들이다. 이 영화들의 공통점은 무엇일까. 제리 브룩하이머가 제작을 맡았던 영화들이다. 할리우드의 간판급 블록버스터로, 최소 1억 달러에서 최대 5억 달러의 수익을 기록했다. 제리 브룩하이머는 TV 드라마에서도 첫손가락에 꼽히는 흥행 마술사다. 우리에게도 친숙한 드라마 〈C.S.I.〉 시리즈가 그의 작품이다.

제리 브룩하이머가 처음부터 일류였던 것은 아니다. 1973년 〈안녕 내 사랑〉에 이어 〈아메리칸 지골로〉와 〈캣 피플〉 같은 소소한 영화들을 만들었다. 이류였던 그가 일류 제작자로 떠오른 것은 돈 심슨이란 친구를 만나 공동제작에 나서면서부터였다. 1983년 돈 심슨과 공동으로 제작한 〈플래시댄스〉로 첫 대박을 터뜨렸다. 미국에서만 1억 달러 이상의 수익을 기록했다.

그 이후 성공가도를 달렸다. 돈 심슨은 제리 브룩하이머에게 스승이자 친구로, 많은 영감을 공유해주었다. 두 사람은 상대방의 약점을 자신의 강점으로 보완해주며 파트너 관계를 이어나갔다. 돈 심슨이 자유분방한 천재에 약물 중독자였던 반면, 제리 브룩하이머는 성실하고 꼼꼼한 스타일이었다. 두 사람은 맞물린 톱니바퀴처럼 완벽한 호흡을 이루었다.

그들은 14년간 공동 제작을 하면서 히트작들을 생산해냈다. 황금 콤비는 할리우드 최고의 제작자로 부상하며 배우 에디 머피와 톰 크루즈, 니콜라스 케이지 등을 세계 스타의 반열에 올려놓기도 했다. 하지만 두 사람의 파트너십은 1996년에 막을 내리고 말았다. 돈 심슨이 〈더 록〉을 제작하던 중 약물과용으로 사망한 것이다. 제리 브룩하이머는 〈더 록〉의 오프닝에 '돈 심슨을 추모한다'는 문구를 넣어 그와 함께 제작한 마지막 영화임을 관객들에게 주지시켰다.

할리우드 호사가들은 '돈 심슨의 죽음으로 제리 브룩하이머의 시대도 끝장이 났다'고 떠들어댔다. 두 사람이 일궈온 성공을 한 사람의 능력만으로는 지탱할 수 없을 것이란 판단이었다.

하지만 제리 브룩하이머는 파트너를 잃은 절망에서 일어났다. 걸림돌을 디딤돌로 딛고 뛰어오른 것이다.

이듬해 발표된 〈콘에어〉는 미국에서 2억 달러 이상을 벌었고, 〈아마겟돈〉은 전 세계에서 5억 달러 수익을 기록했다. 흥행 열풍은 〈에너미 오브 스테이트〉와 〈식스티 세컨즈〉 〈진주만〉 〈캐리비언의 해적 1, 2〉 등으로 이어지면서 기세를 몰아가고 있다.

길을 가다가 돌이 나타나면 약자는 그것을 걸림돌이라 말하고, 강자는 그것을 디딤돌이라 말한다. 걸림돌과 디딤돌은 동전의 양면이다.

한계는 피해야 할 장애물이 아니라, 적극적으로 이용해야 할 디딤돌이다. 시냇물은 장애물에 부딪혀야 노래한다. 부딪혀봐야 나와 세상을 알 수 있다. 한계와 제약, 역경과 고난은 도전의지를 불태우는 연료다. 비범함은 한계와 제약, 역경과 고난을 이겨내는 과정에서 빚어진다. 거저 되는 것은 아무것도 없다.

내려가는 길에 만나는 돌은, 우리가 딛기 나름이다. 잘 딛고 뛰면 디딤돌이다. 디딤돌로 이용해 몇 걸음을 아낄 수 있다. 미처 발견하지 못해서 걸려 넘어진다면 그것은 걸림돌이다. 하지만 처음부터 걸림돌로 존재하는 것은 없다.

제리 브룩하이머는 모험을 하는 제작자로 유명하다. 그가 〈더록〉의 주연으로 니콜라스 케이지를 기용했을 때 할리우드는 그를 손가락질하면서 웃었다. 니콜라스 케이지는 그때까지 저예산 독립영화를 기웃거리는 아웃사이더에 불과했다. 그런 배우에게 블록버스터 영화의 주연을 맡긴다는 것은 커다란 도박이었다. 〈비벌리 힐스 캅〉에 에디 머피를 주연으로 기용했을 때도 그랬었다.

그는 언론과의 인터뷰에서 "사람들이 미쳤다고 하든 말든 신경 쓸 필요가 없다"고 주장했다. 자신만의 전망을 세우고, 그것을 확신하며 끝까지 밀어붙이는 것이 중요하다는 것이다. 그러면서도 돈 심슨에 대한 그리움을 토로하기도 했다. 돈 심슨에게 배운 것들을 아직도 기억하고 있으며, 계속 그의 기억과 함께 일을 하겠다고 말했다.

우리는 가벼운 마음으로 한 걸음씩 차분하게 내려간다. 다른 사람들이 불가능이라고 여기는 것들에 대한 생각을 바꾸기로 했다. 불가능은 사실이 아니라, 하나의 의견에 불과하다고 믿기 때문이다.

의미를 만드는 사람은 의지가 있는 사람이다. 내 인생에서 의미를 찾으려면 의연해져야 한다. 의지의 칼날을 마음속에 품고 있는 사람은, 내려가다가 설혹 넘어져도 걸림돌을 탓하지 않는다. 그것을 디딤돌로 활용하지 못했음을 아쉬워할 뿐이다.

인생 리듬에 맞춰 스프링처럼

나이 마흔을 넘긴 남자들 동창회에 가보면, 명함을 열심히 돌리는 사람들과 꿔다놓은 보릿자루처럼 앉아 있는 사람들이 묘한 대비를 이룬다.

열심히 명함을 돌리는 사람들에게서는 에너지가 넘친다. 자신의 성공을 자랑하기 위해 동창회에 참석한 것처럼 여겨지기도 한다. 명함을 열심히 돌리는 사람들을 집중적으로 관찰해보면 세 가지 부류로 나눌 수 있다.

첫 번째는 영업을 하려는 사람들이다. 식당이나 보험, 자동차 등 주로 자영업과 판매직 종사자다. 동창회에 열심히 참석하는 사람들 중에는 이 부류가 가장 많다.

두 번째는 높은 자리에 오른 사람들이다. 대기업이나 금융기관 등에서 출세한 사람들인데, 이들은 테이블마다 돌아다니지 않고 다른 사람들에 둘러싸여서 명함을 주고받는다. 대개는 학창시절 우등생들이다.

세 번째는 사업으로 성공한 사람들이다. 부모 도움이든 자수성가든, 참석자들 중에서 가장 주목을 받는다. 특히 첫 번째 부류 동창들의 집중적인 관심 대상이 된다. 상당한 금액의 학교 발전 기금과 동창 회비를 흔쾌하게 낸다.

오랜만의 동창회는 삶의 역전과 재역전이 어떻게 일어나는지 눈으로 확인할 수 있는 기회다. 학교를 졸업할 때까지는 승패가 성적순이었지만, 세월이 흐르는 사이에 기준이 바뀌었다. '학교 성적 1등'이 10년 후, 20년 후에도 '성공한 인생 1등'으로 이어지는 경우는 많지 않다.

높이 올랐다는 것은 그만큼 많은 노력을 기울였다는 뜻이다. 그러나 높이 올라갔다는 것은 또한, 내려가는 길도 가파르다는 의미이기도 하다.

엘리트들은 오르는 데만 능한 사람들이다. 어린 시절부터 남들보다 몇 배나 많은 시간을 오르는 연습에 투자했다. 그러나 내려가는 것에는 문외한이나 다름없다. 내려갈 마음의 준비를 평소에 해본 적이 없다. 주변에서 언제나 떠받들어주었고, 내리막길이 있을 것이란 상상도 해보지 않았다.

그래서 그들에게 내리막길은 벼랑처럼 가파르기만 하다. 연예인 톱스타들이 활동이 뜸한 시기에 우울증에 시달리는 것과 크게 다르지 않다. 성장기에만 익숙해져, 그다음에 오는 침체기

를 견딜 준비가 되어 있지 않은 것이다. 그들은 침체기 때의 스트
레스를 견디지 못한다.

10년 후 다시 열린 동창회. 두 번째 부류와 세 번째 부류의 상
당수가 모습을 드러내지 않는다. 그동안 내리막길을 타고 내려
갔다면, 그 이후의 모습을 남들에게 보여주고 싶지 않을 것이다.

첫 번째 부류 사람들이 새로운 명함을 열심히 돌리는 사이로
꿔다놓은 보릿자루 같은 사람들이 앉아 있다. 그런데 사실은, 이
런 사람들에게 주목해야 한다. 이들이야말로 인생의 고수, 역전
의 달인들이기 때문이다. 이들은 높은 성적으로 주목받아본 적
도 없다. 회사에 다닐 때도 실적에서 1등을 차지해본 적이 없다.
그러나 꾸준하게 걸음을 내딛었고, 인생의 리듬을 탔다.

이들은 남들보다 먼저 내려갔고, 남들보다 앞서 여유 있게 올
라갔다. 역전의 명수들은 명함을 내밀면서 나서는 법이 없다. 그
들은 언제나 조용하다. 우리는 스포트라이트를 받는 사람들에게
만 주목하는 경향이 있다. 급히 올라갔다가 벼랑으로 떨어지는
장면을 구경하고 싶은 못된 취향 때문인지도 모른다.

스프링은 누르면 누를수록 탄성이 강해진다. 눌린 상태에서
힘을 모으는 것이다.

역도 선수는 자신의 몸무게보다 무거운 바벨을 들어올린다.
바벨을 어깨 또는 허벅지까지 들어올린 다음 심호흡을 한다. 그

리고 순식간에 머리 위로 불끈 들어올린다. 이런 순간집중을 하지 않으면 바벨을 올리지 못한다. 심호흡은 잠시 쉬는 것처럼 보이지만 쉬는 게 아니다. 기를 끌어모으기 위한 치열한 숨고르기인 것이다.

멀리 가기 위해서 때로는 뒤로 돌아갈 필요가 있다. 장벽에 가로막혔다면 뒤로 돌아가 다른 길을 찾을 수도 있다. 뒤로 몇 걸음 물러났다가 뛰어넘는 것도 방법이다.

지나온 과거에 대한 색다른 해석이 필요하다. 지금까지 걸어온 길이 이류, 삼류였다고 해서 지금 탄식할 이유가 없다. 지금부터 앞서나가기 위해 그토록 치열한 숨고르기를 해온 것이라고 해석해보자.

게다가 지금은 게임의 규칙이 바뀌었다. 올라가는 것이 아니라 내려가는 게임이다. 오르는 게임에서는 뒤처졌지만 내려가는 게임에서는 다른 결과를 낼 수 있다.

송씨는 고등학교를 졸업할 때까지 주눅이 들어서 살았다고 한다. 언제나 집에서는 '못난 녀석'이었고, 학교에서는 '반 평균을 깎아먹는 놈'이었다. 한마디로 동네 왕따였다.

송씨의 인생 리듬이 안단테(andante, 느리게)에서 알레그로 브릴리안테(allegro brilliante, 빠르면서 화려하고 밝게)로 바뀐 것은 재수생활을 하면서부터였다.

서울 노량진 학원가에서 자취를 했다. 새 친구들을 사귀고 함께 어울렸다. 하루 스물네 시간이 부족할 정도로 바쁘게 놀았다. 그렇게 바뀐 자신이 신기할 정도였다. 노는 데 정신을 빼앗긴 결과, 어떤 대학에서도 그를 받아주지 않았다.

송씨는 삼수에 도전해보고 안 되면 군대에 가겠다고 결심했다. 하지만 작심삼일이었다. 내기당구를 치고 있는데, 당구장 입구에 부모님 얼굴이 보였다. 아버지에게 처음으로 반항을 했고, '노량진 바닥에 먼지가 풀썩일 정도로' 얻어맞았다고 한다. 아버지가 떠나면서 말씀하셨다.

"이번에도 떨어지면 군대 갔다가 집으로 내려와라. 장사나 배우게. 못난 놈이 무슨 공부여."

공포가 밀려왔다. 고향에 내려가는 것도 싫은데, 평생 거기서 장사를 해야 한다니 생각만 해도 끔찍했다. 학원에 가서 처음으로 상담을 받았다. '여섯 달 남았는데 지금부터 어떡하면 될까요.'

송씨는 그렇게 대학에 들어갔고, 졸업할 때는 정문 수위 아저씨로부터 꽃다발을 받았다. 수위 아저씨가 '다시는 학교 근처에 얼씬거리지 말라'면서 웃었다. '개교 이래 너 같은 녀석은 처음'이라는 얘기를 많이 들었다. 걸핏하면 수위실에 빌붙어서 점심 저녁을 해결했다. 때로는 잠자리 신세를 지기까지 했다.

송씨의 별명 '송넉살'은 그렇게 만들어졌다고 한다. 학생들 외상값을 받으러 강의실까지 쫓아오는 무서운 아줌마가 있었다.

송씨는 친구들을 몰고 가서 그 아줌마에게 공짜 저녁을 얻어먹었다. 밤늦게까지 술을 먹다가 교통편이 끊어지면 후배들을 데리고 여관에 가서 재웠다. 여관비는 다음 날 교수님에게 꿔다 냈다. 근처에서 '송녀살'을 모르면 간첩이었다.

송씨는 종합화학회사에 다니다가 독립해 지금은 건자재 유통업을 하고 있다. 명절 때 고향에 내려가면 동네가 떠들썩해진다고 한다. 친구며 선후배들이 모여서 밤새 술도 마시고 화투를 친다. 사람들 기억 속에서 옛날의 왕따 송씨는 사라진 지 오래다.

송씨는 어떻게 자신의 인생을 바꿀 수 있었을까. 무엇이 그를 동네 왕따에서 화려한 언변의 '송녀살'로 180도 변신시켰을까.

"서울에 올라오니까 나를 아는 사람이 아무도 없어요. 다들 친절하더군요. 갑자기 이런 생각이 들었습니다. '나는 왜 지금까지 그렇게 살았을까?' 그렇게 안 살아도 되는 것이었는데 말이죠. 아버지한테 죽도록 맞은 다음에는 이런 생각이 들었어요. '나는 왜 안 되는데?' 그 나이까지 허송세월을 한 게 억울해서 눈물이 나더군요."

아팠던 과거의 기억을 곱씹으면서 그는 스프링처럼 튀겠다고 결심했다. 그는 인생을 바꾸었고 마침내 자신을 둘러싼 상황을 역전시켰다.

반문(反問)을 통해 반전(反轉)을 시도하자. 당연하게 여겨온 것에 대해 '왜'라고 묻자. 대답에 만족해서는 안 된다. 끈질기게 물고 늘어지면서 스스로에게 물어보자.

'왜 안 돼?' 우리는 역전의 명수들에게 감동한다. 아낌없는 박수를 보낸다. 이미 졌다고 생각할 때, 모두가 졌다면서 포기할 때, 그 최후의 순간에 역전 드라마는 시작된다. 짙게 깔렸던 어둠의 절망을, 찬란한 한줄기 희망의 빛이 강렬하게 뚫고 나온다.

'반전'은 '반문'하는 사람에게 찾아오는 절호의 찬스다. 반전에 반전을 거듭한 끝에 드디어 '역전'의 기적을 만들어낸다. 그 눈물겨운 스토리가 사람들의 가슴을 뜨겁게 적신다.

우리가 인생의 반전을 결심할 때, 우리 삶의 역전 드라마도 시작된다. 반전과 역전 드라마는 반문을 통한 도전에서 비롯된다.

지금, 스스로에게 물어보자. 그동안 못 이룬 것에 대해서.

'왜 안 되는데?'

천천히 우회하고 방황하자

솔방울이 여물면 소나무 씨앗을 바람에 날려 보낸다. 운 좋은 씨앗은 비옥한 땅에 떨어져 쑥쑥 자라난다. 늘씬하게 뻗은 소나무가 되는 것이다. 그러나 운이 좋지 않은 씨앗은 바위틈에 떨어진다. 바위틈에 고인 수분으로 겨우겨우 연명을 한다.

같은 솔방울에서 나왔지만 하나는 햇살 아래 쭉쭉 뻗은 소나무로 자라고, 하나는 볼품없는 열등생이 되어 그늘에서 지낸다. 어디에 떨어졌느냐 차이가 소나무로서의 운명을 가르는 것이다.

그런데 상황은 또 바뀐다. 잘 자란 소나무는 어느 날 목수에게 베어지면서 생을 마감한다. 반면 바위틈에서 제대로 자라지 못한 소나무는 분재 수집가에게 발견되어 모셔진다. 호사가 집에서 극진한 대접을 받으며 살아간다.

오히려 지금까지 탄탄대로를 달려오지 않은 것이 천만다행인지도 모른다. 때로는 자갈밭을 뒹굴고 때로는 진흙탕에 빠지면서 여기까지 왔다. 남들은 어떻게 해서든 피하던 길이었다.

생각해보면 세상의 모든 이치가 그렇다. 탄탄대로를 달려 빠르게 성장하면 결국 '목재'로 생을 마감하게 된다. 반면 이리저리 굽은 길을 천천히 걸어 느릿하게 성숙하면 마침내 '분재'로서의 가치를 인정받는다. 우리는 '분재'로 발견되기 위해 그토록 힘겨운 길을 걸어 여기에 이른 것이다.

세상은 자주 뒤집힌다. 어제는 최고였던 것이 오늘은 최악이 된다. 어제는 별 볼일 없던 것이 오늘은 최고가 된다. 대한민국처럼 냄비 끓듯 하는 사회에서는 더욱 그렇다.

언젠가 우리 선배들이 최고로 꼽은 직장은 은행이었다. 월급도 많이 주었고 직원들 복리후생도 최고였다. 수많은 엘리트들이 은행으로 몰렸다. 다음 차례는 종합상사였다. '수출 한국'의 기치가 높을 때였다. 해외를 누비는 '상사맨'들의 자부심이 대단했다.

그리고 증권사. 증시 호황 속에서 한 달에 서너 번씩 월급을 받는 시절이 있었다. 그 바통을 넘겨받은 게 2금융권이었다. 종금사와 리스사 등이 호황을 누렸다. 가방끈 긴 인재들이 죄다 2금융권으로 몰려들었다. 그러다가 IMF 위기가 터지자 금융권은 쑥밭이 되었다가 다시 부활했지만, 상황은 그렇게 좋지 않다. 명예퇴직의 칼바람이 불기 시작했다. 디지털 금융이 가시화되면서 전통적인 오프라인 매장 중심 은행은 점포를 거두고 살아남기 위해서는 구조조정을 거듭해야 한다.

그리고 스타트업 열풍이 불었다. 비록 뒷골목이지만 대박의 꿈을 안고 밤잠을 설치며 스타트업에 목숨을 건 기업들이 속속 출현했다. 국내파 엘리트들은 물론 해외유학파들까지 스타트업 열풍 속으로 뛰어들었다. 스타트업은 취업길이 막힌 판국에 새로운 가능성을 열어주는 대박과 성공의 지름길이었다. 그러나 투자열풍이 식으면서 인력난에 시달릴 정도로 거품이 빠지기 시작했다.

첨단 금융전문가. 투자은행(IB) 열기가 달아오르면서 각광을 받았다. 각 금융사는 선진기법을 배웠다는 전문가들을 영입하기 위해 경쟁에 나섰다. 상당한 금액을 들였다. 그러나 미국 발 금융위기를 거치면서 첨단금융 노이로제가 만연하다. 더구나 경제 빙하기에 접어들면서 금융업의 본질을 전면적으로 재검토하는 계기가 마련되었다. 비트코인 열풍과 가상화폐에 대한 광적인 투자가 생각보다 심각한 손실을 불러오면서 일확천금을 노렸던 많은 사람들이 본전도 찾지 못하고 심각한 재정위기에 직면해 있다.

세상은 돌고 돈다. 영원한 것은 없다. 지금 눈앞에 보이는 좋은 것을 따라가면, 막차를 탈 가능성이 높다. 지금 좋은 것이지, 앞으로도 좋을 것이란 보장이 없기 때문이다. 달이 차면 기우는 법이다.

메타버스를 타지 않으면 마치 세상이 망할 것처럼 열풍이 불다가 별다른 혁신적 변화를 체험하지 못하고 수면 아래로 잠입하기 시작했다. 블록체인 기술을 이용해서 디지털 자산의 소유주를 증명하는 가상의 토큰(token)인 NFT(Non-fungible token, 대체 불가능 토큰)는 또 어떤가. 모두 기술혁명을 통한 패러다임 전환을 노렸지만 평범한 일상을 혁명적으로 바꾸는 계기는 되지 못하고 저마다의 위치에서 생존경쟁을 벌이고 있다.

우리는 너무 유행에 민감하다. 역전에 성공하려면 지금 남들이 좋다고 하는 방향으로 부화뇌동해서 아무 생각 없이 따라가서는 절대 남을 따라잡을 수 없다. 그런데도 대부분의 사람들이 남들 가는 방향으로 물밀듯이 따라간다. 그래서 똑같은 결과를 얻는다. 현명한 어머니들은 자식을 남들처럼 만들지 않으려고 각별한 신경을 쓴다.

미국의 전설적인 투자가 로버트 멘셸은 그의 책 《시장의 유혹, 광기의 덫》에서 이렇게 충고했다.

"시장은 언제나 탐욕과 두려움이 마치 시계추처럼 오가는 곳이다. 이 점을 명심하라. 탐욕이 극으로 치닫는다면 돈을 벌 기회는 사라진다. 반면 두려움이 극에 달하면 새로운 투자의 기회가 싹트는 것이다."

남들이 할 때 하지 말고, 남들이 하지 않을 때 하라는 것이다. 남들이 비웃는다면 잘하고 있는 것이다.

거품이 두렵다면, 그것을 판단하는 가장 확실한 지표가 있다. 대한민국 간판급 엘리트들이 대거 몰려들어 북적거리는 분야는, 십중팔구 거품이라고 보면 된다. 비트코인을 비롯한 가상화폐가 그랬고 NFT로 지적자산화를 시도하는 모든 노력이 그랬다. 신기술 물결에 떠내려가지 않고 시대변화 흐름이 갖는 본질적 속성에 주목하는 사람만이 살아남는다.

신문만 열심히 봐도 감을 잡을 수 있다. 어떤 분야에 인재들이 몰리고, 수억 원의 연봉과 성과급이 뿌려진다는 기사가 자주 나온다면 곧 거품이 터질 때가 임박한 것이다. 어쨌든 지금은 내려가야 할 때임이 분명하다. 남들이 뭐라고 하든 귀를 막고 먼저 내려가야 한다.

대나무는 어떻게 그처럼 똑바로 자랄 수 있을까.

'마디' 때문이다. 줄기 중간 중간을 마디들이 끊어주기 때문에 곧게 자랄 수 있는 것이다. 대나무 마디는 '멈춤의 지혜'를 담고 있다. 잠깐 멈춰 성찰한 다음에 힘을 내어 성장한다. 대나무는 그래서 성장하며 성숙한다.

대나무는 '굼뜬 나무'다. 씨앗을 뿌린 다음, 아무리 기다려도 기적이 없다. 그렇게 다섯 해를 보내야 겨우 싹을 틔운다. '어? 싹을 틔웠네?' 하면서 감탄하는 순간, 대나무는 단번에 솟구쳐 오른다. 단 일 년 만에 무려 12미터나 자란다.

이처럼 극적인 역전의 감동을 다른 나무에서는 좀처럼 찾아볼 수 없다. 대나무는 그 역전을 위해 무려 5년이라는 인고의 세월을 보낸다. 땅속에서 어둠을 벗 삼아 세상으로 나갈 준비를 하는 것이다.

사람 역시 마찬가지다. 겉보기에는 벼락출세처럼 보여도 그 이면에는 그보다 몇 배 깊은 인내와 역전 드라마가 있다. 정말로 벼락출세를 한 사람도 있다. 하지만 그런 벼락출세는 얼마 가지 못한다. 깊은 드라마를 이면에 갖고 있는 사람만이 롱런할 수 있다. 뿌리가 깊기 때문이다.

대나무 역전의 원동력은 땅속에서 어둠을 감내했던 성장통(成長痛)이다. 다른 나무들이 일찍 싹을 내고 쭉쭉 뻗어 자라는 시기에도 땅속에 파묻혀 눈에 띄지 않는 신세였다. 그러나 그것은 땅속에서 성장의 아픔을 미리 겪기 위한 것이었다.

빨리 가는 '도로(road)'보다 굽이 돌아가는 '길(way)'이 아름답다. 틀린 길은 없다. 다만 풍경이 다른 길이 있을 뿐이다. 모든 길은 서로 통하기 때문이다.

굽은 길은 '방황'이다. 곡선은 아름답다. 곡선에는 방황의 여정이 담겨 있다. 그 길을 가다가 넘어져 생긴 상처가 추억의 흉터로 남는다. 모든 길은 의미를 가지고 있다. 그래서 천천히 걸으며 그 의미를 곱씹어볼 만하다.

누구든 예외일 수 없다. 자신만의 작품을 창조하기 위해서는 오랜 방황과 고뇌의 여정을 거쳐야만 한다. 성취는 오랜 과정을 거쳐 끊임없이 성숙하는 것이다.

사람은 어른이 된 이후에도 자랄 수 있다.

스승이 제자에게 하산하라고 했다. 제자는 신이 났다. 스승이 산 아래까지 제자를 바래다주기로 했다. 제자가 산길을 내려오면서 마지막 가르침을 청했다. 그러자 스승이 아래를 보면서 물었다.

"무엇이 보이느냐?"

제자가 대답했다.

"산도 보이고 개울도 보이고, 마을도 보입니다."

스승과 제자가 산중턱에 이르러 간식을 먹었다. 스승이 제자에게 물었다.

"이번에는 무엇이 보이느냐?"

제자가 대답했다.

"집들이 보입니다."

마침내 산을 다 내려왔다. 스승이 제자에게 물었다.

"무엇이 보이느냐?"

제자가 대답했다.

"사람들이 농사를 짓고 있습니다. 아이들도 놀고 있네요."

스승이 빙그레 웃으면서 물었다.

"그렇다면 너는 이제 무엇을 깨달았느냐?"

제자는 할 말을 잃었다.

사람들은 높은 곳에서 내려다보고는 '다 알았다'고 생각한다. 높은 곳에서 보면 세상이 일목요연하게 눈에 들어온다. 그래서 자기가 본 것 이외에는 무시하는 속성을 보인다.

하지만 내려가다 보면 세상이 바뀌기 시작한다.

위에서 내려다볼 때는 한 폭의 풍경화였다. 매일매일 같은 모습이었다. 사람들마저 '고정된 점'이었다. 그것이 전부인 줄 알았고, 내려다본 세상은 별것 아니었다.

그런데 내려가면 갈수록 세상의 모습이 역동적으로 변한다. 소는 풀을 뜯고, 아이들은 뛰어논다. 강아지들이 아이들 곁에서 팔짝 뛴다. 어른들은 부지런하게 일을 한다. 위에서 내려다본 세상과는 전혀 다른 세상이다. 내려가서 실제로 몸으로 확인하면서 본 것과 가보지도 않고 멀리서 내려다본 관망과는 천지차이다. 관찰이 관망을 이긴다. 가보는 것과 보는 것 사이에는 천지차이가 존재한다. 가보면 전혀 다른 일상이 보이지만 그냥 멀리서 보면 멋있어 보일 수도 있다. 하지만 멋있어 보이는 이면에서는 처절한 사투가 벌어지고 있음을 알 수도 있다.

내려가보지도 않은 채, 왜 모든 것을 안다고 자만했을까. 그런 거드름 때문에 위기를 자초했던 것은 아닐까. 어쩔 수 없이 내려가기 시작했지만, 차라리 잘된 것인지도 모른다. 고통 속에서도 이렇게 많은 깨달음을 얻을 수 있으니 말이다. 다행이라고 생각하자. 내려가서 다시 시작할 수 있다.

내려가는 행복과 명품인생

지미 카터 전 미국 대통령의 현재 직업은 '목수'다. 고향인 조지아주의 작은 농촌 마을에 목공 제작실을 차려놓고 가구를 만든다. 하루 종일 가구를 만드는 것은 아니다. 책을 보기도 하고 이웃들과 어울리기도 한다. 그리고 여유가 생기면 목수 일을 하는 것이다.

전직 미국 대통령이 만든 가구는 경매에서 매우 높은 가격에 팔리고, 그가 가구를 팔아 거둔 수익금은 모두 자선재단에 들어간다. 재단은 아프리카를 돕기 위한 다양한 활동을 벌인다.

카터는 "지금이 인생에서 최고로 행복한 순간"이라고 말한다. 대통령 시절에는 누리지 못했던 소박한 즐거움에서 행복을 찾아내는 것이다. 하지만 카터의 시골 마을 생활이 처음부터 행복했던 것은 아니었다. 선거에서 레이건에게 참패한 그가 백악관을 떠나 그곳으로 내려간 것은 1981년 1월이었다.

대다수 미국인은 '20세기 최악의 대통령'으로 지미 카터를 꼽는다. 대통령에서 물러날 당시 그의 지지율은 약 13퍼센트였다. 워터게이트 추문으로 유명한 리처드 닉슨이 쫓겨날 당시 지지율이 24퍼센트였다. 언론인이자 대통령학 연구자 네이슨 밀러 역시 저서 《미국 최악의 대통령 10인》에서 지미 카터를 1위로 꼽았다. 그가 '노(no) 비전의 대표 주자'였으며 '애매모호의 화신'이었다는 것이다.

카터는 대통령 자리에 머물러 있던 시절 내내 언론의 조롱에 시달려야 했다. 그가 여름휴가 때 낚시를 즐기다가 갑자기 나타난 큰 토끼를 보고 혼비백산했던 적이 있었다. 언론은 이렇게 보도했다. '대통령 각하, 살인 토끼를 격퇴하다.'

고향으로 내려간 카터는 재정적으로도 최악의 상황에 처해 있었다. 땅콩농장을 팔아 맡겨둔 투자에서도 100만 달러 이상의 손실을 입고 있었다. 그는 어느 날 깨달았다. 그리고 다시 올라가기로 결심했다. 대통령직에서 내려왔으니, 다른 곳으로 올라가야 할 차례였다.

카터 전 대통령은 퇴임 후에 오히려 더 큰 찬사와 존경을 받아왔다. 카터센터를 만들어 인권 증진 활동을 벌였다. 아프리카의 전염병 퇴치를 위해서도 뛰었다. 가난한 이들에게 집을 지어주는 해비타트운동에도 참여해 여러 나라에서 집짓기 봉사활동을 했다. 사람들이 알아주는 것은 중요하지 않았다. 평화활동을 지원했다. 분쟁 지역을 찾아 나섰다. 명함도 없었다. 1994년에는 한반도 위기가 전쟁발발 직전까지 치닫자, 남한의 김영삼 대통령과 북한의 김일성 주석을 각각 만나 평화 무드를 이끌어냈다. 그 노력을 인정받아 그는 노벨 평화상을 받았다.

카터는 '가장 형편없는 대통령'으로 자리에서 내려왔다. 아무도 박수를 쳐주지 않았다. 그러나 지금은 '가장 성공한 전직 대통령'으로 평가받는다. 대통령이라는 자리를 디딤돌 삼아 더욱 성숙한 인간으로 올라간 것이다.

카터에게 지금 이 순간이 가장 행복한 것은, 그가 '받아들이는 지혜'를 터득했기 때문일 것이다. 좋은 시절도 있었다. 그러나 슬프고 노여운 일들이 잔혹한 얼굴을 들이밀 때마다 거부하지 않았다. 부드럽게 수용하고 기꺼이 아래로 내려갔다.

내려가는 길에서도 행복을 찾아낼 수 있었다. 내려가야 한다는 것은, 그동안 높은 곳에 있었다는 것이니, 그것 또한 행복한

게 아니냐는 달관의 깨달음.

깨달음은 편하게 다시 오를 수 있는 여유를 준다. 흥겨운 노래를 부르면서 리듬에 맞추어 터벅터벅 걸어 올라가는 것이다.

카터의 웃음은 편안해 보인다. 카터뿐이 아니다. 시련이 빚어낸 명품인생들을 우리는 주변에서 쉽게 찾아낼 수 있다. 온갖 풍상과 고초를 겪어내고도 별것 아니었던 것처럼 순박한 웃음을 짓는 노인들을 보라.

2023년 현재 역대 미국 대통령들 중 가장 장수하고 있는 지미 카터(98) 전 대통령은 최근 병원 치료를 중단하고 집에서 남은 시간을 보내기로 결정했다고 한다. 카터센터는 "잇따른 입원 치료를 받은 카터 대통령은 그의 남은 시간을 추가적인 의료적 개입 없이 집에서 가족과 함께 보내며 호스피스 돌봄을 받기로 결정했다"고 밝혔다. 인생의 마지막을 가장 소중한 사람들과 함께 보내기로 결정한 것이다. 죽음을 목전에 두고 행복하게 살아온 지난 생을 회고하며 반추할 때 인생의 마지막은 더없이 소중한 순간으로 간직될 것이다.

풀이 바람보다 먼저 누워도 바람보다 먼저 일어날 수 있는 것은, 그래도 일어나야 한다는 의지가 있기 때문이다. 부드러움이 강함을 이긴다. 풀은 부드럽기 때문에 모진 비바람에 넘어졌다가도 다시 일어날 수 있는 것이다. 카리스마 중의 최고는 부드러운 카리스마다. 부드러움이 강함을 이긴다. 부드러운 모성이 잔

혹한 세월을 이겨낸다.

"저는 대학을 졸업하고 7년 동안 엄청난 실패를 겪었습니다. 결혼에 금세 실패했고, 실업자에다 싱글 맘… 더 이상 가난하기 힘들 정도였지요. 저는 누가 봐도 실패한 사람이었습니다. 그 시기에 저는 정말 힘들었고, 그 긴 터널이 언제 끝날지도 알 수 없었습니다."

세상에 이런 사람은 수도 없이 많다.

"제가 왜 '실패의 미덕'을 강조하는 것일까요? 그것은 실패가 제 삶에서 불필요한 것들을 없애주었기 때문입니다. 저는 실패를 통해 깨닫고 마침내 스스로를 기만하는 것을 그만두었습니다. 제 모든 에너지를 가장 중요한 일에 쏟기 시작했습니다. 제가 가장 두려워하던 실패가 현실이 됐기 때문에 오히려 저는 자유로워질 수 있었습니다. 실패했지만 저는 살아 있었고, 사랑하는 딸이 있었고, 아이디어가 있었지요."

그러나 이렇게 말할 수 있는 사람은 극소수다.

"가장 밑바닥이 제가 인생을 다시 세울 수 있는 단단한 기반이 되어주었습니다. 바닥을 치면 더 이상 두려울 것도, 꺼릴 것도 없습니다. 다시 일어나서 나아갈 일만 있기 때문입니다."

〈해리포터〉 시리즈의 작가 조앤 롤링이 하버드대 졸업식 축사를 통해 한 말이다. 그녀는 세계적인 작가로 성공해 매년 4,000억

원 이상을 벌어들이고 있다.

우리는 지금 기꺼이 내리막길을 내려간다. 눈밭에 발이 푹푹 빠진다.

숨을 깊이 들이마신다. 한참 동안 내뱉는다. 마음속에 남아 있던 분노가 숨에 섞여 빠져나간다. 입김이 숲속으로 흩어진다. 마음에 고요함이 깃든다. 시련을 부드럽게 받아들이고 마침내 성숙한 인간으로 거듭나기 위해 길을 내려간다.

내려가는 것, 그것은 패배해서 내려가는 것이 아니다. 우리들 속의 심연을 찾아서 떠나는 새로운 출발이자 여행이다. 무엇인가를 바라는 걸음이 아니다. 욕심과 공포, 질투, 집착 같은 과거를 비우는 걸음이다.

한 걸음 또 한 걸음 내려갈 때마다 온몸에 전율이 흐른다. 이제는 내려가는 것이 행복하다. 내려가면 새로운 세상이 펼쳐질 것이다. 새로운 세상을 보고 느끼고, 흐름에 맞춰 살아갈 것이다. 그리고 때가 되면 다시 오를 것이다. 그 생각만으로도 짜릿하다.

"저 밑에서 다시 시작할 거다!"

목청껏 소리를 지른다. 가슴이 터질 것처럼 부풀어오른다. 이런 행복감은 도대체 무엇인가.

정상을 앞두고 포기했다고 해서 너무 아쉬워하지 말자. 우리는 살아남기 위해, 다시 도전하기 위해 내려가는 것이다. 실패를 인정하고 받아들이자. 진정으로 두려워해야 할 것은 냉소주의다. 분노에 투항하지 말자.

영하 50도가 넘는 강추위와 조난, 부상 등 어려운 싸움을 거치며 여기까지 왔다. 우리는 길이 없는 곳에서도 길을 만들면서 내려왔다. 불확실한 것들과 맞서 얻어낸 성취감은 내려가는 길이 험하면 험할수록 더욱 커질 것이다. 우리는 이런 기쁨을 값진 선물로 영원히 기억해야 한다.

우리는 시련을 통해 한 단계 발전했고, 앞으로도 더욱 발전할 것이다.

멈추지 말고 내려가자. 이 추위가 언제 끝날지, 희망은 여전히 보이지 않는다. 그러나 숲 모퉁이를 돌아 또 다른 내리막을 만나면 거기에서 희망이 기다리고 있을지도 모른다. 한 걸음 내려갈 때마다 긍정과 낙관을 연습하자.

조심스럽게 한 걸음씩 내려가자. 주변 사람들을 돌아보자. 그리고 희망을 나누자. 우리는 사랑해야 버텨낼 수 있다.

그래도 여전히 우리에게는 희망이 있다.

• 끓어내면서도 간직해야 할 것들 •

01. 신뢰

모든 것을 다 잃어도 신뢰만 있다면 다시 일어설 수 있다.

02. 열정

열정을 키워라. 빙하기 최고의 자산은 열정이다.

03. 규칙

꾸준히 실천하는 작은 규칙 하나가 우리의 인생을 바꾼다.

04. 사랑

사랑은 감싸안는 힘이다. 기쁨과 슬픔을 넘어
고통과 시련까지 포용한다.

05. 꿈

어려울 때 더욱 빛나는 별, 그 별을 따라가라. 그것이 꿈이다.

끊어내는 연습

1. 버티지 말자
올라가는 것만 알았던 우리는 지금 최악의 위험에 처했다. 신속하게 판단하고 백기를 들자. 기꺼이 끊어내야 다시 오를 수 있다. 지금은 살아남아야 한다.

2. 버리고 내려가자
버려야 살아남는다. 과거 고성장 시절에 대한 미련부터 버리자. 무모한 '하면 된다'주의와 결별하자. 본전생각과 체면까지 과감하게 버리자. 낡은 습관도 벗어버리고 홀가분하게 끊어내야 한다.

3. 함께 하자
고마워하자. 주변 사람들에게. 그들 덕분에 여기까지 올 수 있었다. 따뜻한 밥을 나누어 먹으며 서로를 격려하자. 경쟁자들에게 배우며 그들의 위대함을 깨닫자. 어려운 때일수록 친구들을 챙기자. 사랑해야 살아남을 수 있다.

4. 두려워 말자
불확실성 공포에 주눅들 이유가 없다. 해야 할 일, 하고 싶은 일들을 꾸준하게 반복하는 과정에서 우리는 어려움을 극복해낼 것이다. 실패를 두려워하지 말자. 그 속에 성공의 불씨가 잠자고 있다.

5. 천천히 끊어내자
발밑을 살피면서 내려가자. 예상 밖의 위험이 도사리고 있을지도 모른다. 상황을 유심히 관찰하자. 언젠가 다시 올라올 때를 대비해 기억 속에 남겨두자. 오를 때보다는 내려갈 때 더 많은 교훈이 숨어 있는 법이다.

6. 반성하며 끊어내자

올라가는 것만을 당연하게 여겼던 편견을 버리자. 남의 탓을 그만두자. 지금의 고통은 우리가 불러들인 것임을 명심하자. 오히려 고통에 고마워하자. 고통은 우리의 성장과 성숙을 이끌어내기 위한 마법 주문인지도 모른다.

7. 방황도 괜찮다

우회가 직선보다 빠를 때가 있다. 좋아하는 일을 하면서 기꺼이 즐거운 방황을 하자. 책을 읽자. 어려운 때일수록 자기계발에 투자해야 한다. 그 투자가 인생역전의 귀중한 밑천이 된다는 사실을 명심하자.

8. 새로운 세계를 바라보자

과학과 이론에 대한 맹신에서 벗어나자. 감을 키우자. 프로페셔널로 거듭나 새로운 패러다임의 흐름에 올라타자. 새로운 세계는 열려 있는 인재를 원한다. 마음을 열고 나만의 재능을 꽃피우자.

epilogue

지금은 희망의 종류를 바꾸는 용기가 필요하다

　　프랑스의 세계적인 여성잡지 엘르(Elle)의 편집장이자 준수한 외모와 화술로 프랑스 사교계를 풍미하던 장 도미니크 보비(Jean-Dominique Bauby). 그가 뇌졸중으로 쓰러진 건 1995년 12월 8일, 그의 나이 43세 때였다. 3주 후, 그는 의식을 회복했지만 전신마비가 된 상태에서 유일하게 왼쪽 눈꺼풀만 움직일 수 있게 되었다.

　　그가 할 수 있는 일은 눈 깜빡거림뿐이다. 그는 결심했다. 눈이 깜빡거릴 순간만이라도 마지막 최선을 다해 내 삶을 불멸화할 책을 쓰자고. 얼마 후, 그는 눈 깜빡임 신호로 알파벳을 지정해 글을 쓰기 시작했다. 물론 깜박거리는 눈의 움직임을 감지하는 조력자의 도움을 근간으로 말이다. 그 조력자가 바로 대필자인 클로드 망디빌이다.

등대를 발견한 것은 길을 잃은 덕분이다

때로는 한 문장 쓰는 데 꼬박 하룻밤을 샜다. 그런 식으로 대필자에게 20만 번 이상 눈을 깜박여 15개월 만에 쓴 책이《잠수복과 나비(The Diving Bell and the Butterfly)》다. 책 출간 8일 후 그는 심장마비로 그토록 꿈꾸던 나비가 되었다.

이 책을 쓰는 나는 여전히 사지가 멀쩡하다. 내가 생각하고 느낀 대로 내 손가락을 움직여 내 마음대로 키보드 자판을 두드려 글을 쓸 수 있다. 아직도 내 마음대로 생각하고 느낀 바를 글로 쓸 수 있다는 것 자체가 경이로운 기적이다. 잘못 쓰면 지울 수도 있고, 얼마든지 지우고 다시 쓸 수 있는 기능도 활용할 수 있다. 엄청난 행복을 누리고 살고 있음에도 그걸 못 느끼고 산다.

장 도미니크 보비는 서문에 이렇게 썼다. "흘러내리는 침을 삼킬 수만 있다면 세상에서 가장 행복한 사람이다."

그의 말에 따르면, 자연스런 들숨과 날숨을 가진 것만으로도 우리는 가장 행복한 사람이다. 불평과 원망은 행복에 겨운 자의 사치스런 신음이라고.

아침에 일어날 수 있는 것도 기적이고, 숟가락과 젓가락으로 밥과 반찬 그리고 국을 먹을 수 있는 것도 축복이자 행복이라고. 내 마음대로 움직일 수 있는 사지가 존재하는 것만으로도 더 이상 바랄 것이 없는 삶의 기적이라고. 이런 기적의 선물을 받고도 대부분의 사람들은 언제나 더 많이 가진 다른 사람과 자신을 비교해서 평생을 비참하게 살아간다.

어느 날, 장 도미니크 보비는 가까운 거리에 있는 아들을 안아주고 싶었지만, 마음대로 몸이 따라주지 않는다는 사실에 새삼 절망했다. 가까이 있는 아들조차도 따뜻하게 안아줄 수 없다는 현실이 안타까워서 눈물을 쏟았다. 동시에 슬픔이 파도처럼 밀려와 목에서 그르렁거리는 소리를 냈다. 무의식중에 나온 힘겨운 소리에 오히려 아들은 깜짝 놀라며 아버지를 낯설어했다.

그때 그는 건강했던 지난날, 행복한 순간을 알아채지 못하고 불평불만을 쏟아부은 경험을 심각하게 후회하기 시작했다. 한순간도 헛되이 보내지 말았어야 할 소중한 시간을, 그저 행복에 겨워 '툴툴거리며 일어났던 많은 아침들'을 생각하며 죄스러움을 금할 길 없었다.

그는 잠수복을 입은 것처럼 갇힌 신세가 되었지만, 그제서야 마음은 훨훨 나는 나비를 상상하며 삶을 긍정했다. 그는 말한다. 혼수상태에서 벗어난 직후 휠체어에 앉아 산책에 나섰을 무렵, 우연히 등대를 발견한 것은 길을 잃은 덕분이었다고. 길을 잃어도 희망을 포기하지 않으면 등대를 찾을 수 있다는 사실을 몸소 깨달았다고.

축복도 조금 멀리 있어야 인생의 보약이 된다

기회는 위기 '덕분'이고, 일류는 이류 '덕분'이고, 고귀함은 고생함 '덕분'이다. '덕분'에 운명도 바뀐다! 곤경 덕분에 풍경도 생기고 비극 덕분에 희극을 무대에서 연기할 수 있다. 좌절과 절망 덕분에 절치부심하고 시행착오를 경험하다 희망의 싹을 틔우면서 판단착오를 줄일 수 있는 비결을 알게 된다.

상처받은 인생이 그 상처를 기반으로 도약할 수 있다. 역경을 뒤집어 경력으로 만드는 과정에서 배운 교훈을 체중이 실리는 언어로 번역해내는 과정에서 자기만의 생각이 생긴다. 상처받은 경험이 언어로 번역되는 순간, 독자를 감동시킬 수 있는 기반이 생기는 이유다. 상처가 없으면 상급을 기약할 수 없다. 상처받고 쓰러져도, 만신창이가 되어도 사는 길은 있다. 넘어진 곳이 일어서는 곳이다.

가장 절망적인 때가 가장 희망적인 때이고, 어두움에 질식할 것 같은 때가 샛별이 나타날 때다. 별은 저만큼 멀리 떨어져 있어 아름다운 것처럼, 축복도 조금 멀리 있어 보일 때 오히려 인생의 보약이 된다. 사투 끝에 맞이하는 '전화위복'이 가장 멋지고 풍성한 축복이다.

타고난 팔자 타령하지 말고 지금 이 순간 내가 할 수 있는 일에 목숨 걸고 전력투구하자. 아직도 숨을 쉴 수 있고 몸을 움직일 수 있으면 사주팔자(四柱八字)도 얼마든지 나의 생각대로 움직이는 사주팔자(思主八字)로 바꿀 수 있다! 타고난 운명이나 팔자를 탓하지 말고 팔자를 자빠뜨리면 뫼비우스의 띠가 되지 않는가? 뫼비우스 띠 왼쪽과 오른쪽을 자르면 두 개의 0이 나온다. 태어날 때 아무것도 없이 태어나서 죽을 때 아무것도 없이 돌아간다는 의미다.

팔자를 세워서 좌우로 자르면 왼쪽과 오른쪽에 3자가 두 개 생긴다. 인생에는 세 번의 위기와 세 번의 기회가 있다는 말이다. 팔자가 나쁘다고 한탄하지 말자. 운명을 새롭게 창조할 수 있는 기회는 얼마든지 있다. 빠르게 성장하려는 효율성을 버리고 내가 진정으로 성장을 통해 갖추거나 이루고 싶은 효과성을 몸에 장착하자. 효율적으로 살아왔는데 지나고 나면 몸에 남는 감각적 각성이 없는 이유는, 너무 빨리 목적지에서 목적지로 이동하는 속도에 몸을 실었기 때문이다.

절망의 밑바닥에 숨 막히는 희망의 텃밭이 존재한다

경제 빙하기는 속도보다 밀도가 요구되는 시기다. 밀도가 촘촘히 축적되어 일상적 삶의 충만감을 만들어나가면 속도는 필요할 때 저절로 터져나온다. 경제 빙하기는 긴 어둠의 터널이 끝을 모르고 펼쳐질지도 모르는 시기다. 터널의 끝은 반드시 있다는 사실과 그 끝에는 따뜻한 한 줄기 서광이 우리를 반겨줄 것이라는 믿음이 삶의 속도보다 밀도를 요구하는 이유다. 밀도가 촘촘히 다져져야 시련과 역경을 이겨내는 내공이 자랄 수 있는 텃밭이 되기 때문이다.

짙은 어둠의 터널 끝에는 천지가 '개벽'하는 '새벽'이 있는 법, 깊은 절망의 밑바닥에 숨 막히는 희망의 텃밭이 있는 법이다. 힘들다고 느낄 때 진짜 힘든 분들을 생각하자. 언제나 나보다 힘든 사람이 있는 법이다. 내가 정말 힘들 때 나보다 힘든 사람을 잠시라도 생각하자. 그나마 내가 지금 이 정도 살아갈 수 있는 것도 나보다 더 힘든 위치에 선 사람들이 나보다 더 힘든 고생을 대신해주고 있는 덕분이다.

경제 빙하기는 봄이나 여름은 짧고, 겨울이 생각보다 길며, 가을도 왔는지도 모르게 쏜살같이 지나가는 시기다. 한여름에도 추위를 느끼는 건 그만큼 마음에 흐르는 온기가 없어졌기 때문이다. 지금까지의 생각과 지식, 그리고 경험적 교훈이 더 이상 통용되지 않는 시기가 바로 경제 빙하기다. 버리고 내려가서 다시 시작해야 하는 시기다. 이런 때일수록 타성에 젖은 언어를 버리고 낯선 언어로 낯선 생각을 잉태할 인고의 시간이 필요하다.

분위기를 쇄신하면 위기를 극복하는 혁신이 시작된다

위기가 몰려올 때 내가 할 수 있는 일 중 하나는 분위기를 바꾸는 것이다. 위기는 나의 힘으로 극복할 수 없는 난공불락의 장애물일 수 있다. 경제 빙하기를 나의 힘으로 극복해내기에는 역부족이다. 자연재해처럼 위기로 생기는 손실을 최소화시킬 수 있는 대비를 할 뿐이다. 하지만 위기 속에서도 내가 바꿀 수 있는 분야는 분위기다. 위기가 시작될 때 분위기라도 바꾸면 분기점에서 분발할 계기를 마련할 수 있다. 사람은 분위기에 따라 감정은 물론 자세와 태도도 근본적으로 바뀐다.

위기가 몰려올 때 내가 할 수 있는 가장 시급한 조치는 나를 둘러싸고 조성되는 분위기를 바꾸거나 분위기가 전혀 다른 분야로 옮겨가는 것이다. 우울한 분위기, 걱정하고 한탄하는 분위기, 두려움에 떨며 불안감을 표출하는 분위기를 멀리할수록 위기극복의 기반은 마련될 수 있다. 분위기를 쇄신하면 위기를 극복하는 혁신이 시작된다! 리더일수록 함몰되는 분위기를 바꾸지 않으면 자신이 운항하는 배가 순식간에 침몰한다.

경제 빙하기라는 얼어붙은 분위기에 불안한 감정으로 짓눌려 살지 말고, 이런 때일수록 위기 이후를 상상하면서, 위기가 지나고 난 이후의 기회를 어떻게 포착할지를 절치부심하며 안목과 식견을 연마하는 공부를 해야 한다. 불확실한 세상일수록 기존 지식과 경험적 지혜로 난국을 돌파하기는 어렵다. 불안감에 휩싸인 분위기에서 걱정하고 한탄을 반복할수록 한심해질 뿐이다. 위기를 극복하기 위해 지금의 상황을 공부하는 분위기로 바꿔야 한다.

타고난 운명을 무조건 거부하거나 그대로 수용하지도 말자. 지금 내가 직면하는 운명을 사랑하며 재창조하자. 경제 빙하기는 운명을 기존과 다르게 재창조할 수 있는 절호의 찬스다. 그것이 니체가 말하는 운명애, '아모르파티(amor fati)', 아무렇게나 살지 말고 파티하면서 살자는 의미다. 하늘이 무너지는 난국이 밀려와도 잭 길버트의 시 '변론 취지서'에 등장하는 '고집스러운 기쁨'을 찾아내야 한다. 한쪽이 막히면 다른 쪽에 존재하는 기쁨을 찾아 탈출구를 모색해야 한다.

앞문으로 나가는 길이 막혀 있으면 뒷문이나 옆문으로 탈출하자. 새로운 관문을 만나는 기쁨을 포기하지 않으면 삶에는 그런대로 여전히 살 만한 의미와 가치가 존재한다. 하지만 가능성을 찾기도 전에 포기하는 순간, 고집스러운 기쁨은 사라진다. 고집스러운 기쁨이란 '그럼에도 불구하고 이것도 나쁘지는 않아!'라는 태도, 막다른 벽에 부딪혔을 때 희망의 종류를 바꾸는 용기다. 그럴 때, 삶의 또 다른 기쁨이 열린다.

희망의 종류를 바꾸는 용기만 갖춰도 절망적인 경제 빙하기를 버티고 견뎌낼 수 있는 작은 기쁨은 얼마든지 찾아낼 수 있다.

막힌 문 앞에서 통곡하고 좌절하지 말자. 힘 빼고 내려와서 주변을 둘러보면 전혀 생각지도 못한 또 다른 삶의 가능성이 기다리고 있다. 거기서 지금까지 느껴보지 못한 삶의 즐거움을 찾자. 그게 바로 고집스러운 기쁨을 찾아야 하는 이유다. 지금은 절벽이지만, 그래도 새벽이 오는 길목에서 새 희망을 잉태하는 용기로 고집스럽게 빙하기 이후를 맞이하는 기쁨을 찾아 나서자.

진리는 언제나 가까운 곳에서 춤추며 기다리는 삶의 친구들이다.

김승희 시인의 시 '그래도라는 섬이 있다'를 읽어보자.

가장 낮은 곳에
젖은 낙엽보다 더 낮은 곳에
그래도라는 섬이 있다
그래도 살아가는 사람들
그래도 사랑의 불을 꺼트리지 않는 사람들(…)
그래도라는 섬에서
그래도 부둥켜안고
그래도 손만 놓지 않는다면
언젠가 강을 다 건너 빛의 뗏목에 올라서리라,
어디엔가 근심 걱정 다 내려놓은 평화로운
그래도 거기에서 만날 수 있으리라

끈기보다 끊기

초판 1쇄 발행   2023년 6월 10일
초판 4쇄 발행   2023년 8월 15일

지 은 이   유영만
펴 낸 이   한승수
펴 낸 곳   문예춘추사

편   집   이상실
디 자 인   박소윤
마 케 팅   박건원, 김홍주

등록번호   제300-1994-16
등록일자   1994년 1월 24일

주   소   서울특별시 마포구 동교로 27길 53, 309호
전   화   02 338 0084
팩   스   02 338 0087
메   일   moonchusa@naver.com

I S B N   978-89-7604-591-1   03190